「流れ」と「やり方」全部見せます！

契約書のリーガルチェック

構造・構成要素・立場を踏まえた直し方

弁護士 狩倉博之 著

学陽書房

は　し　が　き

　「リーガルチェック」という言葉が普及し、「契約書を見てもらえますか」と言っていた中小企業、その中でも小規模な事業者（個人事業主を含む）からも、「リーガルチェックをお願いします」と言われるようになった。横文字になったからというわけではないだろうが、リーガルチェックに対する企業の要求は厳しくなっており、一昔前の、ＦＡＸされてきた契約書に、不明確な点や表現の誤りなど数か所を、手書きで修正して送り返すようでは、到底満足してもらうことはできない。

　本書は、法務部員その他契約書に関わる企業の役員・社員と弁護士その他の士業を対象に、リーガルチェックの「やり方」を提案することを目的としている。多くの書籍が出版され、良書も多数あり、私自身、いくつかの書籍を利用させてもらっている。これらの書籍の大部分が条項に関する解説や修正例の紹介を主たる内容としており、リーガルチェックの「やり方」を解説するものは思いのほか少ない。そこで、リーガルチェックの受付から結果の報告までの「流れ」を解説し、リーガルチェックにあたっての視点を示したうえで、どのように契約書に手を入れ、どのように成果物としてクライアントに提出するかという、リーガルチェックの「やり方」に特化した書籍を企画し、執筆することにした。

　第1章で、「全部見せます」とのタイトルに従い、私が実際に採用している「流れ」と「やり方」をモデル契約書のチェックを通じて示し、第2章で、その解説を行い、それらを踏まえて第3章で、改めてリーガルチェックの実例を示している。「やり方」に特化することが本書の意義であるから、契約や条項の解説は最小限に留め、かつ、「補足解説」という形で本文とは別枠で掲載した。また、リーガルチェックの実際を「コラム」の形で各所に散りばめてみた。読者それぞれの立場から、一つの「やり方」として読んでいただければ幸いである。

　最後になるが、出版にあたっては、学陽書房の大上真佑氏にご尽力をいただいた。この場をお借りし、心から感謝申し上げる。

令和7年3月

弁　護　士　狩　倉　博　之

以下にあてはまる場合は是非ご一読を!
こんな方に読んでいただきたい。

☑ リーガルチェックに取り組もうとされている方

☑ 何となく契約書を直しているような気がしている方

☑ リーガルチェックの流れがわからないという方

☑ チェックの準備の仕方を知りたい方

☑ レビューのポイントを押さえておきたい方

☑ チェック漏れが心配な方

☑ 自社の立場をどのように反映させるかで迷っている方

☑ 相手先が修正に応じてくれず困っている方

☑ もっと要領よくレビューをしたい方

☑ 効果的にコメントを残す方法を知りたい方

☑ チェック結果の報告の仕方で悩んでいる方

☑ リーガルチェックをレベルアップさせたい方

リーガルチェックの流れ

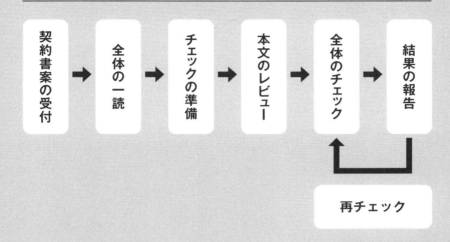

レビューのポイント

1 契約書の「構造」を把握する。
　①タイトル　②前文　③本文　④後文　⑤日付　⑥記名押印欄

2 「構成要素」である「条項の位置付け」を把握する。

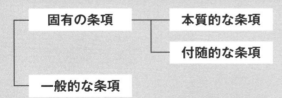

3 「当事者の立場」を把握する。

　　契約上の地位　の　取引上の立場

CONTENTS

はしがき　3

第 1 章　私はこうやっています！ ～リーガルチェックの実際～

① 本書の目的と特色 14

（1）本書の目的　14

（2）本書の特色　14

（3）本書の構成　14

② 契約書案が送られてきたら 16

③ まずは全体を一読する 27

④ 本格的なチェックの前に 35

⑤ 本文をレビューする 36

（1）条項の位置付けに応じたレビュー　36

（2）当該契約に固有の条項に関して　36

（3）契約類型にかかわらず設けられる一般的な条項　43

（4）レビューの順序　49

⑥ 全体をチェックする 50

（1）本文の再度のチェック　50

（2）本文以外の部分のチェック　51

（3）チェックの順序　59

⑦ 一通りのチェックを終えたら 60

（1）チェック済みの契約書案を依頼者に送る　60

（2）チェック後の対応　61

| 第 2 章 | なぜ、そうやっているのか？
〜やり方の理由と解説〜 |

1 解説の方針 ⋯⋯⋯⋯⋯⋯⋯⋯⋯⋯⋯⋯⋯⋯⋯⋯⋯⋯⋯⋯ 70

（1）改めて本書の目的と特色　70

（2）想定する読者　70

（3）前章におけるフローの確認　71

2 「契約書案の受付」に関して ⋯⋯⋯⋯⋯⋯⋯⋯⋯⋯⋯⋯⋯ 72

（1）リーガルチェックの端緒　72

（2）ファイルの形式　72

（3）チェックに必要な情報の収集　73

3 「全体の一読」に関して ⋯⋯⋯⋯⋯⋯⋯⋯⋯⋯⋯⋯⋯⋯⋯ 76

（1）一読の必要性　76

（2）一読時の課題　77

（3）契約書の「構造」の把握　78

（4）対象となる契約の「類型」の把握　79

（5）条項の契約書における「位置付け」の把握　83

（6）気になった点の「記録」　87

4 「チェックの準備」に関して ⋯⋯⋯⋯⋯⋯⋯⋯⋯⋯⋯⋯⋯ 89

（1）チェックに先立ちやっておくべきこと　89

（2）知識・理解の補充　89

（3）書式の準備　92

（4）校閲機能の利用にあたっての注意　94

5 「本文のレビュー」に関して ⋯⋯⋯⋯⋯⋯⋯⋯⋯⋯⋯⋯⋯ 96

（1）レビューにあたって　96

（2）固有の条項のレビュー　101

（3）一般的な条項のレビュー　116

（4）本文内でのレビューの順序　136

（5）聴取事項及び検討事項に関するコメント　137

6 「全体のチェック」に関して ⋯⋯⋯⋯⋯⋯⋯⋯⋯⋯⋯⋯⋯ 139

（1）全体チェックの必要性　139

（2）本文の再確認　140

（3）本文以外の部分　142

（4）コメントの確認　150

（5）リーガルチェックに要する時間　151

⑦「結果の報告」と「再チェック」 153

（1）チェックした契約書案の提出　153

（2）再チェック　154

⑧ ナレッジとノウハウの蓄積・共有 157

（1）蓄積・共有の必要性　157

（2）参考書式・資料のデータベース化　157

（3）チェックリストの作成・改訂・共有　158

（4）チェック部門（法律事務所）内での共有　166

（5）企業における依頼体制の整備　166

第3章　やってみよう！ ～売買取引基本契約書による再現～

① 契約書案の受付 168

② 全体の一読 177

③ チェックの準備 185

④ 本文のレビュー 186

（1）レビューにあたっての基本姿勢　186

（2）固有の条項に関して　186

（3）一般的な条項に関して　189

（4）レビューの順序　197

⑤ 全体のチェック 198

（1）本文の再チェック　198

（2）本文以外の部分のチェック　199

6 結果の報告と再チェック ……………………213

（1）結果の報告　213

（2）再チェック　214

（3）相手先の反応を踏まえた対応　215

資　料

資料 1−1　業務委託契約書（請負型）【受託者側・受付時版】	17
資料 1−2　情報提供シート（テンプレート）	23
資料 1−3　情報提供シート（入力済み・業務委託契約）	26
資料 1−4　業務委託契約書（請負型）【基本構造】	29
資料 1−5　業務委託契約書（請負型）【委託者側・一読後版】	30
資料 1−6　業務委託契約書（請負型）【委託者側・本文チェック後版（固有条項）】	40
資料 1−7　業務委託契約書（請負型）【委託者側・本文チェック後版（一般的条項）】	45
資料 1−8　業務委託契約書（請負型）【委託者側・全体チェック後版】	53
資料 1−9　業務委託契約書（請負型）【確定版】	62
資料 2−1　チェックリスト［業務委託契約（請負型）【委託者側・立場強】]	160
資料 2−2　チェックリスト［一般的な条項］	163
資料 2−3　チェックリスト［全体］	165
資料 3−1　売買取引基本契約書【買主側・受付時版】	169
資料 3−2　情報提供シート（入力済み・売買取引基本契約）	175
資料 3−3　売買取引基本契約書【売主側・一読後版】	179
資料 3−4　売買取引基本契約書【売主側・本文チェック後版】	191
資料 3−5　売買取引基本契約書【売主側・全体チェック後版】	200
資料 3−6　売買取引基本契約書【売主側・参考例】	206
資料 3−7　売買取引基本契約書【確定版】	217

補足解説

補足解説 01	契約書のリーガルチェックとは	15
補足解説 02	強行規定と任意規定	81
補足解説 03	業務委託契約の性質	82
補足解説 04	委託料の支払時期	104
補足解説 05	履行場所	107
補足解説 06	目的物の検査及び通知	107
補足解説 07	請負契約の目的物の所有権移転時期	108
補足解説 08	請負契約における契約不適合責任	114
補足解説 09	危険負担	115
補足解説 10	「主な一般的な条項」	117

10-1 秘密保持 117

10-2 個人情報保護 118

10-3 通知義務 120

10-4 遅延損害金 120

10-5 損害賠償 122

10-6 不可抗力 123

10-7 解除 124

10-8 期限の利益喪失 125

10-9 反社会的勢力排除 126

10-10 契約期間 126

10-11 契約更新 127

10-12 中途解約 127

10-13 効力存続 128

10-14 譲渡禁止 129

10-15 完全合意 131

10-16 準拠法 131

10-17 管轄 132

10-18 誠実協議 133

補足解説 11	二段の推定	148

コラム

コラム ①	「リーガルチェック」は流行りの言葉？	15
コラム ②	こんな相談は困る	25
コラム ③	こんな契約書でもチェックが必要か？	28
コラム ④	一読時にどこまで直すか？	39
コラム ⑤	書式を利用するうえでの注意点	44
コラム ⑥	法令と同内容の規定は必要か？	49
コラム ⑦	前文・後文は必要か？	52
コラム ⑧	チェック時間を短縮する方法	59
コラム ⑨	参考になる書籍	61
コラム ⑩	皆はどうやっているのか？	71
コラム ⑩	条項の位置付けをどの程度意識しているか？	88
コラム ⑫	ネットの書式には十分注意を	95
コラム ⑬	直せばいいというものではない	137
コラム ⑭	早ければいいというものでもない……	152
コラム ⑮	弁護士の活用	156
コラム ⑯	チェック後の行方	159
コラム ⑰	校閲機能の利用にあたっての注意	178
コラム ⑱	コメントを残す場所	190
コラム ⑲	AI契約書レビューサービス	197
コラム ⑳	当事者の力関係をどこまで考慮するか？	199
コラム ㉑	さらに上を行くリーガルチェック	216

第 1 章

私はこうやっています!

～ リーガルチェックの実際 ～

　リーガルチェックの「流れ」と「やり方」を解説するに先立ち、実際に、著者である私が、どのようにリーガルチェックをやっているのかを、モデル契約書をチェックしていく過程を紹介することで、具体的に示させていただく。

　弁護士によるリーガルチェックの一つの方法として、その流れと各場面における作業内容を押さえていただきたい。

1 本書の目的と特色

（1）本書の目的

　本書の目的は、契約書のリーガルチェック（法的観点からの問題点の確認、指摘及び修正）を実際にどのように行うか、その一つの「やり方」を提案し、解説することにある。そのための手段として、著者である私が、契約書のリーガルチェックを実際にどのようにやっているかを紹介し、その具体的な「流れ」や「やり方」と、そのような「やり方」をとっている理由を解説する。

（2）本書の特色

　契約書の読み方・直し方をテーマにした書籍は多数出版されており、その多くが、最初に契約書の意義や役割等の説明をしたうえで、いくつかの契約類型について、文例をあげ、注意を要する条項について法的な解説を加え、当事者にとって適切な条項例を提案するという形をとっている。

　これに対し、本書では、契約類型ごと条項ごとの法的解説や適切な条項例の提案等を主たる目的とはしない。これらについては、多くの書籍の中から良書を選んで参照いただきたい。本書は（1）の目的に特化し、リーガルチェックの「流れ」とその「やり方」にフォーカスする。

（3）本書の構成

　リーガルチェックの「流れ」とその「やり方」について、具体的なイメージを持ってもらうため、本章では、私のやり方を、業務委託契約書を素材として、顧問先企業からリーガルチェックを依頼された弁護士が、

どのような手順・方法で契約書を読み、また、直していくかという形で、できる限り具体的に紹介する。

　そのうえで、次章では、本章で紹介する流れとやり方について、なぜ、そのような方法をとるのか、その理由と解説を行う。

　さらに、第3章では、本章とは異なる契約類型（売買取引基本契約）を素材として、本書が提案する「流れ」と「やり方」によるリーガルチェックを再現する。

補足解説 01　契約書のリーガルチェックとは

　契約書のリーガルチェックとは、契約書に法的な問題がないかを確認する作業である。

　確認の対象は、第一次的には、契約書の内容が法令に反していないか、効力を生じるかであるが、さらには、契約書に記載されている事項が法的効力を生じた場合に、その結果として自社に不利益が及ぶことはないか、より積極的には、当該契約書により締結しようとしている契約によって自社の取引上の目的が達成されるかを確認することが重要になってきている。

　また、契約書を確認することにより法的な問題が発見された場合には、修正、削除、追加を提案することを含む作業である。

　法化社会が進展し、企業の取引における契約書の重要性が益々高まっていることに応じて、契約書のリーガルチェックに対するニーズも高まっている。企業並びにその経営者及び契約に関わる社員はもちろんのこと、弁護士その他の企業に関わる士業にとっても、リーガルチェックのスキルアップは必須の課題といえる。

コラム ①　「リーガルチェック」は流行りの言葉?

　「リーガルチェック」という言葉が普及し、「契約書を見てください」と言っていた顧問先が「リーガルチェックをお願いします」と言うようになり、緊張することがある。横文字のせいか、やることは変わらないのに高度の専門性を要求されているような気になってしまう。「リーガルチェック」と呼ぶにふさわしいレベルの仕事をしなければと思う。

第1章　私はこうやっています！〜リーガルチェックの実際〜

2 契約書案が 送られてきたら

　契約書のリーガルチェックは、**契約書案の受付**から始まる。以下、契約書案の受領から、どのようにリーガルチェックが開始されていくかをモデル事例・モデル契約書を素材に見ていくことにする。

モデル事例 顧問先からの契約書案の受付

　2024年12月2日、K弁護士は顧問先である株式会社Xから次のメールを受け取った。

【顧問先担当者からのメール】

> 弁護士　K　様
>
> お世話になっております。㈱Xの●●です。
> 弊社工場で使用する●●製造機械の製造を
> 千葉市にある会社に発注する予定です。
> つきましては、業務委託契約書の
> リーガルチェックをお願いします。
>
> 株式会社X
> 担当　●●

　上記メールには、ＰＤＦファイルの契約書案（【資料1-1】業務委託契約書（請負型）【受託者側・受付時版】17頁）が添付されていた。

16

【資料1-1】 業務委託契約書（請負型）【受託者側・受付時版】

業務委託契約書

株式会社X（以下「甲」という。）と**Y株式会社**（以下「乙」という。）は、本日、以下のとおり業務委託契約（以下「本契約」という。）を締結する。

（目的）

第1条 甲は、乙に対し、甲の機械（以下「本機械」という。）の製造（以下「本業務」という。）を委託し、乙はこれを受託する。

（本機械の仕様）

第2条 本機械の仕様は別紙仕様書**（省略）**のとおりとし、乙は同仕様に従って本機械の製造を行う。

（業務委託料）

第3条 甲は、乙に対し、本業務の対価（以下「委託料」という。）として、金●●●●万円（消費税別）を、次のとおり、乙の指定する預金口座へ振込送金の方法により支払う。ただし、振込手数料は甲の負担とする。

  ①本契約締結の日の属する月の翌月末日までに金●●●●万円（消費税別）

  ②第6条（検収）第4項に規定する引渡しの日の属する月の翌月末日までに

   金●●●●万円（消費税別）

2　甲が乙に対し別紙仕様書の内容の変更を求めたことにより追加費用の発生が見込まれる場合には、乙は、甲に対し、委託料の増額を求めることができる。

（本機械の完成・納入）

第4条 乙は、本機械を完成させ、2025年　月　日までに、完成させた本機械を甲の工場に納入する。

2　乙の責めに帰することができない事由により、前項に定める期限までに本機械を納入できないおそれがある場合には、乙は、甲に対し、同期限の変更及び委託料の増額を求めることができる。

（報告）

第5条 甲が求める場合には、乙は、甲に対し、必要な範囲で、本業務の遂行状況その他甲が求める事項を報告する。

（検収）

第6条 甲は、乙に対し、第4条（本機械の完成・納入）第1項に規定する本機械の納入を受けた後7日以内に、納入を受けた本機械の内容を検査のうえ、その合否を書面により通知する。

2　甲が納入を受けた本機械を不合格と判断した場合には、甲は、乙に対し、不合格の通知とともに、不合格となった具体的理由を示したうえで、本機械の再納品を求める。

3　前項に規定する再納入を求められた場合には、乙は、甲の指定する期日までに、本機械の修正を無償で行い、再納入する。再納入された本機械の検収については、本条を準用する。

第1章　私はこうやっています！〜リーガルチェックの実際〜　　17

4　甲が納品を受けた本機械を合格と判断した場合には、同判断の時に本機械の引渡しが完了するものとする。

5　第1項の期間内に乙に合否の通知が到達しない場合には、合格と判断したものとみなす。

（所有権の移転）

第7条　本機械の所有権は、委託料の完済時に甲に移転する。

（権利の帰属）

第8条　本業務により製造された本機械又は本業務の課程で生じる発明、考案若しくは創作について、特許権、実用新案権、意匠権、商標権その他の知的財産権を受ける権利及び当該権利に基づき取得される知的財産権は、委託料の完済時に甲に移転する。

2　乙が従前より保有する知的財産権を本機械に適用した場合には、乙は、甲に対し、甲が本機械を使用するために必要な範囲について、当該知的財産権の使用を無償で許諾する。

3　前二項の場合には、乙は、甲に対し同各項に規定する知的財産権を帰属させ、又は甲が知的財産権を適法に使用するために必要となる一切の手続を履践する。

4　乙は、乙の知る限りにおいて、本業務により製造された本機械が第三者の権利を侵害しないことを保証する。

（契約不適合責任）

第9条　乙が引き渡した本機械が種類、品質又は数量に関して本契約の内容に適合しない場合（第6条（検収）第1項に規定する検査により直ちに発見することができない不適合に限る。）（以下「契約不適合」という。）には、甲は、乙に対し、乙の選択により、履行の追完又は委託料の減額を請求することができる。ただし、契約不適合が甲の責めに帰すべき事由によるものであるときは、この限りではない。

2　甲は、前項の請求をしたにも関わらず、乙が相当の期間内に履行の追完又は代金の減額を行わない場合に限り、民法第415条（債務不履行による損害賠償）の損害賠償の請求並びに同法第541条（催告による解除）及び同法第542条（催告によらない解除）の解除権の行使をすることができる。

3　甲が本機械の引渡しの完了後3か月以内にその旨を乙に通知しない場合には、甲は、契約不適合を理由として、第1項に規定する請求並びに前項の請求及び解除権の行使をすることができない。

4　商法第526条（買主による目的物の検査及び通知）は本契約には適用しない。

（危険負担）

第10条　本機械の納入前に生じた本機械の滅失、毀損その他の危険は、甲の責めに帰すべき事由がある場合を除き乙がこれを負担し、同納入後に生じた同危険は、乙の責めに帰すべき事由がある場合を除き甲が負担する。

（製造物責任）

第11条　本機械の欠陥により甲又は第三者に損害が発生した場合には、乙は、当該欠陥が乙の責めに帰すべき事由によるときに限り、甲に生じた損害を賠償する。

（費用負担）

第12条　乙が本業務を遂行するために要する費用は、甲の負担とする。

（再委託）

第13条 本業務の遂行に必要な場合には、乙は、本業務の全部又は一部を第三者に再委託することができる。

2　前項に基づき再委託した場合には、乙は、再委託先が本契約の各条項を遵守するよう管理監督し、甲に対し、再委託先の管理監督についてのみ責任を負う。

（契約終了時の措置）

第14条 本契約が本機械の引渡しの完了前に終了した場合には、甲は、乙に対し、支払済みの委託料の返還を求めず、速やかに、委託料として、未払の委託料の80％に相当する金額を支払う。ただし、本契約の終了が甲の責めに帰すべき事由によるときは、委託料の全額を支払う。

（秘密保持義務）

第15条 甲及び乙は、本業務の遂行により知り得た相手方の営業上又は技術上その他の業務上の一切の情報（口頭で開示された情報については、開示当事者が、相手方に対し、開示後３日以内に秘密情報である旨を書面で通知した場合に限る。）（以下「秘密情報」という。）を秘密として保持し、相手方の事前の書面による承諾を得ずに第三者に開示又は漏洩してはならず、本業務の遂行のためにのみ使用し、他の目的に使用してはならない。秘密情報の開示の方法は、書面、口頭又はＣＤ－ＲＯＭその他の電磁的媒体によるなど、その態様を問わない。

2　前項の規定にかかわらず、次の各号に該当する情報は、本契約における秘密情報には該当しない。

（1）開示を受けた際、既に公知となっている情報

（2）開示を受けた際、既に自己が保有していた情報

（3）開示を受けた後、自己の責によらずに公知となった情報

（4）正当な権限を有する第三者より守秘義務を負うことなく取得した情報

（5）相手方から開示された情報を利用することなく独自に開発した情報

3　第１項の規定にかかわらず、以下の各号のいずれかに該当する場合には、甲及び乙は、相手方の書面による承諾得ずに秘密情報を第三者に開示することができる。

（1）関係会社、自己若しくは関係会社の役職員又は自己若しくは関係会社が依頼する弁護士、会計士、税理士その他のアドバイザーに対して、本業務遂行のために必要な範囲で秘密情報を開示するとき。ただし、開示を受ける者が少なくとも本条に定める秘密保持義務と同様の秘密保持義務を法令又は契約に基づき負担する場合に限る。

（2）法令又は裁判所、行政庁若しくは規制権限を有する公的機関の裁判、規則、命令若しくは指示等により秘密情報の開示を要求又は要請される場合に、これらの機関に対し、合理的に必要な範囲で秘密情報を開示するとき。ただし、開示する当事者は、相手方に対し、原則として事前に、それが法令等により困難である場合には開示後可能な限り速やかに、開示する内容を通知しなければならない。

4　甲及び乙は、相手方から提供を受けた秘密情報について、本契約の目的の範囲内で複製することができる。秘密情報を複製して得られた情報も秘密情報に含まれる。

5　本契約が終了した場合又は相手方が求めた場合には、甲及び乙は、相手方に対し、その指示に従い秘密情報を返還又は破棄のうえ、その旨を証する書面を提出する。

6 本条に規定する義務は本機械の引渡し後5年間存続する。

（遅延損害金）

第16条 甲が委託料の支払を怠った場合には、甲は、乙に対し、本契約書に規定する支払期限の翌日から完済に至るまで年14.6%の割合による遅延損害金を支払う。

（損害賠償責任）

第17条 甲又は乙が本契約に違反した場合には、違反した当事者に故意又は重過失がある場合に限り、当該当事者は、相手方に対し、当該違反により相手方が被った直接かつ通常の損害を第3条（業務委託料）の委託料の範囲内において賠償する責任を負う。

（中途解約）

第18条 甲と乙は、書面により合意することによって、本契約を解約することができる。

（解除）

第19条 甲又は乙が本契約のいずれかの条項に違反し、相当期間を定めて催告をしたにもかかわらず、相当期間内に違反が是正されない場合には、相手方は、本契約の全部又は一部を解除することができる。ただし、その期間を経過した時における本契約の違反が本契約及び取引上の社会通念に照らして軽微であるときは、この限りではない。

2 甲又は乙が次の各号のいずれかに該当した場合には、相手方は、何らの催告を要しないで直ちに本契約の全部又は一部を解除することができる。ただし、甲又は乙が同各号に該当したことが相手方の責めに帰すべき事由によるものであるときは、この限りではない。

（1）法令に違反したとき又は本契約に定める条項につき重大な違反があったとき

（2）債務の全部若しくは一部の履行が不能であるとき又は相手方がその債務の全部若しくは一部の履行を拒絶する意思を明確に表示したとき。ただし、一部の履行不能又は履行拒絶の場合は、当該一部に限って解除することができる。

（3）債務の一部の履行が不能である場合又は相手方がその債務の一部の履行を拒絶する意思を明確に表示した場合において、残存する部分のみでは契約をした目的を達することができないとき

（4）本契約上、特定の日時又は一定の期間内に履行をしなければ本契約の目的を達することができない場合に、相手方が履行をしないでその日時又は期間を経過したとき

（5）支払停止又は支払不能に陥ったとき

（6）自ら振出し、又は裏書した手形・小切手が1度でも不渡りになったとき

（7）差押え、仮差押え、仮処分、強制執行、競売、滞納処分又はその他公権力による処分を受けたとき

（8）破産手続開始、特別清算手続開始、民事再生手続開始、会社更正手続開始若しくはその他法的倒産手続開始の申立を受け、これらの申立を自ら行い、又は私的整理を開始したとき

（9）監督官庁から事業停止処分又は事業免許若しくは事業登録の取消処分を受けたとき

（10）解散し、又は事業を廃止したとき

（11）資本減少、主要な株主の変更、事業譲渡、合併若しくは会社分割等の組織再編又はその他会社の支配に重要な影響を及ぼす事実が生じたとき

（12）代表者が刑事上の訴追を受け、又はその所在が不明になったとき

（13）信用の失墜又はその資産の重大な変動等により、甲及び乙の間の信頼関係が損なわれ、本契約の継続が困難であると認める事態が発生したとき

（14）公序良俗に反する行為又は相手方の信用若しくは名誉を毀損するといった背信的行為があったとき

（15）その他本契約を継続し難い重大な事由が生じたとき

3　第1項又は前項に規定する解除は、相手方に対する損害賠償の請求を妨げない。

4　甲又は乙が本契約のいずれかの条項に違反した場合には、相手方の書面による通知により、相手方に対する一切の債務について期限の利益を喪失し、相手方に対し、直ちにその債務の全てを履行しなければならない。

5　甲又は乙が第2項各号のいずれかに該当した場合には、相手方からの何らの通知・催告がなくとも、相手方に対する一切の債務について当然に期限の利益を喪失し、相手方に対し、直ちにその債務の全てを履行しなければならない。

（管轄裁判所）

第20条　本契約に関する甲と乙の間の訴訟については、千葉地方裁判所を第一審の管轄裁判所とする。

（協議解決）

第21条　本契約に定めのない事項が生じ、又は本契約の内容の解釈に疑義又は相違が生じた場合には、甲及び乙は、互いに誠意を持って協議し、その解決を図る。

　　本契約の締結を証するため、本契約書2通を作成し、甲及び乙がそれぞれ記名押印する。

　　2024年　　月　　日

　　　　　　　　　　　（甲）住　　　所　横浜市●●区●●町●丁目●番●号
　　　　　　　　　　　　　　商　　　号　株式会社　　　　　　　Ｘ
　　　　　　　　　　　　　　代表者氏名　代表取締役　　甲　山　太　郎　㊞

　　　　　　　　　　　（乙）住　　　所　千葉市●●区●●町●丁目●番●号
　　　　　　　　　　　　　　商　　　号　　　　Ｙ　　　　株　式　会　社
　　　　　　　　　　　　　　代表者氏名　代表取締役　　乙　川　次　郎　㊞

第1章　私はこうやっています！〜リーガルチェックの実際〜　　21

契約書案に対する修正・削除・追加（レビュー）をする際、契約書案をWordファイルで提供してもらえると大変に便利である。Wordファイルでない場合は、Wordファイルでの提供の可否を確認している。

モデル事例 リーガルチェックのための情報収集

　同日、K弁護士は、X社担当者に対し、次のメールを返信し、情報提供シート（【資料1-2】情報提供シート（テンプレート）23頁）を添付した。

【K弁護士のメール】

株式会社X
●●　様

お世話になっております。
リーガルチェックの件、承知いたしました。
契約書案のデータについては、
Wordファイルでいただくことは
可能でしょうか？
また、リーガルチェックにあたり、
もう少し情報をいただきたいので、
添付の「情報提供シート」を可能な限りで
埋めていただき、ご返信ください。

弁護士　K

【資料1-2】情報提供シート（テンプレート）

年　　月　　日

社　名 ＿＿＿＿＿＿＿＿＿＿＿＿

ご担当者 ＿＿＿＿＿＿＿＿＿＿＿＿

Q1	回答の期限 　　　年　　月　　日まで
Q2	契約書案はいずれが作成したものか。 　　□　御社　　　□　相手方
Q3	契約の対象とする取引の具体的内容 　ex. ●●を●●円で購入する、●●を●●円で製造させる　等
Q4	御社の契約上の立場 　ex. 売主or買主、委託者or受託者　等
Q5	これまでの経過において問題になったことがあれば、その内容 　ex. 代金額、検収の期間、契約違反の場合の責任　等
Q6	御社において気になっている点 　ex. 代金の支払確保、製品の不具合への対応　等
Q7	相手方において修正に応じる可能性の程度 　ex. 応じると思われる、応じないと思われる、修正箇所・内容による　等
Q8	締結の必要性の程度 　　□　双方ともに高い　　□　御社の方が高い　　□　相手方の方が高い
Q9	リーガルチェックの程度 　ex. 厳密に行ってほしい、大まかで構わない　等
Q10	その他に伝えておくべきと考える情報等

第1章　私はこうやっています！ ～リーガルチェックの実際～　　23

リーガルチェックを行うにあたり、あらかじめ得ておきたい情報の提供を受けるようにしている。

モデル事例 顧問先からの情報収集の完了

K弁護士の上記メールに対し、同月4日、X社担当者から、契約の相手方であるY株式会社から取得した契約書案のWordファイルと入力済みの情報提供シート（**【資料1-3】情報提供シート（入力済み・業務委託契約（26頁））**が添付された次のメールを受信した。

【顧問先担当者からのメール】

弁護士　K　様

お世話になっております。
Wordファイルを取得しましたので、入力済みの
情報提供シートとあわせて添付いたします。
本年中の契約締結を目指し、来週中には
弊社の対案を送ることになっており、
弊社内での検討・決済に要する時間を考えますと、
大変に恐縮ですが、
12月9日（月）までにリーガルチェックの結果を
お知らせいただきたく存じます。
年末ご多忙のところ、短時間でのご検討となり
誠に恐縮ですが、よろしくお願いいたします。

株式会社X
担当　●●

取り急ぎ、Wordファイルによる契約書案と最低限の情報を得ること
ができ、チェック結果の回答期限が比較的近いので、リーガルチェック
の依頼を受け付け、着手することにした。

　チェックを進める中で生じた前提事実等に関する疑問は、随時、担当
者に確認することにしているが、通常は、ここまでで得た情報で一通り
のチェックは行い、回答時に不明な点と不確定な点を示し、それを前提
としたチェック結果である旨を付記・付言するようにしている。

モデル事例　リーガルチェックの着手

　X社担当者からWordファイル及び情報提供シートが送られてき
たことを踏まえ、K弁護士は、X社担当者に対し、同日、了解した
旨のメールを返信し、リーガルチェックに着手することにした。

コラム②　こんな相談は困る

　契約書に関して、「何か問題があれば指摘してほしい」とのコメントが付
されたのみの相談を受けることがある。

　相談者に、「問題に感じている部分はありますか？」「気になっている条項
は？」「取引上、問題になっていることはありますか？」といった質問をして、
情報収集を試みるのだが、問題意識が不十分で、質問に対する回答を得られ
ないことが少なくない。

　取り急ぎ契約書を読みつつ、逐一問題点と対応方法を指摘するようにして
いるが、相談者が指摘の趣旨を正確に理解しているのかが大変に心配になる。

　そもそも、問題点がわからないから相談するのだろうが、十分な回答を得
て、それを理解するためには、相談者においても契約書をよく読んで、何某
かの問題意識を持って相談に臨んでいただけるとありがたい。少なくとも、
いかなる取引に関する契約書で、取引上の自社と相手先との関係についての
情報はいただきたいところである。

第1章　私はこうやっています！〜リーガルチェックの実際〜　　25

【資料1-3】 情報提供シート（入力済み・業務委託契約）

2024年12月4日

社　名　　　　株式会社X

ご担当者　　　　●● ●●

Q1	回答の期限
	2024年12月9日まで

Q2	契約書案はいずれが作成したものか。
	☐　御社　　　☑　相手方

Q3	契約の対象とする取引の具体的内容 ex. ●●を●●円で購入する、●●を●●円で製造させる　等
	弊社の本社工場で使用する●●の製造機械を●●万円（税別）で Ｙ社に製造を委託するものです。

Q4	御社の契約上の立場 ex. 売主or買主、委託者or受託者　等
	委託者

Q5	これまでの経過において問題になったことがあれば、その内容 ex. 代金額、検収の期間、契約違反の場合の責任　等
	特段ありませんでした。

Q6	御社において気になっている点 ex. 代金の支払確保、製品の不具合への対応　等
	初めて取引する会社なので、きちんとした品質を確保し、 万が一不備があった場合には、修理等をきちんとしてもらいたいです。 その他、弊社に不利益な点はできるだけ修正したいです。

Q7	相手方において修正に応じる可能性の程度 ex. 応じると思われる、応じないと思われる、修正箇所・内容による　等
	概ねは応じると思います（新規取引先確保のため相手方は積極的）

Q8	締結の必要性の程度
	☑　双方ともに高い　　☐　御社の方が高い　　☐　相手方の方が高い

Q9	リーガルチェックの程度 ex. 厳密に行ってほしい、大まかで構わない　等
	前記のとおり新規の発注先のため、厳密に行ってもらいたいです。

Q10	その他に伝えておくべきと考える情報等
	Ｙ社は小規模ではありますが、製造体制等しっかりしており、 今回の発注は今後継続的に取引していくことを前提とした 試験的意味合いもありますので、弊社の姿勢を示すためにも 法的に主張すべき点は主張していきたいと考えています。

3 まずは全体を一読する

　リーガルチェックに着手後、まずは契約書案**全体を一読**し、対象となる契約の類型、契約書の構造、構成要素である各条項の位置付けを把握し、気付いた点、気になった点を契約書案にコメントとして残すようにしている。

モデル事例 全体を一読しながら気になる点の確認

　K弁護士は、X社担当者から返信があった2024年12月4日、早速契約書案のリーガルチェックに着手し、まずは全文を一読した。

　一読にあたっては。まずは、タイトル・前文・本文・後文・日付・記名押印欄といった契約書の基本的な構造（**【資料1-4】業務委託契約書（請負型）【基本構造】29頁**）を確認した。

　そのうえで、K弁護士は、契約書案1条から4条及び6条に基づき、対象とする契約は、甲が乙に対し機械の製造を委託し、製造した機械の引渡しを受けることの対価として委託料を支払う契約で、仕事の完成を目的としており、民法に規定された請負契約の性質を有することを確認した。

　また、契約書案の2条及び4条に甲の、3条に乙の本契約における基本的な義務が規定されていること、6条及び9条から14条には、当事者の本質的な権利義務の内容を補充・確認し、又は本質的な権利義務とは別の付随的な権利義務を定め、若しくは付随的な権利義務の内容を補充・確認する条項が規定されていることを確認した。

　さらに、15条以下には、各種の契約に広く設けられる一般的な

第1章　私はこうやっています！〜リーガルチェックの実際〜　27

規定が列挙されていることも確認した。

　以上の確認に加え、Ｋ弁護士は、一読している際に気になった点について、Wordのコメント機能を使用し、契約書案の欄外にコメントを残した。例えば、製造する機械の特定（契約書案１条）、納入場所の特定（同４条１項）、所有権の移転時期（同７条）、危険の移転時期（同10条、11条）、再委託の条件（同13条）、遅延損害金の利率（同16条）、損害賠償の範囲（同17条）等に関するコメントがそれである。
　また、確認を要する法律の条文（同９条、18条）や調査・確認しておくべき事項（同６条）についてもコメントを残した。

　以上のほか、修正すべきことが明らかな条項（同20条）と気づいた誤字（同６条）は、Wordの校正機能を使用して、変更履歴を残しつつ、この時点で修正した。

　一読にあたりＫ弁護士がコメントを付し、修正した結果は【資料1-5】業務委託契約書（請負型）【委託者側・一読後版】30頁のとおりである。

コラム③　こんな契約書でもチェックは必要?

　内容が簡易でも、分量が少なくても、法的問題点が存在する可能性がある限りは、契約書案を送ってもらい、リーガルチェックをさせてもらうようにしている。
　事業所で使用するＯＡ機器のリース契約といった定形的なものが送られてくることもある。チェックの必要性に疑問を感じ、さすがにレビューまではしないが、遅延損害金等のペナルティに関し注意喚起し、契約締結の参考にしてもらっている。迷うくらいであれば送ってもらう方がよい。

【資料1-4】業務委託契約書（請負型）【基本構造】

タイトル	業務委託契約書

前文

株式会社X（以下「甲」という。）とY株式会社（以下「乙」という。）は、本日、以下のとおり業務委託契約（以下「本契約」という。）を締結する。

本文

（目的）
第1条　甲は、乙に対し、甲の機械（型番：X2025-001A）（以下「本機械」という。）の製造（以下「本業務」という。）を委託し、乙はこれを受託する。

（本機械の仕様）
第2条　本機械の仕様は別紙仕様書（省略）のとおりとし、乙は同仕様に従って本機械の製造を行う。

（業務委託料）
第3条　甲は、乙に対し、本業務の対価（以下「委託料」という。）として、金●●●●万円（消費税別）を、次のとおり、乙の指定する預金口座へ振込送金の方法により支払う。ただし、振込手数料は甲の負担とする。
　　　①本契約締結の日の属する月の翌月末日までに金●●●●万円（消費税別）
　　　②第6条（検収）第4項に規定する引渡しの日の属する月の翌月末日までに
　　　　金●●●●万円（消費税別）
2　甲が乙に対し別紙仕様書の内容の変更を求めたことにより追加費用の発生が見込まれる場合には、乙は、甲に対し、委託料の増額を求めることができる。

（本機械の完成・納入）
第4条　乙は、本機械を完成させ、2025年　月　日までに、完成させた本機械を甲の工場に納入する。
2　乙の責めに帰することができない事由により、前項に定める期限までに本機械を納入できないおそれがある場合には、乙は、甲に対し、同期限の変更及び委託料の増額を求めることができる。

【中略】

（協議解決）
第21条　本契約に定めのない事項が生じ、又は本契約の内容の解釈に疑義又は相違が生じた場合には、甲及び乙は、互いに誠意を持って協議し、その解決を図る。

後文

本契約締結を証するため、本契約書2通を作成し、甲及び乙がそれぞれ記名押印する。

日付　　月　日

記名押印（署名捺印）欄

（甲）　住　　　所　横浜市●●区●●町●丁目●番●号
　　　　商　　　号　株式会社　　　　　X
　　　　代表者氏名　代表取締役　甲　山　太　郎　　㊞

（乙）　住　　　所　千葉市●●区●●町●丁目●番●号
　　　　商　　　号　　Y　　株式会社
　　　　代表者氏名　代表取締役　乙　川　次　郎　　㊞

第1章　私はこうやっています！〜リーガルチェックの実際〜　　29

【資料1-5】業務委託契約書（請負型）【委託者側・一読後版】

業務委託書

株式会社X（以下「甲」という。）と**Y株式会社**（以下「乙」という。）は、本日、以下のとおり業務委託契約（以下「本契約」という。）を締結する。

コメント追加【K弁護士】
どんな業務？

（目的）
第1条 甲は、乙に対し、甲の機械（以下「本機械」という。）の製造（以下「本業務」という。）を委託し、乙はこれを受託する。

コメント追加【K弁護士】
機械の特定

（本機械の仕様）
第2条 本機械の仕様は別紙仕様書（**省略**）のとおりとし、乙は同仕様に従って本機械の製造を行う。

（業務委託料）
第3条 甲は、乙に対し、本業務の対価（以下「委託料」という。）として、金●●●万円（消費税別）を、次のとおり、乙の指定する預金口座へ振込送金の方法により支払う。ただし、振込手数料は甲の負担とする。

 ①本契約締結の日の属する月の翌月末日までに金●●●●万円（消費税別）
 ②第6条（検収）第4項に規定する引渡しの日の属する月の翌月末日までに金●●●●万円（消費税別）

コメント追加【K弁護士】
一部前払いOK？

2 甲が乙に対し別紙仕様書の内容の変更を求めたことにより追加費用の発生が見込まれる場合には、乙は、甲に対し、委託料の増額を求めることができる。

コメント追加【K弁護士】
追加費用OK？

（本機械の完成・納入）
第4条 乙は、本機械を完成させ、2025年　月　日までに、完成させた本機械を甲の工場に納入する。

コメント追加【K弁護士】
どこ？

2 乙の責めに帰することができない事由により、前項に定める期限までに本機械を納入できないおそれがある場合には、乙は、甲に対し、同期限の変更及び委託料の増額を求めることができる。

コメント追加【K弁護士】
増額OK？

（報告）
第5条 甲が求める場合には、乙は、甲に対し、必要な範囲で、本業務の遂行状況その他甲が求める事項を報告する。

コメント追加【K弁護士】
必要な範囲でよいか？

（検収）

コメント追加【K弁護士】
商法の検査の規定参照

第6条 甲は、乙に対し、第4条（本機械の完成・納入）第1項に規定する本機械の納入を受けた後7日以内に、納入を受けた本機械の内容を検査のうえ、その合否を書面により通知する。

コメント追加【K弁護士】
期間大丈夫か？

2 甲が納入を受けた本機械を不合格と判断した場合には、甲は、乙に対し、不合格の通知とともに、不合格となった具体的理由を示したうえで、本機械の再納入品を求める。

3 前項に規定する再納入を求められた場合には、乙は、甲の指定する期日までに、本機械の修正を無償で行い、再納入する。再納入された本機械の検収については、本条を準用する。

4 甲が納入品を受けた本機械を合格と判断した場合には、同判断の時に本機械の引渡しが完了するものとする。

5 第1項の期間内に乙に合否の通知が到達しない場合には、合格と判断したものとみなす。

（所有権の移転）

第7条 本機械の所有権は、委託料の完済時に甲に移転する。

> 💬コメント追加【K弁護士】
> 引渡し後完済までは？

（権利の帰属）

第8条 本業務により製造された本機械又は本業務の課程で生じる発明、考案若しくは創作について、特許権、実用新案権、意匠権、商標権その他の知的財産権を受ける権利及び当該権利に基づき取得される知的財産権は、委託料の完済時に甲に移転する。

> 💬コメント追加【K弁護士】
> 完済までは？

2 乙が従前より保有する知的財産権を本機械に適用した場合には、乙は、甲に対し、甲が本機械を使用するために必要な範囲について、当該知的財産権の使用を無償で許諾する。

3 前二項の場合には、乙は、甲に対し同各項に規定する知的財産権を帰属させ、又は甲が知的財産権を適法に使用するために必要となる一切の手続を履践する。

4 乙は、乙の知る限りにおいて、本業務により製造された本機械が第三者の権利を侵害しないことを保証する。

（契約不適合責任）

第9条 乙が引き渡した本機械が種類、品質又は数量に関して本契約の内容に適合しない場合（第6条（検収）第1項に規定する検査により直ちに発見することができない不適合に限る。）（以下「契約不適合」という。）には、甲は、乙に対し、乙の選択により、履行の追完又は委託料の減額を請求することができる。ただし、契約不適合が甲の責めに帰すべき事由によるものであるときは、この限りではない。

> 💬コメント追加【K弁護士】
> 契約不適合責任の条文確認

> 💬コメント追加【K弁護士】
> 受託者の選択でよいか？

2 甲は、前項の請求をしたにも関わらず、乙が相当の期間内に履行の追完又は代金の減額を行わない場合に限り、民法第415条（債務不履行による損害賠償）の損害賠償の請求並びに同法第541条（催告による解除）及び同法第542条（催告によらない解除）の解除権の行使をすることができる。

3 甲が本機械の引渡しの完了後3か月以内にその旨を乙に通知しない場合には、甲は、契約不適合を理由として、第1項に規定する請求並びに前項の請求及び解除権の行使をすることができない。

> 💬コメント追加【K弁護士】
> 起算点は引渡し時でよいか？

> 💬コメント追加【K弁護士】
> 短くないか？

4 商法第526条（買主による目的物の検査及び通知）は本契約には適用しない。

> 💬コメント追加【K弁護士】
> 条文確認

（危険負担）

第10条 本機械の納入前に生じた本機械の滅失、毀損その他の危険は、甲の責めに帰すべき事由がある場合を除き乙がこれを負担し、同納入後に生じた同危険は、乙の責めに帰すべき事由がある場合を除き甲が負担する。

> 💬コメント追加【K弁護士】
> 納入後検査合格までの危険を負担してよいか？

（製造物責任）

第11条 本機械の欠陥により甲又は第三者に損害が発生した場合には、乙は、当該欠陥が乙の責めに帰すべき事由によるときに限り、甲に生じた損害を賠償する。

> 💬コメント追加【K弁護士】
> PL法の確認要

> 💬コメント追加【K弁護士】
> 無過失責任では？

（費用負担）

第12条 乙が本業務を遂行するために要する費用は、甲の負担とする。

> 💬コメント追加【K弁護士】
> 委託者負担でよいか？

（再委託）

第13条 本業務の遂行に必要な場合には、乙は、本業務の全部又は一部を第三者に再委託することができる。

> 💬コメント追加【K弁護士】
> 委託者の承諾は不要？

2 前項に基づき再委託した場合には、乙は、再委託先が本契約の各条項を遵守するよう管理監督し、甲に対し、再委託先の管理監督についてのみ責任を負う。

> 💬コメント追加【K弁護士】
> 管理監督のみでよいか？

（契約終了時の措置）

第14条 本契約が本機械の引渡しの完了前に終了した場合には、甲は、乙に対し、支払済みの委託料の返還を求めず、速やかに、委託料として、未払の委託料の80％に相当する金額を支払う。ただし、本契約の終了が甲の責めに帰すべき事由によるときは、委託料の全額を支払う。

> 💬コメント追加【K弁護士】
> 委託料の精算範囲

（秘密保持義務）

第15条　甲及び乙は、本業務の遂行により知り得た相手方の営業上又は技術上その他の業務上の一切の情報（口頭で開示された情報については、開示当事者が、相手方に対し、開示後3日以内に秘密情報である旨を書面で通知した場合に限る。）（以下「秘密情報」という。）を秘密として保持し、相手方の事前の書面による承諾を得ずに第三者に開示又は漏洩してはならず、本業務の遂行のためにのみ使用し、他の目的に使用してはならない。秘密情報の開示の方法は、書面、口頭又はＣＤ－ＲＯＭその他の電磁的媒体によるなど、その態様を問わない。

2　前項の規定にかかわらず、次の各号に該当する情報は、本契約における秘密情報には該当しない。

（1）開示を受けた際、既に公知となっている情報

（2）開示を受けた際、既に自己が保有していた情報

（3）開示を受けた後、自己の責によらずに公知となった情報

（4）正当な権限を有する第三者より守秘義務を負うことなく取得した情報

（5）相手方から開示された情報を利用することなく独自に開発した情報

3　第1項の規定にかかわらず、以下の各号のいずれかに該当する場合には、甲及び乙は、相手方の書面による承諾得ずに秘密情報を第三者に開示することができる。

（1）関係会社、自己若しくは関係会社の役職員又は自己若しくは関係会社が依頼する弁護士、会計士、税理士その他のアドバイザーに対して、本業務遂行のために必要な範囲で秘密情報を開示するとき。ただし、開示を受ける者が少なくとも本条に定める秘密保持義務と同様の秘密保持義務を法令又は契約に基づき負担する場合に限る。

（2）法令又は裁判所、行政庁若しくは規制権限を有する公的機関の裁判、規則、命令若しくは指示等により秘密情報の開示を要求又は要請される場合に、これらの機関に対し、合理的に必要な範囲で秘密情報を開示するとき。ただし、開示する当事者は、相手方に対し、原則として事前に、それが法令等により困難である場合には開示後可能な限り速やかに、開示する内容を通知しなければならない。

4　甲及び乙は、相手方から提供を受けた秘密情報について、本契約の目的の範囲内で複製することができる。秘密情報を複製して得られた情報も秘密情報に含まれる。

5　本契約が終了した場合又は相手方が求めた場合には、甲及び乙は、相手方に対し、その指示に従い秘密情報を返還又は破棄のうえ、その旨を証する書面を提出する。

6　本条に規定する義務は本機械の引渡し後5年間存続する。

（遅延損害金）

第16条　甲が委託料の支払を怠った場合には、甲は、乙に対し、本契約書に規定する支払期限の翌日から完済に至るまで年14.6%の割合による遅延損害金を支払う。

> 📣 コメント追加【K弁護士】
> 利率高い

（損害賠償責任）

第17条　甲又は乙が本契約に違反した場合には、違反した当事者に故意又は重過失がある場合に限り、当該当事者は、相手方に対し、当該違反により相手方が被った直接かつ通常の損害を第3条（業務委託料）の委託料の範囲内において賠償する責任を負う。

> 📣 コメント追加【K弁護士】
> 軽過失免責でよいか？

> 📣 コメント追加【K弁護士】
> 賠償範囲は適切か？

（中途解約）

> 📣 コメント追加【K弁護士】
> 民法の請負の規定を確認

第18条　甲と乙は、書面により合意することによって、本契約を解約することができる。

（解除）

第19条　甲又は乙が本契約のいずれかの条項に違反し、相当期間を定めて催告をし

たにもかかわらず、相当期間内に違反が是正されない場合には、相手方は、本契約の全部又は一部を解除することができる。ただし、その期間を経過した時における本契約の違反が本契約及び取引上の社会通念に照らして軽微であるときは、この限りではない。

2　甲又は乙が次の各号のいずれかに該当した場合には、相手方は、何らの催告を要しないで直ちに本契約の全部又は一部を解除することができる。ただし、甲又は乙が同各号に該当したことが相手方の責めに帰すべき事由によるものであるときは、この限りではない。

（1）法令に違反したとき又は本契約に定める条項につき重大な違反があったとき

（2）債務の全部若しくは一部の履行が不能であるとき又は相手方がその債務の全部若しくは一部の履行を拒絶する意思を明確に表示したとき。ただし、一部の履行不能又は履行拒絶の場合は、当該一部に限って解除することができる。

（3）債務の一部の履行が不能である場合又は相手方がその債務の一部の履行を拒絶する意思を明確に表示した場合において、残存する部分のみでは契約をした目的を達することができないとき

（4）本契約上、特定の日時又は一定の期間内に履行をしなければ本契約の目的を達することができない場合に、相手方が履行をしないでその日時又は期間を経過したとき

（5）支払停止又は支払不能に陥ったとき

（6）自ら振出し、又は裏書した手形・小切手が1度でも不渡りになったとき

（7）差押え、仮差押え、仮処分、強制執行、競売、滞納処分又はその他公権力による処分を受けたとき

（8）破産手続開始、特別清算手続開始、民事再生手続開始、会社更正手続開始若しくはその他法的倒産手続開始の申立を受け、これらの申立を自ら行い、又は私的整理を開始したとき

（9）監督官庁から事業停止処分又は事業免許若しくは事業登録の取消処分を受けたとき

（10）解散し、又は事業を廃止したとき

（11）資本減少、主要な株主の変更、事業譲渡、合併若しくは会社分割等の組織再編又はその他会社の支配に重要な影響を及ぼす事実が生じたとき

（12）代表者が刑事上の訴追を受け、又はその所在が不明になったとき

（13）信用の失墜又はその資産の重大な変動等により、甲及び乙の間の信頼関係が損なわれ、本契約の継続が困難であると認める事態が発生したとき

（14）公序良俗に反する行為又は相手方の信用若しくは名誉を毀損するといった背信的行為があったとき

（15）その他本契約を継続し難い重大な事由が生じたとき

3　第1項又は前項に規定する解除は、相手方に対する損害賠償の請求を妨げない。

4　甲又は乙が本契約のいずれかの条項に違反した場合には、相手方の書面による通知により、相手方に対する一切の債務について期限の利益を喪失し、相手方に対し、直ちにその債務の全てを履行しなければならない。

5　甲又は乙が第2項各号のいずれかに該当した場合には、相手方からの何らの通知・催告がなくとも、相手方に対する一切の債務について当然に期限の利益を喪失し、相手方に対し、直ちにその債務の全てを履行しなければならない。

（管轄裁判所）

第20条　本契約に関する甲と乙の間の訴訟については、**横浜千葉**地方裁判所を第一審の**専属的合意**管轄裁判所とする。

（協議解決）

第21条　本契約に定めのない事項が生じ、又は本契約の内容の解釈に疑義又は相違が生じた場合には、甲及び乙は、互いに誠意を持って協議し、その解決を図る。

　本契約の締結を証するため、本契約書２通を作成し、甲及び乙がそれぞれ記名押印する。

> **コメント追加【K弁護士】**
> 各自保有

　　　　2024年　月　日

　　　　　　　　（甲）　住　　　　所　横浜市●●区●●町●丁目●番●号
　　　　　　　　　　　　商　　　　号　株式会社　　　　　　Ｘ
　　　　　　　　　　　　代表者氏名　代表取締役　　甲　山　太　郎　㊞

　　　　　　　　（乙）　住　　　　所　千葉市●●区●●町●丁目●番●号
　　　　　　　　　　　　商　　　　号　　　　Ｙ　　　　株　式　会　社
　　　　　　　　　　　　代表者氏名　代表取締役　　乙　川　次　郎　㊞

4 本格的な チェックの前に

　一読により把握した事項及び契約書案中に残したコメントに基づき、必要な知識の補充・確認と参考となる書式の準備を行っている。

　必要な準備は、できる限りこの段階で済ませておくようにしている。

（モデル事例）本格的なチェックの前に知識の補充

　K弁護士は、一読後、一読時に確認すべきとのコメントを付した契約不適合責任の条文と請負契約の期間中における注文者による契約解除の各条文を確認した。

　商法の目的物の検査及び通知の規定については、条文に加え、その趣旨及び内容について、基本的な解説書で確認した。

　そのうえで、過去に作成ないしはチェックした契約書の中から、本件に類似した製品の完成及び引渡しを目的とするものについて、そのデータファイルを検索し、パソコン上で内容を確認した。また、契約書案のリーガルチェックにあたり、契約書案に条項の漏れがないかの判断と条項の修正が必要な場合の文言の参考にするため、これらに使用するのに適切なものを絞り込み、パソコン上に開いたままの状態にした。

　なお、データファイルの選択にあたっては、本契約書案と同様の請負型の業務委託契約書で、委託者側で作成したもの、チェックしたものを第一次的には選んだが、リーガルチェックにあたっては相手方の立場に立ったものも参考になるため、受託者側で作成ないしはチェックしたものも確認しておくようにした。

第1章　私はこうやっています！～リーガルチェックの実際～　35

5 本文をレビューする

（1）条項の位置付けに応じたレビュー

　必要な準備を済ませたうえで、契約書案に対し、自社の立場から見た法的問題点やリスクの有無を確認・検討し、問題がある場合にはそれを修正、削除、追加する作業、いわゆるレビューを行っていく。

　レビューにあたっては、契約書案の本文から行うようにしている。

モデル事例　レビューにあたり念頭に置くことの確認

　Ｋ弁護士は、一通りの準備を終えたうえで、直ちに、契約書案の本文について、レビューを行った。

　レビューにあたっては、①契約書案の各条項が、契約書案が対象とする契約に特有・固有なものか、契約の類型にかかわらず、各種の契約において設けられるものか、②当該契約に固有なものである場合には、当該契約がいかなる契約かを明らかにするものか、当該契約における当事者の基本的な権利義務を定めるものか、当事者の権利義務を補充・確認するものかを意識するようにした。

　また、当事者の契約上の地位や取引上の立場を踏まえてレビューを進めた。

　以下、主なレビュー箇所を見ていく。

（2）当該契約に固有の条項に関して

ア　契約類型の特定に関するもの

　当初の契約書案（【資料1-1】業務委託契約書（請負型）【受託者側・受付

時版】17頁） 1条は、本契約で対象となる機械の特定として不十分と思われたため、「甲が●●の製造に使用する●●機械」と追記し、型番を挿入するようコメントを付した。

　また、X社からすると、Y社が、機械の製造のみではなく、機械の納入場所までの運送や設置といった機械の製造に付随し、関連する一切の業務を行う義務を負っていることを明確にしておくべきであることから、その旨を追記した。

イ　X社の基本的な義務に関するもの

　当初の契約書案3条において、X社が支払う委託料の支払は、契約締結月の翌月末日と機械の引渡月の翌月末日をそれぞれ期限とする分割払いになっていた。X社としては、Y社とは初めての取引であることから、きちんとした製造、引渡しがされたのを確認した後に支払をする方が、リスクが小さいため、引渡月の翌月末日限りの一括払いに修正した（同条1項）。

　また、X社による仕様書の変更があり、追加費用の発生が見込まれる場合に、Y社に当然に委託料の増額が認められることになる規定は削除した（同条2項）。

ウ　Y社の基本的な義務に関するもの

(ア)当初の契約書案2条について

　機械の製造にあたっては契約書別紙（省略）の仕様書によるところ、X社において契約後に仕様書の内容を変更できる余地を残すようにした。

(イ)同4条について

　納入場所をより明確にするため、X社の工場の所在場所を明記した（本条1項）。

　また、当初の契約書案では、所定の期限までに納入できないおそれさえあれば、X社の同意がなくとも、Y社において納入の期限を変更することができ、委託料の増額を求めることができるとされていた（同条2項）。おそれのみで変更可能とするのは、X社の立場からは、変更可能な場合が広すぎること、そもそもX社の同意なく、当然に変更が可能で、かつ、委託料の増額を求められるという点も不利益が大きい。そこで、実際に

期限までに納入ができない場合で、X社が同意したときにのみ期限の変更ができると修正した。なお、委託料増額の点は削除したが、X社の同意を条件に増額可とすることも可能であるため、その旨コメントを付した。

(ウ)同6条について

機械の引渡しに関し、検査の期間を「遅滞なく」と改め（本条1項）、検査の合否の通知がない場合に合格とみなす規定を削除し（同条5項）、所有権の移転時期を引渡しの完了時と修正した（同条4項、同7条は削除した）。

なお、仮に検査期間を定める場合には、X社において無理のない日数とすること、通知がない場合に合格とみなす規定を残すことも可能である旨のコメントを付した。

エ　当事者の権利義務を補充・確認するもの

(ア)当初の契約書案8条

機械の製造に関係する知的財産権に関するY社の義務に関し、X社の立場に立った修正を行った（本条1項、4項）。

(イ)同9条

Y社の契約不適合責任に関し、X社の立場から、請求内容の選択権者をY社からX社に変更し（本条1項）、履行の追完又は委託料の減額請求の有無に関わらず、X社からY社に対し損害賠償請求・解除権行使が可能であることとし（同条2項）、不適合の通知期間を民法が規定するとおりに修正した（同条3項）。

(ウ)同10条

危険負担における危険の移転時期について、所有権の移転時期の修正に合わせた修正をした。

(エ)その他

報告（同5条）、製造物責任（同11条）、費用負担（同12条）、再委託（同13条）、契約終了時の措置（同14条）についても、X社の立場から必要な修正を行い、コメントを付した。

以上のレビューの結果は、**【資料1-6】業務委託契約書（請負型）【委託者側・本文チェック後版（固有条項）】40頁**のとおりである。

コラム④　一読時にどこまで直すか?

　本書では、本文のレビュー前に契約書の全体を一読することを勧め、一読時には全体の構造と対象となる契約の類型を把握し、設けられている各条項がどのような性質のものかを確認することを主たる目的とする旨述べた。また、条項等の問題点については、コメントを残しておけばよいとした。

　実際、リーガルチェックに慣れていない場合、契約書が大部で条項が多い場合、初見ないしは複雑な契約を対象とする場合には、上記説明は妥当する。しかし、リーガルチェックの経験をある程度有しており、過去にレビューした経験のある比較的一般的な契約書であれば、気付いた点についてコメントを残すだけではなく、それまでに培った知識と経験からレビューを進められる場合には、レビューしてしまっても一向に構わない。私自身、実際には、そのようにして一読時からかなりの部分のレビューを行ってしまっている。

　その結果、一読時に本文のレビューの大半を終えることができ、その後は全体のチェックを行い、リーガルチェックを完了できてしまう場合も多い。

【資料1-6】業務委託契約書（請負型）【委託者側・本文チェック後版（固有条項)】

【前略】

（目的）

第1条 甲は、乙に対し、甲が**●●の製造に使用する●●**機械（**型番：**

）（以下「本機械」という。）の製造**及びこれに付随し関連する一切の業務**

（以下**これらを合わせて**「本業務」という。）を委託し、乙はこれを受託する。

> 💬 コメント追加【K弁護士】
> 型番を挿入してください。

（本機械の仕様）

第2条 本機械の仕様は別紙仕様書**（添付図面を含む。以下同じ。）**（省略）のとおりとし、乙は同仕様に従って本機械の製造を行う。**ただし、甲は、乙の同意を得て、別紙仕様書の内容を変更することができる。**

> 💬 コメント追加【K弁護士】
> 1項 引き渡し後一括払いにしました。
> 2項 削除し、当然には委託料を増額できないようにしました。
> この点、相手方との関係で、御社にて分割支払、委託料増額可であれば、追記した部分を削除し、削除した部分を復活させても構いません。

（業務委託料）

第3条 甲は、乙に対し、**第6条（検収）第4項に規定する引渡しの日の属する月の翌月末日までに、**本業務の対価（以下「委託料」という。）として、金**●●●**●万円（消費税別）を、~~次のとおり、~~乙の指定する預金口座へ振込送金の方法により支払う。ただし、振込手数料は甲の負担とする。

~~①本契約締結の日の属する月の翌月末日までに金●●●●万円（消費税別）~~

~~②第6条（検収）第4項に規定する引渡しの日の属する月の翌月末日までに金~~

~~●●●●万円（消費税別）~~

~~2　甲が乙に対し別紙仕様書の内容の変更を求めたことにより追加費用の発生が見~~

~~込まれる場合には、乙は、甲に対し、委託料の増額を求めることができる。~~

（本機械の完成・納入）

第4条 乙は、本機械を完成させ、2025年　　月　　日までに、完成させた本機械を**横浜市●●区●●町●丁目●番●号**所在の甲の**本店併設の**甲の工場に納入する。

2　乙の責めに帰することができない事由により、前項に定める期限までに本機械を納入できない~~おそれがある~~場合には、乙は、甲の**同意を得て**~~に対し、~~同期限**を**~~の~~変更**する**~~及び委託料の増額を求める~~ことができる。

> 💬 コメント追加【K弁護士】
> 単なるおそれでは納期を遅らせることはできないようにしました。

> 💬 コメント追加【K弁護士】
> 納期の変更等を御社の同意がある場合に限りましたので、御社にて委託料の増額を認めてよければ、ここは復活させても構いません。
> ただし、記載しなくても増額を認めることは可能なので、無理に記載する必要はないように思います。

（報告）

第5条 甲が求める場合には、乙は、甲に対し、**都度必要な範囲で**、本業務の遂行状況その他甲が求める事項を報告する。

2　前条の納入期限までに本機械を納入することができないことが判明した場合には、乙は、甲に対し、直ちに、その旨を報告し、甲の指示を受ける。

3　甲は、本業務の遂行状況その他甲が求める事項について監査することができる、必要に応じて、乙の事業所及び工場において立ち入り、検査することができる。

4　甲が必要と認める場合には、甲は、乙に対し、本業務の遂行状況その他甲が求める事項について改善を求めることができる。

> 💬 コメント追加【K弁護士】
> 1項・2項 報告すべき場合を広げました。
> 3項・4項 御社にて監査と改善を求められるようにしました。

（検収）

第6条 甲は、乙に対し、第4条（本機械の完成・納入）第1項に規定する本機械の納入を受けた後**遅滞なく**~~7日以内に~~、納入を受けた本機械の内容を検査のうえ、その合否を書面により通知する。

2　甲が納入を受けた本機械を不合格と判断した場合には、甲は、乙に対し、不合格の通知とともに、不合格となった具体的理由を示したうえで、本機械の再納入

> 💬 コメント追加【K弁護士】
> 遅滞なくとしましたが、相手方との関係で日数等を入れる場合は、御社において検収期間として無理のない期間としてください。

品を求める。

3　前項に規定する再納入を求められた場合には、乙は、甲の指定する期日までに、本機械の修正を無償で行い、再納入する。再納入された本機械の検収については、本条を準用する。

4　甲が納入品を受けた本機械を合格と判断した場合には、同判断の時に本機械の引渡しが完了するものと~~する~~**し、本機械の所有権は同引渡しの完了時に甲に移転する。**

5　~~第1項の期間内に乙に合否の通知が到達しない場合には、合格と判断したものとみなす。~~

~~〈所有権の移転〉~~

~~第7条　本機械の所有権は、委託料の完済時に甲に移転する。~~

> ■コメント追加【K弁護士】
> 所有権の移転時期を引渡時に早めました。

> ■コメント追加【K弁護士】
> 一応、削除しましたが、検収期間が無理のない期間であれば、合格の場合、むしろ通知を省略することができますので、残すこともありだとは思います。
> ただし、不合格の場合の通知忘れに注意が必要ですので、無難なのは削除だと思います。

〈権利の帰属〉

第8条　本業務により製造された本機械又は本業務の課程で生じる発明、考案若しくは創作について、特許権、実用新案権、意匠権、商標権その他の知的財産権を受ける権利及び当該権利に基づき取得される知的財産権は、**発生と同時**~~委託料の完済時~~に甲に帰属~~移転~~する。

2　乙が従前より保有する知的財産権を本機械に適用した場合には、乙は、甲に対し、甲が本機械を使用するために必要な範囲について、当該知的財産権の使用を無償で許諾する。

3　前二項の場合には、乙は、甲に対し同各項に規定する知的財産権を帰属させ、又は甲が知的財産権を適法に使用するために必要となる一切の手続を履践する。

4　乙は、**乙の知る限りにおいて、**本業務により製造された本機械が第三者の権利を侵害しないことを保証~~し、~~**甲が第三者から本機械の使用について権利侵害を理由に何らかの請求又は異議の申立を受けた場合には、乙は自らの責任と負担によりこれを解決するとともに、甲に生じた損害を賠償**する。

> ■コメント追加【K弁護士】
> 1項　発生と同時に帰属としました。
> 4項　第三者を害した場合の相手方の責任を重くしました。

〈契約不適合責任〉

第9条　乙が引き渡した本機械が種類、品質又は数量に関して本契約の内容に適合しない場合~~（第6条（検収）第1項に規定する検査により直ちに発見することができない不適合に限る。）~~（以下「契約不適合」という。）には、甲は、乙に対し、**自ら**~~乙~~の選択により、履行の追完又は委託料の減額を請求することができる。ただし、契約不適合が甲の責めに帰すべき事由によるものであるときは、この限りではない。

2　~~前項の規定は甲は、前項の請求をしたにも関わらず、乙が相当の期間内に履行の追完又は代金の減額を行わない場合に限り、~~民法第415条（債務不履行による損害賠償）の損害賠償の請求並びに同法第541条（催告による解除）及び同法第542条（催告によらない解除）の解除権の行使を**妨げ**~~ない~~**することができる**。

3　甲が**契約不適合を知った時から1年**~~本機械の引き渡しの完了後3か月~~以内にその旨を乙に通知しない場合には、甲は、契約不適合を理由として、第1項に規定する請求並びに前項の請求及び解除権の行使をすることができない。**ただし、乙が本機械の引渡時において契約不適合を知り、又は重大な過失によって知らなかったときは、この限りではない。**

4　商法第526条（買主による目的物の検査及び通知）は本契約には適用しない。

> ■コメント追加【K弁護士】
> 1項　検収時に発見できない不適合を含めることとし、履行の追完と委託料減額を御社が選択できることとしました。
> 2項　損害賠償請求と解除を履行の追完等と並行して可能としました。
> 3項　通知期間の起算点と期間を延長する方向で修正しました。

〈危険負担〉

第10条　**第6条（検収）第4項に規定する引渡しの完了**~~本機械の納入~~前に生じた本機械の滅失、毀損その他の危険は、甲の責めに帰すべき事由がある場合を除き乙がこれを負担し、同**引渡しの完了**~~納入~~後に生じた同危険は、乙の責めに帰すべき事由がある場合を除き甲が負担する。

> ■コメント追加【K弁護士】
> 所有権移転時期に合わせて変更

第1章　私はこうやっています！ ～リーガルチェックの実際～　41

（製造物責任）

第11条　本機械の欠陥により甲又は第三者に損害が発生した場合には、乙は、~~当該欠陥が乙の責めに帰すべき事由によるときに限り、~~甲に生じた損害を賠償する。

> 💬 コメント追加【K弁護士】
> 相手方が責任を負う場合を限定する文言を削除

（費用負担）

第12条　乙が本業務を遂行するために要する費用は、**別途合意したものを除き、乙**~~甲~~の負担とする。

（再委託）

第13条　~~本業務の遂行に必要な場合には、~~乙は、**甲の事前の書面による承諾を得た場合に限り、**本業務の全部又は一部を第三者に再委託することができる。

2　前項に基づき再委託した場合には、乙は、再委託先が本契約の各条項を遵守するよう管理監督**するとともに、再委託先に対して本契約上の乙の義務と同等の義務を負わせ**~~し~~、甲に対し、再委託先**による業務の実施その他一切の行為に関して乙が行ったものとして**~~の管理監督についてのみ~~責任を負う。

> 💬 コメント追加【K弁護士】
> 再委託ができる場合を限定し、相手方の再委託に対する責任を重くしました。

（契約終了時の措置）

第14条　本契約が本機械の引渡しの完了前に終了した場合には、甲は、乙に対し、~~支払済みの委託料の返還を求めず、~~速やかに、委託料として、**第3条（業務委託料）に規定する委託料に本契約の終了時までになされた本業務の履行割合を乗じた金額**~~未払の委託料の80％に相当する金額~~を支払う。ただし、本契約の終了が**乙**~~甲~~の責めに帰すべき事由によるときは、委託料**は発生しない**~~の全額を支払う~~。

> 💬 コメント追加【K弁護士】
> 精算すべき委託料を業務の履行割合により算出するようにしてみました。精算方法については御社にてご検討いただき、他の方法による場合はお知らせください。

【後略】

（3）契約類型にかかわらず設けられる一般的な条項

ア　当初契約案15条

当初の契約書案では、口頭で開示された情報については、開示した当事者が、相手方に対し、「開示後3日以内に秘密情報である旨を書面で通知した場合」に限って秘密保持義務の対象となるとされていた（本条1項）。機械の仕様や同機械を使用して製造する製品の製造工程等、情報を開示するのは主としてX社の側であることから、秘密情報の範囲に制限を加えることは、X社が開示する情報が秘密情報となる場合を狭めることになりかねない。秘密情報の範囲を広く設定するため、同限定を削除した。

イ　同16条

遅延損害金の利率については、本契約で金銭債務を負うのが主としてX社であることから、X社の立場から、本契約の締結が予定されている時点の民法上の法定利率である年3％の利率に修正した。

ウ　同17条

当初契約書案では、損害賠償請求が認められるための要件として、「故意又は重過失」が要求されていたところ、損害賠償請求を行う必要が生じるのは主としてX社のため、帰責事由の有無を問わずに責任が認めれるように修正した。また、賠償の対象となる損害の範囲が限定されており、かつ、上限額が設定されていたことから、これらを削除し、対象となる損害の範囲を広く規定するように修正した。

エ　同18条

中途解約には当事者の合意が要求されていたところ、民法上、注文者はいつでも契約を解除することができることから、同様に、X社においていつでも中途解約できるように修正した。

オ　同19条

民法では、契約違反が軽微な場合に、催告による解除が制限されてい

る。解除の対象となる契約違反の可能性があるのは主としてY社である
ことから、Y社に契約違反があった場合に軽微か否かで争いが生じない
よう、同制限を削除した。

カ 条項の追加
(ア)反社会的勢力の排除
コンプライアンスの観点から条項を設けた。
(イ)権利義務の譲渡禁止
Y社が委託料債権を譲渡することにより、X社において支払先を確定
しなければならない負担を負うことなどを避けるため、条項を設けた。

以上のレビューの結果は、【資料1-7】業務委託契約書（請負型）【委
託者側・本文チェック後版（一般的条項）】45頁のとおりである。

コラム⑤ 書式を利用するうえでの注意点

一般的な書籍等に掲載されている書式については、その内容が正しく、リー
ガルチェックにおける使用に耐えうるものであったとしても、次の各点には
注意が必要である。

一つは、いずれの立場に立って作成されたものであるかである。書籍等の
中には、同じ契約を対象とした契約書について、委託者と受託者、売主と買
主というそれぞれの立場から作成されたものを双方とも掲載してくれている
ものもあるが、当事者の取引上の力関係や契約締結の必要性の違いまで考慮
され、異なる立場のものを複数掲載しているものは少ない。取引上の関係性
については、リーガルチェックにあたる者が当事者の関係性を十分に理解し
たうえで、想像力を働かせ、相手先が受け入れられる範囲内で、どこまで自
社の利益を図れるかを検討していく必要がある。

また、今一つは、書籍が出版された後の時の経過により、法改正や判例変
更がされていないかである。この点、加除式の書籍やインターネット上で書
式の提供を行っている有料のサービスであれば、随時更新されることで懸念
は相当程度解消できる。それでも更新済みか否かは確認すべきである。

【資料1-7】業務委託契約書（請負型）【委託者側・本文チェック後版（一般的条項）】

【前略】

（秘密保持義務）

第15条 甲及び乙は、本業務の遂行により知り得た相手方の営業上又は技術上その他の業務上の一切の情報 ~~（口頭で開示された情報については、開示当事者が、相手方に対し、開示後3日以内に秘密情報である旨を書面で通知した場合に限る。）~~ （以下「秘密情報」という。）を秘密として保持し、相手方の事前の書面による承諾を得ずに第三者に開示又は漏洩してはならず、本業務の遂行のためにのみ使用し、他の目的に使用してはならない。秘密情報の開示の方法は、書面、口頭又はCD-ROMその他の電磁的媒体によるなど、その態様を問わない。

> **■コメント追加【K弁護士】**
> 情報を開示するのは主として御社側ですので、限定をなしにしました。

2　前項の規定にかかわらず、次の各号に該当する情報は、本契約における秘密情報には該当しない。

（1）開示を受けた際、既に公知となっている情報

（2）開示を受けた際、既に自己が保有していた情報

（3）開示を受けた後、自己の責によらずに公知となった情報

（4）正当な権限を有する第三者より守秘義務を負うことなく取得した情報

（5）相手方から開示された情報を利用することなく独自に開発した情報

3　第1項の規定にかかわらず、以下の各号のいずれかに該当する場合には、甲及び乙は、相手方の書面による承諾**を**得ずに秘密情報を第三者に開示することができる。

（1）関係会社、自己若しくは関係会社の役職員又は自己若しくは関係会社が依頼する弁護士、会計士、税理士その他のアドバイザーに対して、本業務遂行のために必要な範囲で秘密情報を開示するとき。ただし、開示を受ける者が少なくとも本条に定める秘密保持義務と同様の秘密保持義務を法令又は契約に基づき負担する場合に限る。

（2）法令又は裁判所、行政庁若しくは規制権限を有する公的機関の裁判、規則、命令若しくは指示等により秘密情報の開示を要求又は要請される場合に、これらの機関に対し、合理的に必要な範囲で秘密情報を開示するとき。ただし、開示する当事者は、相手方に対し、原則として事前に、それが法令等により困難である場合には開示後可能な限り速やかに、開示する内容を通知しなければならない。

4　甲及び乙は、相手方から提供を受けた秘密情報について、本契約の目的の範囲内で複製することができる。秘密情報を複製して得られた情報も秘密情報に含まれる。

5　本契約が終了した場合又は相手方が求めた場合には、甲及び乙は、相手方に対し、その指示に従い秘密情報を返還又は破棄のうえ、その旨を証する書面を提出する。

6　本条に規定する義務は本機械の引渡し後5年間存続する。

（遅延損害金）

第16条 甲が委託料の支払を怠った場合には、甲は、乙に対し、本契約書に規定する支払期限の翌日から完済に至るまで年~~3~~14.6%の割合による遅延損害金を支払う。

> **■コメント追加【K弁護士】**
> 法定利率まで利率を下げました。

第1章　私はこうやっています！〜リーガルチェックの実際〜　45

〔損害賠償責任〕

第17条 甲又は乙が本契約に違反した場合には、違反した当事者**に故意又は重過失がある場合に限り、当該当事者**は、~~自らの帰責事由の有無を問わず、~~相手方に対し、当該違反により相手方が被った**直接かつ通常の**損害（~~弁護士費用、逸失利益、特別損害、間接損害を含むが~~これらに限られない。）を~~第3条（業務委託料）の委託料の範囲内において~~賠償する責任を負う。

〔中途解約〕

第18条 甲~~と乙~~は、~~乙に対し、~~書面により**通知~~合意~~**することによって、**いつでも本**契約を解約することができる。

（解除）

第19条 甲又は乙が本契約のいずれかの条項に違反し、相当期間を定めて催告をしたにもかかわらず、相当期間内に違反が是正されない場合には、相手方は、本契約の全部又は一部を解除することができる。ただし、民法第541条（催告による解除）ただし書は本契約には適用しない~~その期間を経過した時における本契約の違反が本契約及び取引上の社会通念に照らして軽微であるときは、この限りではない~~。

2 甲又は乙が次の各号のいずれかに該当した場合には、相手方は、何らの催告を要しないで直ちに本契約の全部又は一部を解除することができる。ただし、甲又は乙が同各号に該当したことが相手方の責めに帰すべき事由によるものであるときは、この限りではない。

（1）法令に違反したとき又は本契約に定める条項につき重大な違反があったとき

（2）債務の全部若しくは一部の履行が不能であるとき又は相手方がその債務の全部若しくは一部の履行を拒絶する意思を明確に表示したとき。ただし、一部の履行不能又は履行拒絶の場合は、当該一部に限って解除することができる。

（3）債務の一部の履行が不能である場合又は相手方がその債務の一部の履行を拒絶する意思を明確に表示した場合において、残存する部分のみでは契約をした目的を達することができないとき

（4）本契約上、特定の日時又は一定の期間内に履行をしなければ本契約の目的を達することができない場合に、相手方が履行をしないでその日時又は期間を経過したとき

（5）支払停止又は支払不能に陥ったとき

（6）自ら振出し、又は裏書した手形・小切手が1度でも不渡りになったとき

（7）差押え、仮差押え、仮処分、強制執行、競売、滞納処分又はその他公権力による処分を受けたとき

（8）破産手続開始、特別清算手続開始、民事再生手続開始、会社更生手続開始若しくはその他法的倒産手続開始の申立を受け、これらの申立を自ら行い、又は私的整理を開始したとき

（9）監督官庁から事業停止処分又は事業免許若しくは事業登録の取消処分を受けたとき

（10）解散し、又は事業を廃止したとき

（11）資本減少、主要な株主の変更、事業譲渡、合併若しくは会社分割等の組織再編又はその他会社の支配に重要な影響を及ぼす事実が生じたとき

（12）代表者が刑事上の訴追を受け、又はその所在が不明になったとき

（13）信用の失墜又はその資産の重大な変動等により、甲及び乙の間の信頼関係が損なわれ、本契約の継続が困難であると認める事態が発生したとき

（14）公序良俗に反する行為又は相手方の信用若しくは名誉を毀損するといった背信的行為があったとき

💬 **コメント追加【K弁護士】**
損害賠償責任を負うのは主として相手方ですので、軽過失免責や賠償範囲の限定は適当ではありません。むしろ帰責事由を要しない、賠償範囲を広範にした形で再提案し、少なくとも軽過失で責任を負うこと、民法上責任を負う損害までは賠償することとすべきです。

💬 **コメント追加【K弁護士】**
民法の規定を踏まえ、注文者からいつでも解約できることにしました。なお、第14条により、履行割合による精算は必要になります。

💬 **コメント追加【K弁護士】**
解除の対象となる契約違反が問題となるのは、主として相手方であること、軽微か否かで争いが生じうることから、例外規定を削除し、同様の内容を定める民法の規定を適用しない旨記載しました。

（15）その他本契約を継続し難い重大な事由が生じたとき

3　第1項又は前項に規定する解除は、相手方に対する損害賠償の請求を妨げない。

4　甲又は乙が本契約のいずれかの条項に違反した場合には、相手方の書面による通知により、相手方に対する一切の債務について期限の利益を喪失し、相手方に対し、直ちにその債務の全てを履行しなければならない。

5　甲又は乙が第2項各号のいずれかに該当した場合には、相手方からの何らの通知・催告がなくとも、相手方に対する一切の債務について当然に期限の利益を喪失し、相手方に対し、直ちにその債務の全てを履行しなければならない。

《反社会的勢力の排除》

💬 コメント追加【K弁護士】
契約一般に設けておくべき条項だと考えます。

第20条　甲及び乙は、相手方に対し、次の各号の事項を表明し、保証する。

（1）自ら又は自らの株主、役員その他自社を実質的に所有し、若しくは経営する者が、暴力団、暴力団員、暴力団員でなくなった時から5年を経過しない者、暴力団準構成員、暴力団関係企業・団体、総会屋、社会運動等標ぼうゴロ、特殊知能暴力集団又はその他これらに準ずる者（以下、これらを総称して「反社会的勢力」という。）に該当しないこと

（2）反社会的勢力が経営を支配していると認められる関係を有しないこと

（3）反社会的勢力が経営に実質的に関与していると認められる関係を有しないこと

（4）反社会的勢力を利用していると認められる関係を有しないこと

（5）反社会的勢力に対して資金を提供し、又は便宜を供与するなどの関与をしていると認められる関係を有しないこと

（6）反社会的勢力と社会的に非難されるべき関係を有しないこと

2　甲及び乙は、相手方に対し、自ら又は第三者を利用して次の各号の行為を行わないことを確約する。

（1）暴力的な要求行為

（2）法的な責任を超えた不当な要求行為

（3）取引に関して脅迫的な言動をし、又は暴力を用いる行為

（4）風説を流布し、偽計又は威力を用いて相手方の信用を毀損し、又は相手方の業務を妨害する行為

（5）その他前各号に準ずる行為

3　甲及び乙は、反社会的勢力と知って、これと取引関係を有してはならず、事後的に、反社会的勢力との取引関係が判明した場合には、これを相当期間内に解消できるよう必要な措置を講じる。

4　責めに帰すべき事由の有無を問わず、甲又は乙が反社会的勢力に該当し、第1項において表明し、保証した事項に虚偽があり、第2項各号のいずれかに該当する行為をし、又は前項に違反した場合、相手方は、何らの催告を要しないで直ちに本契約を解除することができる。

5　前項により本契約が解除された場合には、解除された者は、その相手方に対し、解除により相手方が被った損害を賠償する。

6　第4項により本契約が解除された場合には、解除された者は、解除により損害が生じたとしても、相手方に対し一切の損害賠償請求をすることができない。

《権利義務の譲渡禁止》

💬 コメント追加【K弁護士】
委託料債権の譲渡等を制限すべきだと考えます。

第21条　甲及び乙は、相手方の事前の書面による承諾を得ずに、本契約により生じた本契約上の地位を移転し、又は本契約により生じた自己の権利義務の全部若しくは一部を第三者に譲渡若しくは承継させ、担保に供することはできない。

（管轄裁判所）

第20条　本契約に関する甲と乙の間の訴訟については、~~横浜~~千葉地方裁判所を第一

第**1**章　私はこうやっています！〜リーガルチェックの実際〜　47

審の専属的合意管轄裁判所とする。

（協議解決）

第21条 本契約に定めのない事項が生じ、又は本契約の内容の解釈に疑義又は相違
が生じた場合には、甲及び乙は、互いに誠意を持って協議し、その解決を図る。

【後略】

（4）レビューの順序

　以上の説明では、レビューの対象となる条項が当該契約に**固有の条項**か、広く多くの契約に設けられる**一般的な条項**かを分け、固有の条項については、契約類型を特定する、又は当事者の基本的な債権債務を定める当該契約に**本質的な条項**か、当事者の権利義務を補充・確認する**付随的な条項**かを分けた。

　実際のレビューにおいては、基本的には1条から契約書案の記載順に従って内容をチェックし、条項の修正、削除、追加を行っている。条項の性質や契約書における位置付けは常に念頭に置きつつ、レビュー自体は、無理に契約書上の性質等において同じものをまとめて行うといったことはせず、契約書の本文の初めから順番に行うようにしている。

> **コラム⑥** **法令と同内容の規定は必要か？**
>
> 　契約書上規定のない事項は、法令に規定がある限りは、その法令の規定が適用され、契約内容を補充してくれる。そのため、法令に規定がある場合に当該契約でもそれと同じ効力が生じればよいと考えているときは、あえて法令と同内容の規定を置く必要はないことになる。
>
> 　しかし、契約は取引における各種の取扱いを定めるものであり、後日、対応方法に疑問が生じた場合に、契約書を一覧することで取扱いを理解することができ、問題点が解消されることが望まれる。法令の規定とはいっても、契約書が対象とする取引に関わる者の全てが当該法令とその内容を承知しているわけではない。少なくとも取引上重要な事項については、法令に同内容の規定が存在していたとしても、契約書の中に規定しておくべきである。

6 全体をチェックする

（1）本文の再度のチェック

　全体のチェックにあたっては、まずは本文を再度チェックする。

モデル事例 本文の再チェック

　Ｋ弁護士は、本文のチェックが一通り済んだところで一旦チェックを中断し、続きは翌日とすることとし、同月５日、改めて本文を含む全体のチェックを行った。

　本文については、①チェック漏れを確認し、漏れていた箇所のレビューを行い、②全体の整合を図ったうえで、③条項番号の不連続、引用する条項番号の誤り、用語の不統一、表記のゆれ、誤字脱字といった形式的な誤りのチェックと修正を行った。

　具体的なチェック内容としては、

　①当初契約書案５条の表題に「監査」の文言を入れた。

　②同８条について、１項の知的財産権取得に関して対価の支払を要しないことを確認し、４項のＹ社が侵害しないことを保証する第三者の権利の範囲について、限定しないことを確認した。

　③同９条の契約不適合責任については、１項に規定する追完方法を委託者が選択できることを確認した。

　④同11条の製造物責任における損害賠償の範囲について、狭く解釈されないよう確認した。

　⑤同14条に２項を設け、契約が中途で終了した場合に、履行割合に応じた支払と引換えに、契約終了時点における機械の引渡しを求められることを確認した。

⑥通知義務の規定を追加し、重要事項について事前の通知を義務付けた。X社にとってY社は新規の取引先のため、Y社の組織や代表者、事業内容等に変更があった場合、Y社による本契約上の義務の履行に問題が生じないかをX社が早期に検討できるようにするためである。

X社も同内容の通知義務を負うことになるため、X社において通知すべき事項に問題がないかの検討を指示するコメントを付した。

⑦その他、同7条以下の条番号の不連続と誤字脱字を修正した。

(2) 本文以外の部分のチェック

本文の再度のチェックに続き、本文以外の部分をチェックする。

モデル事例 本文以外の部分のチェックに着手

　K弁護士は、本文の再度のチェックに引き続き、本文以外の部分を①後文、②日付、③記名押印欄、④前文、⑤タイトルの順にチェックした。

具体的なチェック内容としては、

①「後文」中に、X社とY社が記名押印した契約書をそれぞれが1通ずつ保有する旨を付記した。

②「日付」に関しては、契約書の作成日（記名押印の日）を記入するよう確認するコメントを残した。

③「記名押印欄」については、押印は法務局に登録されている代表者印で行うべきこと、可能であれば印鑑証明書を互いに取り交わすことについてコメントを付した。

④「前文」については、X社とY社が締結する業務委託契約がいかなる業務を委託するものかが契約書の冒頭でわかるようにするため、X社の機械の製造についての業務委託契約であることを追記した。

⑤「タイトル」については、「業務委託契約書」のままでも問題はなかったが、前文で機械の製造についての業務委託契約であることを明確にしたことから、タイトルにおいても製造に関する業務を委託するものであ

第1章　私はこうやっています！〜リーガルチェックの実際〜　51

ることがわかるように、「製造業務委託契約書」とした。

　以上のレビューの結果は、**【資料1-8】業務委託契約書（請負型）【委託者側・全体チェック後版】53頁**のとおりであるので、参照されたい。

コラム⑦　前文・後文は必要か？

　リーガルチェックのために送られてくる契約書案の中に、前文・後文がなく、タイトル、本文、日付のほかは記名押印（署名捺印）欄があるのみのものを見かけることがある。

　契約内容が一通り本文中に記載されており、記名押印（署名捺印）があれば、契約書としては成立する。そのような意味では、前文・後文は契約書に必須のものではないともいえる。

　しかし、誰と誰の間で、どのような契約が、いつ締結されたか（以上につき「前文」）、当事者が署名した事実、作成された契約書の通数と保有者（以上につき「後文」）は契約書が取り交わされ、契約が締結されたことを明示するものである。後日、契約書が真正に作成されたか、契約が成立しているかが争われ、契約書がその証拠となる場合に、少なからず意味を有する可能性がある。

　オーソドックスに通常の構造に従い、前文・後文を設けるべきである。

【資料1-8】 業務委託契約書（請負型）【委託者側・全体チェック後版】

<u>製造</u>業務委託契約書

株式会社X（以下「甲」という。）と**Y株式会社**（以下「乙」という。）は、本日、以下のとおり<u>**甲の機械の製造についての**</u>業務委託契約（以下「本契約」という。）を締結する。

（目的）
第1条 甲は、乙に対し、甲が●●の製造に使用する●●機械（型番：　　　　　　）（以下「本機械」という。）の製造及びこれに付随し関連する一切の業務（以下これらを合わせて「本業務」という。）を委託し、乙はこれを受託する。

> 💬 **コメント追加【K弁護士】**
> 型番を挿入してください。

（本機械の仕様）
第2条 本機械の仕様は別紙仕様書（添付図面を含む。以下同じ。）（省略）のとおりとし、乙は同仕様に従って本機械の製造を行う。<u>ただし、甲は、乙の同意を得て、別紙仕様書の内容を変更することができる。</u>

（業務委託料）
第3条 甲は、乙に対し、<u>第6条（検収）第4項に規定する引渡しの日の属する月の翌月末日までに</u>、本業務の対価（以下「委託料」という。）として、金●●●●万円（消費税別）を、~~次のとおり~~乙の指定する預金口座へ振込送金の方法により支払う。ただし、振込手数料は甲の負担とする。
~~①本契約締結の日の属する月の翌月末日までに金●●●●万円（消費税別）~~
~~②第6条（検収）第4項に規定する引渡しの日の属する月の翌月末日までに金●●●●万円（消費税別）~~
~~2　甲が乙に対し別紙仕様書の内容の変更を求めたことにより追加費用の発生が見込まれる場合には、乙は、甲に対し、委託料の増額を求めることができる。~~

> 💬 **コメント追加【K弁護士】**
> 1項　引き渡し後一括払いにしました。
> 2項　削除し、当然には委託料を増額できないようにしました。
> この点、相手方との関係で、御社にて分割支払い、委託料増額可であれば、追記した部分を削除し、削除した部分を復活させても構いません。

（本機械の完成・納入）
第4条 乙は、本機械を完成させ、2025年　　月　　日までに、完成させた本機械を横浜市●●区●●町●丁目●番●号所在の甲の本店併設の甲の工場に納入する。
2　乙の責めに帰することができない事由により、前項に定める期限までに本機械を納入できない~~おそれがある~~場合には、乙は、甲の同意を得て~~に対し~~、同期限を<u>~~の~~変更する</u>~~及び委託料の増額を~~求めることができる。

> 💬 **コメント追加【K弁護士】**
> 単なるおそれでは納期を遅らせることはできないようにしました。

> 💬 **コメント追加【K弁護士】**
> 納期の変更等を御社の同意がある場合に限りましたので、御社にて委託料の増額を認めてよければ、ここは復活させても構いません。
> ただし、記載しなくても増額を認めることは可能なので、無理に記載する必要はないように思います。

（報告・監査）
第5条 甲が求める場合には、乙は、甲に対し、<u>都度</u>~~必要な範囲~~で、本業務の遂行状況その他甲が求める事項を報告する。
2　前条の納入期限までに本機械を納入することができないことが判明した場合には、乙は、甲に対し、直ちに、その旨を報告し、甲の指示を受ける。
3　甲は、本業務の遂行状況その他甲が求める事項について監査することができる、必要に応じて、乙の事業所及び工場において立ち入り、検査することができる。
4　甲が必要と認める場合には、甲は、乙に対し、本業務の遂行状況その他甲が求める事項について改善を求めることができる。

> 💬 **コメント追加【K弁護士】**
> 1項・2項　報告すべき場合を広げました。
> 3項・4項　御社にて監査と改善を求められるようにしました。

（検収）
第6条 甲は、乙に対し、第4条（本機械の完成・納入）第1項に規定する本機械の納入を受けた後<u>遅滞なく</u>~~7日以内に~~、納入を受けた本機械の内容を検査のうえ、その合否を書面により通知する。

> 💬 **コメント追加【K弁護士】**
> 遅滞なくとしましたが、相手方との関係で日数等を入れる場合は、御社において検収期間として無理のない期間としてください。

第1章　私はこうやっています！〜リーガルチェックの実際〜　　53

2　甲が納入を受けた本機械を不合格と判断した場合には、甲は、乙に対し、不合
格の通知とともに、不合格となった具体的理由を示したうえで、本機械の再納~~入
品~~を求める。

3　前項に規定する再納入を求められた場合には、乙は、甲の指定する期日までに、
本機械の修正を無償で行い、再納入する。再納入された本機械の検収については、
本条を準用する。

4　甲が納~~入品~~を受けた本機械を合格と判断した場合には、同判断の時に本機械の
引渡しが完了するものと~~しする、~~ 本機械の所有権は同引渡しの完了時に甲に移
~~転~~する。

~~5　第1項の期間内に乙に合否の通知が到達しない場合には、合格と判断したもの
とみなす。~~

〈所有権の移転〉

~~第7条　本機械の所有権は、委託料の完済時に甲に移転する。~~

〈権利の帰属〉

第7~~8~~条　本業務により製造された本機械又は本業務の**過~~課~~程**で生じる発明、考案
若しくは創作について、特許権、実用新案権、意匠権、商標権その他の知的財産
権を受ける権利及び当該権利に基づき取得される知的財産権は、発生と同時~~委託
料の完済時~~に甲に帰属~~移転~~する。**ただし、権利の帰属の対価は委託料に含まれる
ものとする。**

2　乙が従前より保有する知的財産権を本機械に適用した場合には、乙は、甲に対
し、甲が本機械を使用するために必要な範囲について、当該知的財産権の使用を
無償で許諾する。

3　前二項の場合には、乙は、甲に対し同各項に規定する知的財産権を帰属させ、
又は甲が知的財産権を適法に使用するために必要となる一切の手続を履践する。

4　乙は、~~乙の知る限りにおいて、~~本業務により製造された本機械が第三者の権利
（知的財産権を含むが、これに限られない。） を侵害しないことを保証し、甲が第
三者から本機械の使用について権利侵害を理由に何らかの請求又は異議の申立を
受けた場合には、乙は自らの責任と負担によりこれを解決するとともに、甲に生
じた損害を賠償する。

〈契約不適合責任〉

第8~~9~~条　乙が引き渡した本機械が種類、品質又は数量に関して本契約の内容に適
合しない場合~~（第6条（検収）第1項に規定する検査により直ちに発見すること
ができない不適合に限る。）~~（以下「契約不適合」という。）には、甲は、乙に対し、
自ら~~こ~~の選択により、履行の追完**（甲が指定した方法による。）** 又は委託料の減
額を請求することができる。ただし、契約不適合が甲の責めに帰すべき事由によ
るものであるときは、この限りではない。

2　前項の規定は~~甲は、前項の請求をしたにも関わらず、乙が相当の期間内に履行
の追完又は代金の減額を行わない場合に限り、~~民法第415条（債務不履行による
損害賠償）の損害賠償の請求並びに同法第541条（催告による解除）及び同法第
542条（催告によらない解除）の解除権の行使を妨げない~~することができる~~。

3　甲が契約不適合を知った時から~~1年~~本機械の引渡しの完了後3か月以内にその
旨を乙に通知しない場合には、甲は、契約不適合を理由として、第1項に規定す
る請求並びに前項の請求及び解除権の行使をすることができない。ただし、乙が
本機械の引渡時において契約不適合を知り、又は重大な過失によって知らなかっ
たときは、この限りではない。

4　商法第526条（買主による目的物の検査及び通知）は本契約には適用しない。

〈危険負担〉

💬 コメント追加【K弁護士】
所有権の移転時期を引渡
時に早めました。

💬 コメント追加【K弁護士】
一応、削除しましたが、検収
期間が無理のない期間であ
れば、合格の場合、むしろ
通知を省略することができま
すので、残すこともありだと
は思います。
ただし、不合格の場合の通
知忘れに注意が必要です
ので、無難なのは削除だと
思います。

💬 コメント追加【K弁護士】
1項　発生と同時に帰属と
しました。
4項　第三者を害した場合
の相手方の責任を重くしま
した。

💬 コメント追加【K弁護士】
無償であることを確認してお
きました。

💬 コメント追加【K弁護士】
広めに確認しておきました。

💬 コメント追加【K弁護士】
1項　検収時に発見できな
い不適合を含めることと
し、履行の追完と委託料減
額を御社が選択できることと
しました。
2項　損害賠償請求と解除
を履行の追完等と並行して
可能とした。
3項　通知期間の起算点
と期間を延長する方向で修
正しました。

💬 コメント追加【K弁護士】
追完の方法も御社が指定
できるよう修正しました。

💬 コメント追加【K弁護士】
所有権移転時期に合わせ
て変更

第9~~10~~条　第6条（検収）第4項に規定する引渡しの完了~~本機械の納入~~前に生じた
　　本機械の滅失、毀損その他の危険は、甲の責めに帰すべき事由がある場合を除き
　　乙がこれを負担し、同引渡しの完了~~納入~~後に生じた同危険は、乙の責めに帰すべ
　　き事由がある場合を除き甲が負担する。

（製造物責任）

第10~~11~~条　本機械の欠陥により甲又は第三者に損害が発生した場合には、乙は、~~当~~
　　~~該欠陥が乙の責めに帰すべき事由によるときに限り、~~甲に生じた~~一切の損害~~（甲
　　が第三者に支払った賠償額及び弁護士費用を含むがこれらに限られない。）を賠
　　償する。

> 💬 コメント追加【K弁護士】
> 相手方が責任を負う場合を限定する文言を削除

> 💬 コメント追加【K弁護士】
> 損害の範囲を確認しておきました。

（費用負担）

第11~~12~~条　乙が本業務を遂行するために要する費用は、別途合意したものを除き、
　　乙~~甲~~の負担とする。

> 💬 コメント追加【K弁護士】
> 再委託ができる場合を限定し、相手方の再委託に対する責任を重くしました。

（再委託）

第12~~13~~条　~~本業務の遂行には必要な場合には、~~乙は、甲の事前の書面による承諾を
　　得た場合に限り、本業務の全部又は一部を第三者に再委託することができる。

2　前項に基づき再委託した場合には、乙は、再委託先が本契約の各条項を遵守す
　　るよう管理監督するとともに、再委託先に対して本契約上の乙の義務と同等の義
　　務を負わせ~~し~~、甲に対し、再委託先による業務の実施その他一切の行為に関して
　　乙が行ったものとして~~の管理監督についてのみ~~責任を負う。

> 💬 コメント追加【K弁護士】
> 精算すべき委託料を業務の履行割合により算出するようにしてみました。精算方法については御社にてご検討いただき、他の方法による場合はお知らせください。

（契約終了時の措置）

第13~~14~~条　本契約が本機械の引渡しの完了前に終了した場合には、甲は、乙に対し、
　　~~支払済みの委託料の返還を求めず~~速やかに、委託料として、第3条（業務委託
　　料）に規定する委託料に本契約の終了時までになされた本業務の履行割合を乗じ
　　た金額~~未払の委託料の80％~~に相当する金額を支払う。ただし、本契約の終了が
　　乙~~甲~~の責めに帰すべき事由によるときは、委託料は発生しない~~の全額を支払う~~。

2　前項の場合には、甲は、乙に対して、前項に規定する委託料の支払いと引換え
　　に（委託料の支払を要しないときは本契約の終了と同時に）、その時点での本
　　機械（仕掛品を含む。）の引渡しを請求できる。

> 💬 コメント追加【K弁護士】
> 仕掛品の引渡しに関して規定を置きました。

（秘密保持義務）

第14~~15~~条　甲及び乙は、本業務の遂行により知り得た相手方の営業上又は技術上そ
　　の他の業務上の一切の情報~~（口頭で開示された情報については、開示当事者が、~~
　　~~相手方に対し、開示後○日以内に秘密情報である旨を書面で通知した場合に限る。）~~
　　（以下「秘密情報」という。）を秘密として保持し、相手方の事前の書面による承
　　諾を得ずに第三者に開示又は漏洩してはならず、本業務の遂行のためにのみ使用
　　し、他の目的に使用してはならない。秘密情報の開示の方法は、書面、口頭又は
　　ＣＤ－ＲＯＭその他の電磁的媒体によるなど、その態様を問わない。

> 💬 コメント追加【K弁護士】
> 情報を開示するのは御社側ですので、限定をなしにしました。

2　前項の規定にかかわらず、次の各号に該当する情報は、本契約における秘密情
　　報には該当しない。

（1）開示を受けた際、既に公知となっている情報

（2）開示を受けた際、既に自己が保有していた情報

（3）開示を受けた後、自己の責によらずに公知となった情報

（4）正当な権限を有する第三者より守秘義務を負うことなく取得した情報

（5）相手方から開示された情報を利用することなく独自に開発した情報

3　第1項の規定にかかわらず、以下の各号のいずれかに該当する場合には、甲及
　　び乙は、相手方の書面による承諾を得ずに秘密情報を第三者に開示することがで
　　きる。

（1）関係会社、自己若しくは関係会社の役職員又は自己若しくは関係会社が依頼

第1章　私はこうやっています！〜リーガルチェックの実際〜　　55

する弁護士、会計士、税理士その他のアドバイザーに対して、本業務遂行のために必要な範囲で秘密情報を開示するとき。ただし、開示を受ける者が少なくとも本条に定める秘密保持義務と同様の秘密保持義務を法令又は契約に基づき負担する場合に限る。

（2）法令又は裁判所、行政庁若しくは規制権限を有する公的機関の裁判、規則、命令若しくは指示等により秘密情報の開示を要求又は要請される場合に、これらの機関に対し、合理的に必要な範囲で秘密情報を開示するとき。ただし、開示する当事者は、相手方に対し、原則として事前に、それが法令等により困難である場合には開示後可能な限り速やかに、開示する内容を通知しなければならない。

4　甲及び乙は、相手方から提供を受けた秘密情報について、本契約の目的の範囲内で複製することができる。秘密情報を複製して得られた情報も秘密情報に含まれる。

5　本契約が終了した場合又は相手方が求めた場合には、甲及び乙は、相手方に対し、その指示に従い秘密情報を返還又は破棄のうえ、その旨を証する書面を提出する。

6　本条に規定する義務は本機械の引渡し後5年間存続する。

（通知義務）

第15条　次の各号のいずれかに該当する場合には、甲及び乙は、相手方に対し、事前に、書面によりその旨を通知しなければならない。

（1）法人の名称又は商号を変更するとき

（2）本店又は主たる事業所の所在地又は住所を変更するとき

（3）代表者を変更するとき

（4）事業の内容に重要な変更があるとき

（5）指定預金口座を変更するとき

（6）その他経営に重大な影響を及ぼす事項があるとき

（遅延損害金）

第16条　甲が委託料の支払を怠った場合には、甲は、乙に対し、本契約書に規定する支払期限の翌日から完済に至るまで年 ~~314.6~~%の割合による遅延損害金を支払う。

（損害賠償責任）

第17条　甲又は乙が本契約に違反した場合には、違反した当事者は ~~故意又は重過失がある場合に限り、当該当事者~~ は、自らの帰責事由の有無を問わず、相手方に対し、当該違反により相手方が被った ~~直接かつ通常の~~ 損害（弁護士費用、逸失利益、特別損害、間接損害を含むがこれらに限られない。）を ~~第3条（業務委託料）の委託料の範囲内において~~ 賠償する責任を負う。

（中途解約）

第18条　甲 ~~と乙~~ は、乙に対し、書面により通知 ~~合意~~ することによって、いつでも本契約を解約することができる。

（解除）

第19条　甲又は乙が本契約のいずれかの条項に違反し、相当期間を定めて催告をしたにもかかわらず、相当期間内に違反が是正されない場合には、相手方は、本契約の全部又は一部を解除することができる。ただし、民法第541条（催告による解除）ただし書は本契約には適用しない ~~その期間を経過した時における本契約の違反が本契約及び取引上の社会通念に照らして軽微であるときは、この限りではない~~。

2　甲又は乙が次の各号のいずれかに該当した場合には、相手方は、何らの催告を要しないで直ちに本契約の全部又は一部を解除することができる。ただし、甲又は乙が同各号に該当したことが相手方の責めに帰すべき事由によるものであると

💬 コメント追加【K弁護士】
重要事項の事前通知義務をおいてみました。
御社も通知義務を負いますので、要否、通知すべき事項の範囲をご検討ください。

💬 コメント追加【K弁護士】
金銭の支払は通常であれば御社のみですので、利率を下げました。

💬 コメント追加【K弁護士】
損害賠償責任を負うのは主として相手方ですので、軽過失免責と賠償範囲の限定は適当ではありません。むしろ帰責事由を要しない、賠償範囲を広範にした形で再提案し、少なくとも軽過失で責任を負うこと、法以上責任を負う損害までは賠償することとすべきです。

💬 コメント追加【K弁護士】
民法の規定を踏まえ、注文者である御社からのみ、いつでも解約できることにしました。なお、第14条により、履行割合による精算が必要になります。

💬 コメント追加【K弁護士】
解除の対象となる契約違反が問題となるのは、主として相手方であること、軽微か否かで争いが生じることから、例外規定を削除し、同様の内容を定める民法の規定を適用しない旨記載しました。

きは、この限りではない。

（1）法令に違反したとき又は本契約に定める条項につき重大な違反があったとき

（2）債務の全部若しくは一部の履行が不能であるとき又は相手方がその債務の全部若しくは一部の履行を拒絶する意思を明確に表示したとき。ただし、一部の履行不能又は履行拒絶の場合は、当該一部に限って解除することができる。

（3）債務の一部の履行が不能である場合又は相手方がその債務の一部の履行を拒絶する意思を明確に表示した場合において、残存する部分のみでは契約をした目的を達することができないとき

（4）本契約上、特定の日時又は一定の期間内に履行をしなければ本契約の目的を達することができない場合に、相手方が履行をしないでその日時又は期間を経過したとき

（5）支払停止又は支払不能に陥ったとき

（6）自ら振出し、又は裏書きした手形・小切手が1度でも不渡りになったとき

（7）差押え、仮差押え、仮処分、強制執行、競売、滞納処分又はその他公権力による処分を受けたとき

（8）破産手続開始、特別清算手続開始、民事再生手続開始、会社更生手続開始若しくはその他法的倒産手続開始の申立を受け、これらの申立を自ら行い、又は私的整理を開始したとき

（9）監督官庁から事業停止処分又は事業免許若しくは事業登録の取消処分を受けたとき

（10）解散し、又は事業を廃止したとき

（11）資本減少、主要な株主の変更、事業譲渡、合併若しくは会社分割等の組織再編又はその他会社の支配に重要な影響を及ぼす事実が生じたとき

（12）代表者が刑事上の訴追を受け、又はその所在が不明になったとき

（13）信用の失墜又はその資産の重大な変動等により、甲及び乙の間の信頼関係が損なわれ、本契約の継続が困難であると認める事態が発生したとき

（14）公序良俗に反する行為又は相手方の信用若しくは名誉を毀損するといった背信的行為があったとき

（15）その他本契約を継続し難い重大な事由が生じたとき

3　第1項又は前項に規定する解除は、相手方に対する損害賠償の請求を妨げない。

4　甲又は乙が本契約のいずれかの条項に違反した場合には、相手方の書面による通知により、相手方に対する一切の債務について期限の利益を喪失し、相手方に対し、直ちにその債務の全てを履行しなければならない。

5　甲又は乙が第2項各号のいずれかに該当した場合には、相手方からの何らの通知・催告がなくとも、相手方に対する一切の債務について当然に期限の利益を喪失し、相手方に対し、直ちにその債務の全てを履行しなければならない。

《反社会的勢力の排除》

> 📣 コメント追加【K弁護士】
> 契約一般に設けておくべき条項だと考えます。

第20条　甲及び乙は、相手方に対し、次の各号の事項を表明し、保証する。

（1）自ら又は自らの株主、役員その他自社を実質的に所有し、若しくは経営する者が、暴力団、暴力団員、暴力団員でなくなった時から5年を経過しない者、暴力団準構成員、暴力団関係企業・団体、総会屋、社会運動等標ぼうゴロ、特殊知能暴力集団又はその他これらに準ずる者（以下、これらを総称して「反社会的勢力」という。）に該当しないこと

（2）反社会的勢力が経営を支配していると認められる関係を有しないこと

（3）反社会的勢力が経営に実質的に関与していると認められる関係を有しないこと

（4）反社会的勢力を利用していると認められる関係を有しないこと

（5）反社会的勢力に対して資金を提供し、又は便宜を供与するなどの関与をして

第1章　私はこうやっています！〜リーガルチェックの実際〜　　57

いると認められる関係を有しないこと

（6）反社会的勢力と社会的に非難されるべき関係を有しないこと

2　甲及び乙は、相手方に対し、自ら又は第三者を利用して次の各号の行為を行わないことを確約する。

（1）暴力的な要求行為

（2）法的な責任を超えた不当な要求行為

（3）取引に関して脅迫的な言動をし、又は暴力を用いる行為

（4）風説を流布し、偽計又は威力を用いて相手方の信用を毀損し、又は相手方の業務を妨害する行為

（5）その他前各号に準ずる行為

3　甲及び乙は、反社会的勢力と知って、これと取引関係を有してはならず、事後的に、反社会的勢力との取引関係が判明した場合には、これを相当期間内に解消できるよう必要な措置を講じる。

4　責めに帰すべき事由の有無を問わず、甲又は乙が反社会的勢力に該当し、第1項において表明し、保証した事項に虚偽があり、第2項各号のいずれかに該当する行為をし、又は前項に違反した場合、相手方は、何らの催告を要しないで直ちに本契約を解除することができる。

5　前項により本契約が解除された場合には、解除された者は、その相手方に対し、解除により相手方が被った損害を賠償する。

6　第4項により本契約が解除された場合には、解除された者は、解除により損害が生じたとしても、相手方に対し一切の損害賠償請求をすることができない。

（権利義務の譲渡禁止）

第21条　甲及び乙は、相手方の事前の書面による承諾を得ずに、本契約により生じた本契約上の地位を移転し、又は本契約により生じた自己の権利義務の全部若しくは一部を第三者に譲渡若しくは承継させ、担保に供することはできない。

> 🗨 コメント追加【K弁護士】
> 委託料債権の譲渡等を制限すべきだと考えます。

（管轄裁判所）

第22~~0~~条　本契約に関する甲と乙の間の訴訟については、~~横浜~~千葉地方裁判所を第一審の専属的合意管轄裁判所とする。

（協議解決）

第23~~1~~条　本契約に定めのない事項が生じ、又は本契約の内容の解釈に疑義又は相違が生じた場合には、甲及び乙は、互いに誠意を持って協議し、その解決を図る。

本契約の締結を証するため、本契約書2通を作成し、甲及び乙がそれぞれ記名押印**のうえ、各1通を保有**する。

> 🗨 コメント追加【K弁護士】
> 各自保有を確認しておく。

2024年　月　日

> 🗨 コメント追加【K弁護士】
> 契約書の作成日（記名押印の日）の日付を入れてください。

（甲）　住　　　　所　横浜市●●区●●町●丁目●番●号
　　　　商　　　　号　株式会社　　　　　　　X
　　　　代表者氏名　代表取締役　　　甲　山　太　郎　　㊞

（乙）　住　　　　所　千葉市●●区●●町●丁目●番●号
　　　　商　　　　号　　　　Y　　　　　株式会社
　　　　代表者氏名　代表取締役　　　乙　川　次　郎　　㊞

> 🗨 コメント追加【K弁護士】
> 法務局に登録された代表者印で押印してもらってください。印鑑証明書の交付を受けられるようであれば、受けておいてください。
> なお、御社の押印についても同様の処理となります。

（3）チェックの順序

　全体のチェックにあたっては、漏れなく全体のチェックがされる限り、チェックする者のやりやすい順序で行えばよく、いずれが正しいということはないが、K弁護士においては、最も重要な「本文」について再度のチェックを行い、その流れで、本文に続く「後文」「日付」「記名押印欄」の順でチェックを行った。そのうえで、「前文」をチェックし、最後に「タイトル」をチェックしている。

　なお、全体の一読から全体のチェックまでに要した時間は、２日間通算で実働２時間程度であった。

> **コラム⑧** 　**チェック時間を短縮する方法**
>
> 　リーガルチェックの質を維持できる限りは、チェックに要する時間は短いに越したことはない。弁護士によるリーガルチェックにおいて、タイムチャージを採用している場合にはなおさらである。
>
> 　チェック時間を短縮する方法としては、全体の一読時に契約書の構造や契約類型、条項の性質の把握に加え、可能な限りレビューも行ってしまうこと、一読後の調査を最小限に留め、書式等を直ちに準備できるようにすること、また、本文のチェックを充実させることにより、全体のチェック時に行う再チェックの必要性を少なくすることなどがあげられる。
>
> 　これらを実現するためには、経験を積み、リーガルチェックのノウハウと、その前提となる法的な知識・理解を獲得しておくこと、また、過去のリーガルチェックにおける成果物をデータベース化しておくことといったナレッジとノウハウの蓄積が必要である。これらを欠いているにもかかわらず、ただ単純に時間を短縮しようとすることは、質の低下を招き、自社に不測の損害を発生させかねない。
>
> 　チェック時間の短縮のためには、矛盾するようではあるが、一つ一つの契約書案のチェックを丁寧に、時間をかけて行うことで、使えるナレッジとノウハウを蓄積していくことが必要と考える。

第1章　私はこうやっています！〜リーガルチェックの実際〜　59

7 一通りのチェックを終えたら

（1）チェック済みの契約書案を依頼者に送る

モデル事例 顧問先へメール送信

　K弁護士は、2024年12月6日、チェックした契約書案を読み直し、問題がないことを確認したうえで、X社担当者に、同契約書案を添付した次のメールを送信した。

【K弁護士のメール】

　●●　様

　お世話になっております。
　ご依頼の業務委託契約書のリーガルチェックの件、
　添付ファイルのとおりとなります。ご検討ください。
　特に、①委託料の分割払い及び増額の可否、
　②契約が中途にて終了した場合の委託料の精算方法、
　③通知義務の対象については、十分にご確認ください。
　ご不明な点等がありましたら、お問い合わせください。
　なお、チェック後の契約書案をY社に送られる際は、
　コメントは全て削除（変更履歴はそのままに）して
　いただくようお願いいたします。

　弁護士　K

（2）チェック後の対応

　X社で検討した結果、委託料の分割払い及び増額は採用しないこと、契約が中途で終了した場合の委託料の精算方法及び通知義務の対象については、K弁護士がレビューしたとおりとすることになった。また、型番を入力し、K弁護士のコメントを全て削除したうえで、X社は、Y社に対し、2024年12月13日、修正案をメールに添付して送信し、あわせて、完成・納入期限を通知するようY社に依頼した。

　レビューを踏まえてX社が確定した修正案に対し、Y社からは特段の異議はなく、修正案のとおり契約を締結することになり、同月27日、契約が締結された。

　なお、完成・納入には締結後3か月間は必要とのことであったため、X社とY社は完成・納入期限を2025年3月31日とした。

　X社とY社が最終的に締結した契約書は、**【資料1-9】業務委託契約書（請負型）【確定版】62頁**のとおりである。

> **コラム⑨**　**参考になる書籍**
>
> 　執筆の参考にするため、多くの契約書に関する書籍を読ませていただいた。比較的最近出版されたものの中では、次の各書籍が参考になった。
>
> 　①幅野直人著『企業法務1年目の教科書 契約書作成・レビューの実務』（中央経済社、2024年）
>
> 　②株式会社LegalOn Technologies編『ザ・コントラクト 新しい契約実務の提案』（商事法務、2023年）
>
> 　③弁護士法人飛翔法律事務所編『改訂3版 実践 契約書チェックマニュアル』（経済産業調査会、2019年）※2024年12月に商事法務から『実務必携 契約書チェックマニュアル』として全面改訂版が刊行
>
> 　本書はリーガルチェックの「流れ」と「やり方」に特化することを目指したことから、契約に関する基礎知識や契約書の各条項における法的問題点等は他の書籍を参照いただかざるを得ない。その場合、僭越ではあるが、上記3冊はいずれも大変に良い書籍だと思うので、紹介させていただいた。

第1章　私はこうやっています！〜リーガルチェックの実際〜

【資料1-9】 業務委託契約書（請負型）**【確定版】**

製造業務委託契約書

　株式会社X（以下「甲」という。）と**Y株式会社**（以下「乙」という。）は、本日、以下のとおり甲の機械の製造についての業務委託契約（以下「本契約」という。）を締結する。

（目的）
第1条　甲は、乙に対し、甲が●●の製造に使用する●●機械（型番：ＸＡ-2025-001）（以下「本機械」という。）の製造及びこれに付随し関連する一切の業務（以下これらを合わせて「本業務」という。）を委託し、乙はこれを受託する。

（本機械の仕様）
第2条　本機械の仕様は別紙仕様書（添付図面を含む。以下同じ。）**（省略）**のとおりとし、乙は同仕様に従って本機械の製造を行う。ただし、甲は、乙の同意を得て、別紙仕様書の内容を変更することができる。

（業務委託料）
第3条　甲は、乙に対し、第6条（検収）第4項に規定する引渡しの日の属する月の翌月末日までに、本業務の対価（以下「委託料」という。）として、金●●●●万円（消費税別）を、乙の指定する預金口座へ振込送金の方法により支払う。ただし、振込手数料は甲の負担とする。
2　甲が乙に対し別紙仕様書の内容を変更したことにより、追加費用の発生が見込まれる場合には、乙は、甲の同意を得て、委託料を増額することができる。

（本機械の完成・納入）
第4条　乙は、本機械を完成させ、2025年3月31日までに、完成させた本機械を横浜市●●区●●町●丁目●番●号所在の甲の本店併設の甲の工場に納入する。
2　乙の責めに帰することができない事由により、前項に定める納入期限までに本機械を納入できない場合には、乙は、甲の同意を得て、同期限を変更することができる。

（報告・監査）
第5条　甲が求める場合には、乙は、甲に対し、都度、本業務の遂行状況その他甲が求める事項を報告する。
2　前条の納入期限までに本機械を納入することができないことが判明した場合には、乙は、甲に対し、直ちに、その旨を報告し、甲の指示を受ける。
3　甲は、本業務の遂行状況その他甲が求める事項について監査することができ、必要に応じて、乙の事業所及び工場において立ち入り、検査することができる。
4　甲が必要と認める場合には、甲は、乙に対し、本業務の遂行状況その他甲が求める事項について改善を求めることができる。

（検収）
第6条　甲は、乙に対し、第4条（本機械の完成・納入）第1項に規定する本機械の納入を受けた後遅滞なく、納入を受けた本機械の内容を検査のうえ、その合否を書面により通知する。

2　甲が納入を受けた本機械を不合格と判断した場合には、甲は、乙に対し、不合格の通知とともに、不合格となった具体的理由を示したうえで、本機械の再納入を求める。

3　前項に規定する再納入を求められた場合には、乙は、甲の指定する期日までに、本機械の修正を無償で行い、再納入する。再納入された本機械の検収については、本条を準用する。

4　甲が納入を受けた本機械を合格と判断した場合には、同判断の時に本機械の引渡しが完了するものとし、本機械の所有権は同引渡しの完了時に甲に移転する。

（権利の帰属）

第7条　本業務により製造された本機械又は本業務の過程で生じる発明、考案若しくは創作について、特許権、実用新案権、意匠権、商標権その他の知的財産権を受ける権利及び当該権利に基づき取得される知的財産権は、発生と同時に甲に帰属する。ただし、権利の帰属の対価は委託料に含まれるものとする。

2　乙が従前より保有する知的財産権を本機械に適用した場合には、乙は、甲に対し、甲が本機械を使用するために必要な範囲について、当該知的財産権の使用を無償で許諾する。

3　前二項の場合には、乙は、甲に対し同各項に規定する知的財産権を帰属させ、又は甲が知的財産権を適法に使用するために必要となる一切の手続を履践する。

4　乙は、本業務により製造された本機械が第三者の権利（知的財産権を含むが、これに限られない。）を侵害しないことを保証し、甲が第三者から本機械の使用について権利侵害を理由に何らかの請求又は異議の申立を受けた場合には、乙は自らの責任と負担によりこれを解決するとともに、甲に生じた損害を賠償する。

（契約不適合責任）

第8条　乙が引き渡した本機械が種類、品質又は数量に関して本契約の内容に適合しない場合（以下「契約不適合」という。）には、甲は、乙に対し、自らの選択により、履行の追完（甲が指定した方法による。）又は委託料の減額を請求することができる。ただし、契約不適合が甲の責めに帰すべき事由によるものであるときは、この限りではない。

2　前項の規定は、民法第415条（債務不履行による損害賠償）の損害賠償の請求並びに同法第541条（催告による解除）及び同法第542条（催告によらない解除）の解除権の行使を妨げない。

3　甲が契約不適合を知った時から1年以内にその旨を乙に通知しない場合には、甲は、契約不適合を理由として、第1項に規定する請求並びに前項の請求及び解除権の行使をすることができない。ただし、乙が本機械の引渡時において契約不適合を知り、又は重大な過失によって知らなかったときは、この限りではない。

4　商法第526条（買主による目的物の検査及び通知）は本契約には適用しない。

（危険負担）

第9条　第6条（検収）第4項に規定する引渡しの完了前に生じた本機械の滅失、毀損その他の危険は、甲の責めに帰すべき事由がある場合を除き乙がこれを負担し、同引渡しの完了後に生じた同危険は、乙の責めに帰すべき事由がある場合を除き甲が負担する。

（製造物責任）

第10条　本機械の欠陥により甲又は第三者に損害が発生した場合には、乙は甲に生じた一切の

損害（甲が第三者に支払った賠償額及び弁護士費用を含むがこれらに限られない。）を賠償する。

（費用負担）

第11条　乙が本業務を遂行するために要する費用は、別途合意したものを除き乙の負担とする。

（再委託）

第12条　乙は、甲の事前の書面による承諾を得た場合に限り、本業務の全部又は一部を第三者に再委託することができる。

2　前項に基づき再委託した場合には、乙は、再委託先が本契約の各条項を遵守するよう管理監督するとともに、再委託先に対して本契約上の乙の義務と同等の義務を負わせ、甲に対し、再委託先による業務の実施その他一切の行為に関して乙が行ったものとして責任を負う。

（契約終了時の措置）

第13条　本契約が本機械の引渡しの完了前に終了した場合には、甲は、乙に対し、速やかに、委託料として、第３条（業務委託料）に規定する委託料に本契約の終了時までになされた本業務の履行割合を乗じた金額を支払う。ただし、本契約の終了が乙の責めに帰すべき事由によるときは、委託料は発生しない。

2　前項の場合には、甲は、乙に対して、前項に規定する委託料の支払いと引換えに（委託料の支払いを要しないときは本契約の終了と同時に）、その時点での本機械（仕掛品を含む。）の引渡しを請求できる。

（秘密保持義務）

第14条　甲及び乙は、本業務の遂行により知り得た相手方の営業上又は技術上その他の業務上の一切の情報（以下「秘密情報」という。）を秘密として保持し、相手方の事前の書面による承諾を得ずに第三者に開示又は漏洩してはならず、本業務の遂行のためにのみ使用し、他の目的に使用してはならない。秘密情報の開示の方法は、書面、口頭又はＣＤ－ＲＯＭその他の電磁的媒体によるなど、その態様を問わない。

2　前項の規定にかかわらず、次の各号に該当する情報は、本契約における秘密情報には該当しない。

（1）開示を受けた際、既に公知となっている情報

（2）開示を受けた際、既に自己が保有していた情報

（3）開示を受けた後、自己の責によらずに公知となった情報

（4）正当な権限を有する第三者より守秘義務を負うことなく取得した情報

（5）相手方から開示された情報を利用することなく独自に開発した情報

3　第１項の規定にかかわらず、以下の各号のいずれかに該当する場合には、甲及び乙は、相手方の書面による承諾を得ずに秘密情報を第三者に開示することができる。

（1）関係会社、自己若しくは関係会社の役職員又は自己若しくは関係会社が依頼する弁護士、会計士、税理士その他のアドバイザーに対して、本業務遂行のために必要な範囲で秘密情報を開示するとき。ただし、開示を受ける者が少なくとも本条に定める秘密保持義務と同様の秘密保持義務を法令又は契約に基づき負担する場合に限る。

（2）法令又は裁判所、行政庁若しくは規制権限を有する公的機関の裁判、規則、命令若しくは指示等により秘密情報の開示を要求又は要請される場合に、これらの機関に対し、合理的に必

要な範囲で秘密情報を開示するとき。ただし、開示する当事者は、相手方に対し、原則として事前に、それが法令等により困難である場合には開示後可能な限り速やかに、開示する内容を通知しなければならない。

4　甲及び乙は、相手方から提供を受けた秘密情報について、本契約の目的の範囲内で複製することができる。秘密情報を複製して得られた情報も秘密情報に含まれる。

5　本契約が終了した場合又は相手方が求めた場合には、甲及び乙は、相手方に対し、その指示に従い秘密情報を返還又は破棄のうえ、その旨を証する書面を提出する。

6　本条に規定する義務は本機械の引渡し後5年間存続する。

（通知義務）

第15条　次の各号のいずれかに該当する場合には、甲及び乙は、相手方に対し、事前に、書面によりその旨を通知しなければならない。

（1）法人の名称又は商号を変更するとき

（2）本店又は主たる事業所の所在地又は住所を変更するとき

（3）代表者を変更するとき

（4）事業の内容に重要な変更があるとき

（5）指定預金口座を変更するとき

（6）その他経営に重大な影響を及ぼす事項があるとき

（遅延損害金）

第16条　甲が委託料の支払を怠った場合には、甲は、乙に対し、本契約書に規定する支払期限の翌日から完済に至るまで年3％の割合による遅延損害金を支払う。

（損害賠償責任）

第17条　甲又は乙が本契約に違反した場合には、違反した当事者は、自らの帰責事由の有無を問わず、相手方に対し、当該違反により相手方が被った損害（弁護士費用、逸失利益、特別損害、間接損害を含むがこれらに限られない。）を賠償する責任を負う。

（中途解約）

第18条　甲は、乙に対し、書面により通知することによって、いつでも本契約を解約することができる。

（解除）

第19条　甲又は乙が本契約のいずれかの条項に違反し、相当期間を定めて催告をしたにもかかわらず、相当期間内に違反が是正されない場合には、相手方は、本契約の全部又は一部を解除することができる。ただし、民法第541条（催告による解除）ただし書は本契約には適用しない。

2　甲又は乙が次の各号のいずれかに該当した場合には、相手方は、何らの催告を要しないで直ちに本契約の全部又は一部を解除することができる。ただし、甲又は乙が同各号に該当したことが相手方の責めに帰すべき事由によるものであるときは、この限りではない。

（1）法令に違反したとき又は本契約に定める条項につき重大な違反があったとき

（2）債務の全部若しくは一部の履行が不能であるとき又は相手方がその債務の全部若しくは一部の履行を拒絶する意思を明確に表示したとき。ただし、一部の履行不能又は履行拒絶の場合

は、当該一部に限って解除することができる。

（3）債務の一部の履行が不能である場合又は相手方がその債務の一部の履行を拒絶する意思を明確に表示した場合において、残存する部分のみでは契約をした目的を達することができないとき

（4）本契約上、特定の日時又は一定の期間内に履行をしなければ本契約の目的を達することができない場合に、相手方が履行をしないでその日時又は期間を経過したとき

（5）支払停止又は支払不能に陥ったとき

（6）自ら振出し、又は裏書した手形・小切手が1度でも不渡りになったとき

（7）差押え、仮差押え、仮処分、強制執行、競売、滞納処分又はその他公権力による処分を受けたとき

（8）破産手続開始、特別清算手続開始、民事再生手続開始、会社更生手続開始若しくはその他法的倒産手続開始の申立を受け、これらの申立を自ら行い、又は私的整理を開始したとき

（9）監督官庁から事業停止処分又は事業免許若しくは事業登録の取消処分を受けたとき

（10）解散し、又は事業を廃止したとき

（11）資本減少、主要な株主の変更、事業譲渡、合併若しくは会社分割等の組織再編又はその他会社の支配に重要な影響を及ぼす事実が生じたとき

（12）代表者が刑事上の訴追を受け、又はその所在が不明になったとき

（13）信用の失墜又はその資産の重大な変動等により、甲及び乙の間の信頼関係が損なわれ、本契約の継続が困難であると認める事態が発生したとき

（14）公序良俗に反する行為又は相手方の信用若しくは名誉を毀損するといった背信的行為があったとき

（15）その他本契約を継続し難い重大な事由が生じたとき

3　第1項又は前項に規定する解除は、相手方に対する損害賠償の請求を妨げない。

4　甲又は乙が本契約のいずれかの条項に違反した場合には、相手方の書面による通知により、相手方に対する一切の債務について期限の利益を喪失し、相手方に対し、直ちにその債務の全てを履行しなければならない。

5　甲又は乙が第2項各号のいずれかに該当した場合には、相手方からの何らの通知・催告がなくとも、相手方に対する一切の債務について当然に期限の利益を喪失し、相手方に対し、直ちにその債務の全てを履行しなければならない。

（反社会的勢力の排除）

第20条　甲及び乙は、相手方に対し、次の各号の事項を表明し、保証する。

（1）自ら又は自らの株主、役員その他自社を実質的に所有し、若しくは経営する者が、暴力団、暴力団員、暴力団員でなくなった時から5年を経過しない者、暴力団準構成員、暴力団関係企業・団体、総会屋、社会運動等標ぼうゴロ、特殊知能暴力集団又はその他これらに準ずる者（以下、これらを総称して「反社会的勢力」という。）に該当しないこと

（2）反社会的勢力が経営を支配していると認められる関係を有しないこと

（3）反社会的勢力が経営に実質的に関与していると認められる関係を有しないこと

（4）反社会的勢力を利用していると認められる関係を有しないこと

（5）反社会的勢力に対して資金を提供し、又は便宜を供与するなどの関与をしていると認められる関係を有しないこと

（6）反社会的勢力と社会的に非難されるべき関係を有しないこと

2　甲及び乙は、相手方に対し、自ら又は第三者を利用して次の各号の行為を行わないことを確約する。

（1）暴力的な要求行為

（2）法的な責任を超えた不当な要求行為

（3）取引に関して脅迫的な言動をし、又は暴力を用いる行為

（4）風説を流布し、偽計又は威力を用いて相手方の信用を毀損し、又は相手方の業務を妨害する行為

（5）その他前各号に準ずる行為

3　甲及び乙は、反社会的勢力と知って、これと取引関係を有してはならず、事後的に、反社会的勢力との取引関係が判明した場合には、これを相当期間内に解消できるよう必要な措置を講じる。

4　責めに帰すべき事由の有無を問わず、甲又は乙が反社会的勢力に該当し、第1項において表明し、保証した事項に虚偽があり、第2項各号のいずれかに該当する行為をし、又は前項に違反した場合、相手方は、何らの催告を要しないで直ちに本契約を解除することができる。

5　前項により本契約が解除された場合には、解除された者は、その相手方に対し、解除により相手方が被った損害を賠償する。

6　第4項により本契約が解除された場合には、解除された者は、解除により損害が生じたとしても、相手方に対し一切の損害賠償請求をすることができない。

（権利義務の譲渡禁止）

第21条　甲及び乙は、相手方の事前の書面による承諾を得ずに、本契約により生じた本契約上の地位を移転し、又は本契約により生じた自己の権利義務の全部若しくは一部を第三者に譲渡若しくは承継させ、担保に供することはできない。

（管轄裁判所）

第22条　本契約に関する甲と乙の間の訴訟については、横浜地方裁判所を第一審の専属的合意管轄裁判所とする。

（協議解決）

第23条　本契約に定めのない事項が生じ、又は本契約の内容の解釈に疑義又は相違が生じた場合には、甲及び乙は、互いに誠意を持って協議し、その解決を図る。

　本契約の締結を証するため、本契約書2通を作成し、甲及び乙がそれぞれ記名押印のうえ、各1通を保有する。

2024年12月27日

（甲）住　　　所　横浜市●●区●●町●丁目●番●号
　　　商　　　号　株 式 会 社　　　　　X
　　　代表者氏名　代表取締役　　甲　山　太　郎　　㊞

（乙）住　　　所　千葉市●●区●●町●丁目●番●号
　　　商　　　号　　　Y　　　　株 式 会 社
　　　代表者氏名　代表取締役　　乙　川　次　郎　　㊞

第 **2** 章

なぜ、
そうやっているのか？

～ やり方の理由と解説 ～

　本章では、前章で紹介した「私のやり方」について、そのような方法をとる理由とその方法について解説する。
「契約書案の受付」「全体の一読」「チェックの準備」「本文のレビュー」「全体のチェック」「結果の報告」「再チェック」という一連の流れのそれぞれについて、ポイントとなる点をできる限り具体的に解説するようにした。
また、本章の最後では、「ナレッジとノウハウの蓄積・共有」について提案し、リーガルチェックの質の向上と合理化の方策について検討する。

1 解説の方針

（1）改めて本書の目的と特色

　本章では、前章で紹介した私が採用しているリーガルチェックの「**流れ**」と「**やり方**」について、チェックの段階ごとに、なぜそのような方法をとるのか、その理由とポイントを解説し、前章で取り上げた業務委託契約（請負型）以外の契約類型でも再現可能なように一般化していくことにする。

　前章の冒頭で述べたとおり、本書はリーガルチェックの「流れ」と「やり方」の紹介・解説を目的とし、それに特化するため、契約書の役割並びに各種の契約類型及び条項に関する解説及び書式については、他の良書に譲る。ただし、リーガルチェックの「やり方」の解説に必要な範囲で、最小限、法令上の規定及び制度並びに契約書に登場する各種条項の内容にも触れていく。また、特に重要と思われる点については、「**補足解説**」として、本文外で別途解説することにする。

（2）想定する読者

　本書は、弁護士その他の契約又は契約書に関わる士業を対象にするとともに、法務部員や契約関係の事務に携わっている企業の役員・社員を対象とする。

　前章では、弁護士である私のやり方を紹介するため、「弁護士」がその「顧問先企業の担当者」との間でやり取りする形をとったが、本章では、企業内でリーガルチェックを担当する者を含んだ、リーガルチェックの担当者（以下「**チェック担当**」という。）が、企業内でリーガルチェックを依頼する者（以下「**依頼担当**」という。）との間でやり取りする形で解説していく。前章の「弁護士」を「チェック担当」、「顧問先企業の担

当者」を「依頼担当」と読み替えつつ、本章の解説を読み進めていただきたい。

(3) 前章におけるフローの確認

前章で紹介したリーガルチェックの流れを要約すると、**①契約書案の受付**、**②全体の一読**、**③チェックの準備**、**④本文のレビュー**、**⑤全体のチェック**、**⑥結果の報告**の6段階となる（下図参照）。

①～⑥の各段階において、やるべきこととその理由を解説していく。

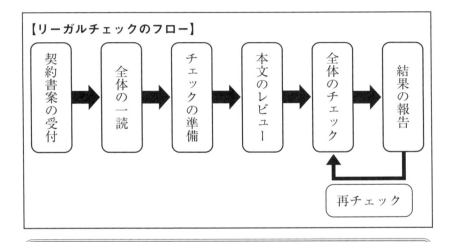

【リーガルチェックのフロー】
契約書案の受付 → 全体の一読 → チェックの準備 → 本文のレビュー → 全体のチェック → 結果の報告
再チェック

> **コラム ⑩** 皆はどうやっているのか？
>
> 第1章は「私はこうやっています！」などと仰々しいタイトルをつけさせていただいたが、実際には、リーガルチェックのやり方は、大枠では人によってそれほど変わるものではないと想像している。そうであるとしても、「流れ」や「やり方」を意識している方は決して多くはなく、私自身、このようなテーマでの執筆の機会がなければ、意識せずに日々リーガルチェックを行っていたと思う。意識してみると、当然のことのようにやってきたことに実は重要な意味があることが発見でき、リーガルチェックに関わられる方々に対し、何某かのことを伝えることができるのではないかと思えるようになった。

2 「契約書案の受付」に関して

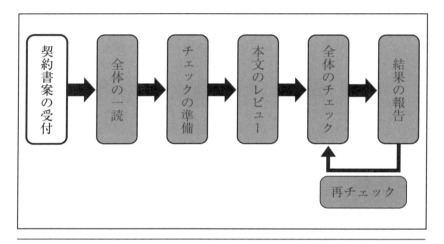

(1) リーガルチェックの端緒

　リーガルチェックの依頼は、企業内の依頼担当からチェック担当に対し、グループウェアやメール、チャット等により、チェックの対象となる契約書案が送られてくるところから始まるのが一般的である。前章では、顧問先の担当者（依頼担当）から弁護士（チェック担当）に対し、契約書案のPDFファイルを添付したメールが送信され、ごく簡単な説明のみでリーガルチェックの依頼がされている。

(2) ファイルの形式

　依頼に際し、契約書案がPDFファイルにより提供されることは少なくない。契約の相手先からPDFファイルで契約書案が送られてきたこと、又はFAXで受領したものを依頼担当においてスキャンしたことが主な原因となるが、時に、Wordファイルで作成又は入手した契約書案をわ

ざわざPDFファイルに変換して送ってこられる場合もある。

　リーガルチェックにおいては、契約書案の文章又は用語を修正・補充・削除すること、いわゆる**レビュー**が必要となる。PDFファイルの編集アプリを使用してPDFファイルに直接変更を加えるか、印刷したうえで印刷したものに手書きで変更を加え、コメントを付すことも可能ではある。とはいえ、多くの企業と弁護士等が使用しているWordのファイル形式で提供を受けることができれば、Wordの**校閲機能**を使用し、**変更履歴**を自動的に表示させ、簡単に**コメント**を残すことができる。依頼担当その他の企業の役員及び社員において、チェック担当の行ったレビューに対し、変更の履歴を残して重ねて変更を加え、コメントに返信のコメントを付すこともできる。迅速なレビューと依頼担当等とのチェックに関するコミュニケーションに大いに資する。

　相手先から契約書案をWordファイルで送ってもらうようにして、チェック担当にはWordファイルで提供していただきたい。どうしてもWordファイルによる提供ができない場合や著しく時間を要する場合には、誤変換には十分に注意しつつ、OCRアプリでPDFファイルをWordファイルに変換したうえでリーガルチェックを進めることが考えられる。FAX又は郵送により、PCデータではなく紙により送られてきた場合も同様で、Wordファイルでの提供を依頼し、それが困難な場合には、スキャンしたうえで、OCRアプリによりWordファイルに返還するようにしている。スキャンの精度やOCRアプリの変換精度は一昔前と比べると著しく向上しており、若干の誤変換やレイアウトの崩れはあるものの、全てを手入力することに比べれば、時間と手間を大幅に省略できる。

　前章では、K弁護士によるWord ファイルの送信依頼に対し、依頼担当において速やかに相手先からWordファイルを取り付け、K弁護士にWordファイルを再送している。

---

(3) チェックに必要な情報の収集

　リーガルチェックの依頼に際して、契約書案が添付されているほかには、メール本文に単に「契約書の確認をお願いします」「問題がないか確認してください」といったメッセージがあるのみで、契約書案が対象

第2章　なぜ、そうやっているのか？ ～やり方の理由と解説～　　73

とする取引の内容や自社の取引上の立場、依頼担当ほかの役員・社員が契約書案に対して抱いている疑問等の説明が全く、又はほとんど記載されていないことがある。依頼担当者等が問題意識を持っていないこともあるが、中小企業、特に小規模な事業者の場合、依頼担当が契約関係の事務を専門的に担当しているわけではなく、他に本来的な業務を有しながら、不定期に発生する契約関係の事務を処理していることが少なくない。契約に関する一般的な知識・理解や当該契約書案が対象とする契約に関する法的な基礎知識を欠いていたとしても、やむを得ないと言わざるを得ない。また、そうであるからこそ、弁護士等の専門家にリーガルチェックを依頼するのである。十分な情報提供を期待し、依頼することは、依頼担当に加重な負担を強いている場合があり、チェックの依頼を委縮させかねない。それは、契約の締結及び内容の適正を図り、企業のリスクを回避する機会を失わせ、当該企業に大きな損害を発生させることにもつながりかねない。何事も無理を強いてはいけないのである。

　他方で、リーガルチェックを行っていくうえで、最低限必要な情報があり、契約書案のみが送られてきて、単に「確認してください」だけでは、十分なチェックはできず、契約の締結及び内容の適正を図り、リスクを回避するという目的を達成できないことも事実である。チェックの前提となる情報が不足していることにより、契約の当事者が求めていない全くもって見当違いな修正やコメントをしてしまうことにもなりかねない。無理を強いずに、かつ、最低限必要な情報は得ておかなければならない。

　リーガルチェックにあたって必要となる情報は、契約の内容や当該企業にとっての重要度、契約上の立場等により変わってはくるが、無理のない範囲で、最低限、次に掲げる各事項については契約書案の受付時に提供を受けておきたい。

契約書案の受付時に得ておきたい情報
①チェック結果の回答期限
②契約書案は自社と相手先のいずれが作成したものか。
③契約書案が対象とする取引の内容
④自社の契約上の立場

⑤依頼担当等において検討を要すると考える点
⑥相手先が修正に応じる可能性
⑦自社と相手先の契約締結の必要性の程度

　情報提供の方法は適宜の方法で構わないので、依頼担当からのメールへの返信において、チェック担当から依頼担当に必要な事項を質問し、回答を得ることでもよい。ある程度コンスタントにリーガルチェックの機会がある企業であれば、あらかじめ、又は依頼があった際に、【資料1-2】「情報提供シート」（テンプレート）23頁のようなテンプレートを送信し、それに必要事項を入力して返信してもらうことで、依頼担当においては依頼時に伝えるべき情報の目安となり、チェック担当においては依頼担当への受付時の問い合わせを省略又は削減できる。ただし、全ての項目への入力や完璧な入力を期待せず、チェック依頼のハードルとならないよう、「可能な項目に可能な範囲で入力してもらえればよい」というスタンスで臨んでいただきたい。
　このようにして情報提供を依頼しても、なお必要な情報が得られなかった場合には、回答期限といった事項は回答してもらわないわけにはいかないが、その他の事項については、回答を得るために時間を費やすことはせず、得られた情報で、かつそれで可能な範囲でチェックに着手し、回答期限までに余裕を残して、早めに回答するようにしている。回答にあたっては、受付時に情報が不足していたことによりレビューができなかった、又は不十分と思われる点を契約書案中のコメントや依頼担当へのメールで指摘し、情報の補充が可能であれば再度レビューする旨を付記して回答している。依頼担当等に問題意識がなく、情報提供が得られない場合等、十分な情報が得られないこともあるので、漫然と時間を浪費するよりも、不十分ではあってもチェック結果という成果物を提供し、それをもとに相手先と協議・交渉してもらうことで、問題意識が共有され、必要な情報が得られるということもあるからである。

3 「全体の一読」に関して

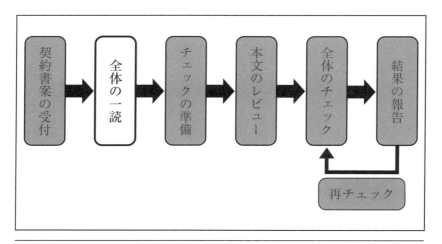

（1）一読の必要性

　前章では、条項等のレビュー（修正・補充・削除）に先立ち、全文を一読している。

　簡易な契約書や過去に繰り返しチェックしたことがある類型の契約書に対するリーガルチェックの場合には、一読せずに、いきなりレビューを始めることもあるが、私は、多くの場合に、本格的なレビューに先立って、契約書全体を一読するようにしている。契約は千差万別で、典型的な契約であっても、契約書が対象とする取引ごとに異なる事情を有し、その事情を契約書に反映させなければならないことがある。また、契約書の構成が一般的ではない場合もある。

　一読し、全体を把握することにより、例えば、契約書案の前半部分では規定を欠いていると思われた条項が、実は後半部分に存在していることがわかり、レビューにあたり追加した規定が既に契約書案の中に記載されていたといった無駄を省くことができる。また、非典型的な契約や

複数の典型契約が混合した契約、法令の規定と異なる取扱いが多数とられている契約では、対象となる契約書案がそのような契約を対象としていることを早い段階で把握し、本格的なチェックに先立ち、調査等の準備を行う必要がある。

ただし、「まずは一読」とはいっても、一読していく中で修正すべきことが明らかな点や誤字脱字を発見したときは、Wordの**校閲機能**を使用し、**変更履歴**を残しつつ修正していくことは構わない。むしろ積極的に修正しておくべきである。前章でも、相手先に有利に規定されている管轄裁判所を自社に有利な裁判所に修正し、気づいた誤字も修正している（**【資料1-5】業務委託契約書（請負型）【委託者側・一読後版】30頁**参照）。なお、管轄に関する条項に関しては**【補足解説10】「主な一般的な条項」10-17「管轄」132頁**を参照されたい。

一読時のレビュー例

（管轄裁判所）

第20条　本契約に関する甲と乙の間の訴訟については、~~横浜~~千葉地方裁判所を第一審の**専属的~~合意~~**管轄裁判所とする。

（2）一読時の課題

全体の把握のため、一読時に行うべき課題は次の4点となる。

一読時の課題
①契約書の「構造」の把握
②対象となる契約の「類型」の把握
③本文の構成要素である各条項の契約書における「位置付け」の把握
④一読時に気になった点の「記録」

以下、それぞれについて説明していく。

第2章　なぜ、そうやっているのか？〜やり方の理由と解説〜　　77

（3）契約書の「構造」の把握

ア　基本的な構造

　契約書案を一読するにあたっては、まずは、**契約書の「構造」**を意識し、把握する必要がある。

　契約書の構造は、**【資料1-4】業務委託契約書（請負型）【基本構造】29頁**のとおり、**タイトル、前文、本文、後文、日付、記名押印（署名捺印）欄**となっていることが一般的である。これと異なる構造をとっている場合は異なる構造をとる合理的な理由があるかを検討し、合理的な理由がなければ、必要事項の漏れを防止し、締結後の契約書の管理、検索及び検証の便宜を図るため、一般的な構造に従った形に修正するべきである。

　一般的な構造を前提に、各部分について若干説明する。

イ　タイトル

　契約書の効力に関係するものではなく、必ずしも必須のものではない。また、タイトルの付け方に決まったルールはない。それにしても、当事者がいかなる契約を締結したかが端的にわかるようにし、締結後に契約書を検索しやすいようにするためには、タイトルがあった方が便利であり、タイトルを付けるのであれば、対象となる契約を正確かつ端的に表したものにするべきである。

ウ　前文

　当事者と契約書における**その略称**、**締結日**、締結する**契約の種類**及び**契約を締結した**ことが記載される。契約締結の当事者を明らかにし、いつ、どのような契約が締結されたのかを明らかにする部分であり、置かれる場所はともかくとして、契約書に設けておくべき部分である。

エ　本文

　言うまでもなく、契約書の構造の中心となる部分で、最も重要な部分である。契約の内容を規定する各条項を**構成要素**とし、リーガルチェックの主たる対象となる部分である。

本文を構成する各条項は、後記のとおり、契約書が対象とする契約類型に「**固有の条項**」と広く契約全般に設けられる「**一般的な条項**」に分類することができる。「**固有の条項**」は、さらに、当該契約に不可欠な「**本質的な条項**」と規定を設けるか否かが当事者の任意による「**付随的な条項**」に分けられる。

オ　後文

当事者が契約書に**記名押印（署名捺印）したこと**、その**原本又は写しを控えとして保有していること**が記載される。契約書の効力に直接影響するものではなく、契約書に必須のものではないが、契約書が当事者により作成され、各自が所持している書面が契約書の原本又は写しであることを明らかにすることで、当事者が所持している契約書の証拠価値に影響するものであるため、設けておくべき部分といえる。

カ　日付

基本的には、**契約書を取り交わした日**が記載され、契約書の作成日（通常は契約の締結日）を明らかにするものであり、契約書に不可欠な部分である。契約の締結日を実際に契約書を取り交わした日から遡らせたい場合や後の日としたい場合に、**バックデイトやポストデイト（先日付）**されることがあるが、後記のとおりそのような取扱いには問題が残る。

キ　記名押印（署名捺印）欄

契約が当事者の意思により締結されたことを明らかにするため、当事者が**記名押印又は署名捺印**する部分である。後記のとおり法的には署名のみで足りるが、我が国の場合、署名による場合でも捺印されることが一般的であり、署名による場合でも捺印を得ておくべきである。

記名押印（署名捺印）を行う者の**締結権限**と**押印（捺印）に使用される印鑑**が問題となる。

（4）対象となる契約の「類型」の把握

契約書案が対象とする契約の内容を理解し、修正し、補充していくに

第2章　なぜ、そうやっているのか？　〜やり方の理由と解説〜　　79

は、当該契約が法的にいかなる「**類型**」に該当するかを把握する必要がある。なぜなら、いかなる類型の契約かによって、適用される法令の規定が異なり、法令の規定により契約内容がどの程度、またどのように補充されるかも異なる。適用される規定の性質によっては、それに反する契約書の条項が無効となる場合もある。

　契約の当事者は、原則として契約の内容を自由に決定できる（**契約内容決定の自由**、民法521条2項）。他方で、民法は13種類の典型的な契約の類型を掲げ、それぞれについて権利義務の内容その他の契約の効力に関する規定を置いている（民法第3編第2章第2節から第14節）。また、これらの典型契約以外の契約についても、その性質に応じて類似した典型契約の規定が適用又は準用され、契約内容の解釈の参考とされる。

　契約の効力に関しては、上記契約内容決定の自由から、当事者が民法等の法令の規定と異なる合意をした場合、基本的には当事者が合意した内容に従った効力が生じる。このように、当事者の合意により法令の規定と異なる効力が生じることになる規定を**任意規定**という。これに対し、法令の規定の中には、当事者の合意によっても変更できず、合意が無効となる規定があり、このような規定を**強行規定**という。

　対象とする契約にいかなる法令の規定が適用されるのか、契約書案に記載された各条項が法令の規定と同内容なのか、法令の規定と異なる内容なのかによって、当該条項の要否と記載内容の適否等に違いが生じるため、契約書案を読み、レビューするにあたっては、当該契約書案が対象とする契約に適用される法令を理解するため、まずもって対象となる契約の類型を把握しなければならない。

　前章の「業務委託契約」については、受託者は機械を製造したうえで委託者に引渡す義務を負っており、「**仕事の完成**」を目的とする民法上の「**請負**」契約の性質を有している。よって、請負契約に関する規定が適用されるとともに、民法上の契約と債権に関する一般的な規定が適用されることになる。

民法521条（契約の締結及び内容の自由）2項
　契約の当事者は、法令の制限内において、契約の内容を自由に決定することができる。

補足解説 02 強行規定と任意規定

　強行規定とは、契約当事者が当該規定と異なる合意をした場合に、合意が無効になるものをいい、任意規定とは、契約当事者が当該規定と異なる合意をした場合に、合意した内容が有効となるものをいう。

　契約の当事者は、原則として、契約の内容を自由に決定することができる（契約内容決定の自由、民法521条2項）が、「法令の制限内において」という制約があり、強行規定に反することはできない。他方で、強行規定に反しない場合には、自由に内容を決定できることとされている（民法91条）。

　法令の規定が強行規定にあたるか否かは、最終的には規定の解釈によるが、労働基準法（同法13条）、借地借家法（同法9条等）のように、当該法令中の特定の規定が強行規定であることを明記している場合もある。任意規定は強行規定以外の規定ということになるが、企業間の取引に適用される規定の多くは任意規定である。

　リーガルチェックは、契約書案中の各規定について、①強行規定に反しないか、②任意規定が置かれている事項を修正する必要があるか、修正内容は妥当か、③任意規定が置かれていない事項を定めておく必要があるか、規定内容は妥当かを確認していく作業である。また、強行規定に反するか、規定の必要性若しくは規定内容の妥当性を欠いているかした場合に、これらを修正し、又は法令に規定がないルールを設けていく作業でもある。

民法第91条（任意規定と異なる意思表示）

　法律行為の当事者が法令中の公の秩序に関しない規定と異なる意思を表示したときは、その意思に従う。

労働基準法第13条（この法律違反の契約）

　この法律で定める基準に達しない労働条件を定める労働契約は、その部分については無効とする。この場合において、無効となった部分は、この法律で定める基準による。

借地借家法第9条（強行規定）

　この節の規定に反する特約で借地権者に不利なものは、無効とする。

補足解説 03 **業務委託契約の性質**

　何らかの業務の遂行を委託する者（委託者）が、これを受託する者（受託者）に対し、当該業務の遂行を委託する契約を広く業務委託契約と呼んでいる。

　民法が定める13種類の典型契約の中に「業務委託」という名称の契約はない。契約書のタイトルに関わらず、その実質は、仕事の完成を委託する請負契約（民法632条）か、事務の処理を委託する準委任契約（民法656条・643条）のいずれかであることが一般的である。そのいずれであるかは、受託者が仕事を完成させる義務を負うか否かにより決定される。

　いずれの契約の性質を有するかにより、仕事の完成義務を負うか否かのほか、適用される法令の規定が異なり、業務遂行に要した費用を委託者と受託者のいずれが負うか（請負は原則受託者、準委任は原則委託者）や再委託の可否（請負は原則可、準委任は原則不可）といった違いが生じる。

　契約書のリーガルチェックにおいては、当該業務委託契約が実質的にいずれの性質を有するかを把握したうえで、適用される法令の規定を踏まえて契約書案における法的な問題点を抽出して、修正及び補充等を行っていく必要がある。

民法632条（請負）

　請負は、当事者の一方がある仕事を完成することを約し、相手方がその仕事の結果に対してその報酬を支払うことを約することによって、その効力を生ずる。

民法656条（準委任）

　この節の規定は、法律行為でない事務の委託について準用する。

民法643条（委任）

　委任は、当事者の一方が法律行為をすることを相手方に委託し、相手方がこれを承諾することによって、その効力を生ずる。

(5) 条項の契約書における「位置付け」の把握

ア　条項の分類

　私の場合、一読に際しては、「本文」を構成する各条項が、当該契約書において、いかなる「位置付け」にあるかを意識して読んでいくようにしている。

　ここで「位置付け」とは、第1に、当該条項が、対象となる契約の類型に特有な、当該契約に「**固有の条項**」であるか、対象となる契約の類型が何かに限らず、広く契約全般に設けられる「**一般的な条項**」であるかに分類することができる。また、第2に、「**固有の条項**」は、対象となる契約の類型に不可欠な「**本質的な条項**」と当該条項を設けるか設けないかが当事者の任意による「**付随的な条項**」に分けられる。

イ　固有の条項

(ア) 本質的な条項

　対象となる契約の類型に不可欠な「**本質的な条項**」としては、①**当該契約がいかなる類型の契約なのかを明らかにする条項**と②**当該契約における当事者の本質的な権利義務を定める条項**をあげることができる。

　前章の業務委託契約（**【資料1-9】業務委託契約書（請負型）【確定版】62頁**参照）でいえば、①としては、委託者が受託者に対し機械の製造を委託し、受託者がこれを受託することを定めた規定（同契約書1条）、受託者が機械を製造し、完成させる義務を負い（同2条、4条1項）、委託者がこれに対して委託料を支払う義務を負う（同3条1項）ことを定める各規定がこれにあたり、これらの規定により、当該契約は請負契約の性質を有することが明らかになる。

　②の例としては、受託者が機械を製造し、完成させ、委託者に対して納入する義務を負うことを定めた規定（同2条、4条1項）、委託者が委託料を支払う義務を負うことを定めた規定（同3条1項）がこれにあたる。同2条及び4条1項並びに3条1項は、①に該当する規定であると同時に、②に該当する規定でもある。

　これらの規定を欠くと、契約書が対象とする契約がいかなる類型の契約であるかが明らかとならず、いかなる法令上の規定が適用されるかが

明らかとならない。また、当該契約における当事者の権利義務が明らか
とならず、当事者の権利義務を明らかにすることを目的とする契約書の
役割を果たさないことになる。すなわち、これらの規定は、契約書に不
可欠な条項である。

　これらの規定が契約書案に存在しているか、規定内容は明確で、誤っ
た理解を生じさせないかの確認は、契約書のリーガルチェックにおいて、
まず第1に行わなければならないことである。

(イ) 付随的な条項

　対象となる契約に特有の「**固有の条項**」ではあるが、設けるか設けな
いかが当事者の任意により、当該契約に不可欠とまではいえない「**付随
的な条項**」がある。「**付随的な条項**」には、①「**本質的な条項**」で定め
る当事者の本質的な権利義務の内容を補充し、又は確認する条項と②本
質的な権利義務とは別の付随的な権利義務を定め、又は付随的な権利義
務の内容を補充し、若しくは確認する条項がある。

　前章の業務委託契約（**【資料1-9】業務委託契約書（請負型）【確定版】
62頁**参照）でいえば、①としては、委託料の支払時期を機械の引渡日の
属する月の翌月末日とする規定（同契約書3条1項）、機械の納入場所を
委託者の本店併設の工場とする規定（同4条1項）、機械の納入期限を変
更できる場合を定める規定（同条2項）、機械の引渡しと所有権移転の
時期に関する規定（同6条4項）、契約が機械の引渡し前に終了した場合
の業務委託料の割合的な支払と製造途中の機械の引渡しについて定める
規定（同13条）等である。

　②としては、業務遂行に関し受託者に報告義務を課し、委託者に監査
の権限を認める規定（同5条）、委託者に納品された機械の検査を義務
付ける規定（同6条1項）、検査の結果不合格となった場合に、受託者に
再納入を義務付ける規定（同条3項）、製造された機械に関する知的財
産権の取扱いに関する規定（同7条1項から3項）、製造された機械が第
三者の権利を侵害しないことを受託者に保証させる規定（同条4項）、
契約不適合責任に関する規定（同8条）、危険の移転時期を引渡時とす
る規定（同9条）、製造物責任に関する規定（同10条）業務遂行に要する
費用負担に関する規定（同11条）、再委託に関する規定（同12条）等である。

　例えば、請負契約における報酬の支払時期は、民法では、目的物の引

渡しと同時とされている（同法633条）ところ、同契約書３条１項において機械の引渡日の属する月の翌月末日と規定することで、請負契約における委託者の本質的な義務である請負代金の支払に関し、その支払義務の履行時期を民法が定める時期から変更し、委託者の義務内容を補充している。また、民法に規定のない受託者の報告義務等を設定している（同５条）。なお、同13条1項は、民法が定める「注文者が受ける利益の割合に応じた報酬」の規定（同法634条）を当該契約に適合するように敷衍し、確認するものである。このように、**「付随的な条項」**は、民法その他の法令中の任意規定を当事者の合意により変更し、若しくは確認し、又は法令にないルールを設定するものといえる。

　当事者、特に自社が変更若しくは設定を希望する、若しくは希望するだろう規定が漏れていないか、希望する内容になっているか、又は後日の争いを防止するために法令の規定内容を確認する規定が漏れていないかの判断は、契約書のリーガルチェックにおいて重要で、中心的な課題である。

民法633条（報酬の支払時期）

　報酬は、仕事の目的物の引渡しと同時に、支払わなければならない。ただし、物の引渡しを要しないときは、第624条第１項の規定を準用する。

民法634条（注文者が受ける利益の割合に応じた報酬）

　次に掲げる場合において、請負人が既にした仕事の結果のうち可分な部分の給付によって注文者が利益を受けるときは、その部分を仕事の完成とみなす。この場合において、請負人は、注文者が受ける利益の割合に応じて報酬を請求することができる。

　①　注文者の責めに帰することができない事由によって仕事を完成することができなくなったとき。

　②　請負が仕事の完成前に解除されたとき。

ウ　一般的な条項

　対象となる契約の類型が何かに関わらず、広く契約全般に設けられうる**「一般的な条項」**としては、前章の業務委託契約書**【資料1-9】業務委託契約書（請負型）【確定版】62頁**参照）でいえば、同契約書14条以下

第２章　なぜ、そうやっているのか？ 〜やり方の理由と解説〜　　85

の各規定がこれにあたる。いずれも多くの契約書で見られるものである
が、秘密保持義務（同14条）、遅延損害金（同16条）、解除（同19条）、反
社会的勢力の排除（同20条）、管轄裁判所（同22条）等は、企業間での契
約には必須のものといえる。

　「**一般的な条項**」も、前記「**固有の条項**」の内の「**付随的な条項**」と
同様、法令中の任意規定を当事者の合意により変更し、若しくは確認し、
又は法令にないルールを設定するものであり、当事者、特に自社が変更
若しくは設定を希望する、若しくは希望するだろう規定が漏れていない
か、希望する内容となっているか、又は後日の争いを防止するために法
令の規定内容を確認しておく規定が漏れていないかは、契約書のリーガ
ルチェックにおいて重要で、中心的な課題である。

　広く契約全般に設けられることから、「**一般的な条項**」は、相当程度
定型化されているので、通常設けられているはずの規定が設けられてい
るか、及び当事者のいずれの立場に立って規定されているかに注意する
ことで、チェックは比較的行いやすいと言える。

エ　条項の分類に関する一読時の姿勢

　上記各条項の分類基準は、あくまでも私がリーガルチェックを行ううう
えで意識している分類の方法であり、これが絶対というわけではない。
重要なのは、チェックを行っていくにあたり、当該契約に不可欠又は必
要な条項が漏れていないか、その規定内容は適法かつ妥当かを判断する
ことにある。条項の位置付けの把握は、そのための「**手段**」である。

　契約書に不可欠な条項（「**固有の条項**」の内の「**本質的な条項**」）が漏れ
ていないか、自社の希望に沿って法令の規定内容を変更する、若しくは
確認する、又は法令にないルールを設定する条項（「**固有の条項**」の内の「**付
随的な条項**」）が漏れていないか、契約書に設けられることが「**一般的な
条項**」が漏れていないか、さらに、これらの条項の規定内容が適法で、
妥当かといった視点で契約書案を見ていきさえすればよいのである。「**本
質的な条項**」なのか「**付随的な条項**」なのか、また、「**付随的な条項**」
なのか「**一般的な条項**」なのかについては、判断に迷うことが少なくな
いが、契約書案の各条項がいずれの性質の条項にあたるかを、あまりに
厳格に判断し、分類していく必要はない。

一読時においては、各条項を分類することに過度に注力することなく、契約書案の1条から順番に読み進めながら、「これは不可欠な規定だ」「相手先の義務が明確に規定されていない」「これは法令の規定を変更する規定で、自社に不利に変更されている」「契約書に通常ある規定がない」といった程度に意識し、気付いた点をWordのコメント機能を使用してコメントに残しておけばよい。それだけでも、後に行う各条項のレビューで大いに役立つことになる。

　なお、前章の業務委託契約書（【資料1-9】業務委託契約書（請負型）【確定版】62頁参照）では、同契約書13条までが「**固有の条項**」、同14条以降が「**一般的な条項**」と明確に分かれているが、実務上、「**固有の条項**」と「**一般的な条項**」が混在し、契約書の各所に規定されていることは珍しいことではなく、むしろ普通である。契約書が取引における基準となり、訴訟においては証拠となることからすると、契約書をわかりやすいものにし、記載漏れを防ぎ、特定の条項の読み落としを防ぐためには、「**固有の条項**」、その中でも「**本質的な条項**」は契約書の冒頭部分に、その規定内容を補充し、確認する「**付随的な条項**」をその次の部分に配置し、「**一般的な条項**」は契約書の後半部分に配置することが適切ではある。それにしても、明らかに不合理な場所に置かれていない限りは、条項の位置・順序を過度に意識せず、契約書案の配置のままに内容のチェックを行えばよい。配置の変更は契約書案の作成者、特に相手先が作成した場合には、抵抗感を抱かせることになりかねない。

(6) 気になった点の「記録」

　一読時であっても、明らかに修正すべき事項や誤字脱字は、Wordの校閲機能を使用し、変更履歴を残しつつ修正していくことは前記のとおりである。この点、修正に多少なりとも手間がかかると思われる事項や、修正の要否及び内容について検討を要すると思われる事項については、一読後に必要な準備を行ったうえで、「**本文のレビュー**」時に修正する方が効率的である。

　一読の目的は、本格的なチェックに先立ち、全体を確認することで、「**契約書の構造**」「**対象となる契約の類型**」「**条項の位置付け**」を把握するこ

第2章　なぜ、そうやっているのか？　〜やり方の理由と解説〜　　87

とにある。一読により、例えば、前文や後文を欠くといった構造上の不備を発見し、対象となる契約の類型を無視した見当違いのレビューを防ぎ、契約書に不可欠な、契約類型を特定する規定や当事者の本質的な権利義務に関する規定の欠落を避けることが狙いである。また、契約書の前半部分を検討する中で、契約書の後半に置かれている条項を、存在しないものと誤解して、無駄に重複する条項を挿入するといった「木を見て森を見ず」なレビューを防ぐことにもなる。

　ただし、一読時に得た多くの貴重な情報を「**本文のレビュー**」時に失念してしまうようなことがあれば、「**全体の一読**」を行った意味が大きく損なわれてしまう。そこで、一読時に得た当該契約書案に関する情報、レビューにあたり検討が必要な事項及び調査が必要な事項等については、コメントの正確性や重複等を気にせず、**Wordのコメント機能を使用してコメントを残しておくべきである**。これにより、「**本文のチェック**」前に、調査・検討しておくべき点を整理することにもなり、必要な調査事項を把握し、調査の範囲を限定付けることにもつながる。また、依頼担当に追加確認すべき事項をピックアップすることにもなる。

　なお、全体の把握という一読の目的からして、コメントに過度な時間をとられることがないよう、後に記憶を喚起できる範囲で、可能な限り簡潔に、気付いたことをそのままコメントするようにしたい。

コラム ⑪　条項の位置付けをどの程度意識しているか？

　「条項の位置付け」については、それを解説するとすれば、本書のように分類し、整理して、意識するということになるが、実際には、分類自体をそれほど意識してはいない。大切なのは、いかなる法令の規定が適用される場面か、適用される規定を変更しているか、どのように変更しているかであり、分類はそれらを確認するための手段でしかない。適用される規定やその変更の有無・内容を把握できれば、分類それ自体を過剰に意識する必要はない。

4 「チェックの準備」に関して

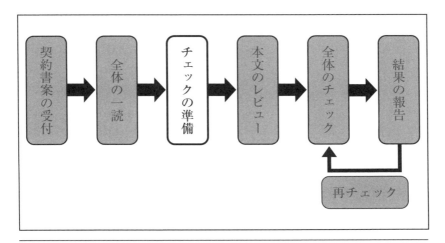

(1) チェックに先立ちやっておくべきこと

　一読後は、本格的な条項の修正・補充・削除（**レビュー**）に先立ち、一読の成果を踏まえ、①**レビューに必要で、かつ不足している知識・理解の補充**、②**契約書案が対象とする契約類型に則した契約書書式の準備**を行っておきたい。

　以下では、①②について解説したうえで、レビューにおいて使用するWordの**校閲機能**についても触れておく。

(2) 知識・理解の補充

ア　基本的知識の習得と疑問点の解消

　契約書案を一読することにより把握した契約類型に関し、**基本的な知識・理解を欠いている場合**には、書籍等を参照し、当該契約類型に関する基本的な事項を確認しておく。調査にあてる十分な時間的余裕がある

ような場合は別として、細かな知識や難解な論点に気をとられないようにして、できる限り簡易な書籍により、当該契約類型に関する基本的な事項の大枠を押さえておけば足りる。あくまでも、目の前の契約書案をチェックすることが目的であることを忘れないことである。

　次に、一読時に**知識・理解の補充が必要と感じた点**及び**疑問に思った点**について、関係する法令の条文を確認し、疑問点が解消するまで書籍にあたって調べておく必要がある。法務部を置いているような企業であれば、法務担当者が基本的な法令に関する知識を有しており、専門書にあたることも可能であると思われるが、中小企業の多く、特に小規模な事業者においては、他に担当業務を有している社員や、時に経営者自身が契約書のチェックを行っている場合もあり、必ずしも法令に関する知識があるとは限らない。むしろ、不十分な場合が通常であろう。そのような場合には、専門家ではない一般向けの「契約書の読み方」を解説した本、できれば複数冊を参照するとよい。これらの書籍には単に書式が掲載されているだけではなく、契約書の各条項についての解説がコンパクトに、かつ専門家ではない方にも比較的わかりやすく記載されている。なお、あくまでも補充が必要な点及び疑問に思った点に関する箇所のみを参照するようにし、リーガルチェックの準備としては、くれぐれも通読しようとはしないことである。目的は、目の前の契約書案のチェックにあることを、ここでも忘れないことである。

　以上の方法で解決しない問題については、無理に専門書等を読むことで時間をとられたり、誤った理解をしてしまったりするよりは、後記のとおり、ポイントを絞って弁護士に相談するか、リーガルチェックの全体を弁護士に依頼してしまうことが適切である。

　リーガルチェックの経験が少ない場合や、初見又は複雑な契約書の場合には、準備に多くの時間をとられるであろうが、経験を重ねるごとに調べなければならない事項は減っていき、調査のノウハウも得られてくるので、経験を積むほどに要する時間は短縮されていく。それまでは、知識・理解の蓄積とノウハウの獲得のため、むしろ時間をかけてでも十分な準備をすることで、将来のチェックを合理化することにつながる。

　前章では、K弁護士は、契約書案に関し、一読時にコメントを残しておいた契約不適合責任の条文（民法562条以下、636条及び637条）と請負

契約の期間中における注文者による契約解除（同法641条）の各条文を確認し、商法の買主による目的物の検査及び通知（商法526条）の規定については、条文に加え、その趣旨及び内容を基本的な書籍で確認している。

イ　準備は準備段階で終えておく

　以上の作業は、契約書の本格的なレビューに入る前、一読後のこの段階で全てを終えておきたい。

　レビューを進めていく中で、途中で調べなければならない事項が新たに発生することはやむを得ないことではあるが、本文のレビューは契約書案の中の前後の関係や全体の流れを意識しつつ、また、レビューをしていて抱いた問題意識を維持しながら進めていく必要がある。できれば一気に行う方が、方針や方向性等において一貫したレビューが可能となる。

　途中、調査によりレビューが長時間中断することは避けたい。短時間で済む細かな点の確認はともかく、一定の時間をとられるだろう当該契約類型に関する基本的事項の確認及び知識・理解の補充等は、一読後、本文のレビューに着手する前に全て終えておくようにしたい。それにより、本文のレビューを一気に行うことが可能となる。

ウ　弁護士の活用

　複雑又は大部な契約の場合や、疑問点を解消できない場合、自社が弁護士と顧問契約をしていれば、顧問弁護士に確認し、顧問弁護士を置いていなければ、スポットで弁護士の法律相談を受けることが適切である。

　スポットでも、リーガルチェックを弁護士に依頼すれば、それなりの費用がかかり、顧問弁護士を置いている場合でも、顧問契約における契約条件次第では、定額の顧問料とは別の費用が発生する。社内でのリーガルチェックを基本としているような場合には、チェックの全てを依頼するのではなく、30分から1時間程度の法律相談で聴けること、顧問料の範囲内で対応してもらえることに限って相談し、それにより解決できれば、引き続き自社でチェックを行えば足りる。他方で、それでも疑問点を解決できないなど、自社で対応することが困難と思われるときは、社内で相談、協議のうえ、費用をかけてでもリーガルチェック自体を弁護士に依頼してしまうことが望ましい。

第2章　なぜ、そうやっているのか？ 〜やり方の理由と解説〜　　91

相談を受けた弁護士においては、スポットの相談であっても、相談時間内で対応できる範囲で、できるだけ丁寧に対応し、わかりやすい説明を行うべきことは言うまでもない。その結果、単発の相談では十分な対応ができないと判断したときは、相談者である企業の担当者等が誤解し、リーガルチェックにおいて誤りが生じないよう、リーガルチェック自体を依頼するよう勧めることも必要である。

　このようにして、弁護士に気軽に相談ができ、リーガルチェック自体を依頼しやすくするには、相談料やリーガルチェックの費用が合理的な金額でなければならず、また、明確でなければならない。弁護士においては、費用に関してきちんとした説明を行い、企業の担当者等においても遠慮せずに費用に関して質問することである。

　単発のリーガルチェックを厭う弁護士もいると聴く。その理由の多くは弁護士費用の多寡の問題ではなく、顧問先企業のように日ごろの業務上の付き合いがなく、当該企業及びその取引の実情を十分に把握できていないことから、契約書のチェックに関わることに不安を感じ、リスクを回避するためであると想像する。また、費用の点でも、弁護士の側からは適正額であっても、企業の側の予算に合わない場合もある。

　しかしながら、単発のリーガルチェックをきっかけとして当該企業との付き合いが始まり、顧問契約や別件の依頼につながる可能性もありうる。単発であったとしても、相談・依頼のあった弁護士においては、費用を可能な限り抑えてでも、中小企業、特に小規模な事業者をサポートしていくことが望まれる。

（3）書式の準備

ア　書式の必要性と準備する書式

　書式を準備する理由は、**①契約書案に規定の漏れがないか、及び②契約書案の規定が自社にとって適切を欠いていないかを確認するため、並びに③漏れている規定を挿入し、又は不適切な規定を修正するにあたり、挿入、修正する規定の文言表現の参考にする**ためである。

　これらの目的を達成するためには、第１に、準備する書式は対象となる契約類型（前章の場合は、請負契約ないしは請負の性質を有する業務委託

契約）に則したものでなければならない。第2に、自社の立場（前章では委託者）で作成されたものでなければならない。第3に、契約書案の規定が自社にとって適切か否かを正確に判断するため、相手先の立場（前章では受託者）で作成されたものも用意する必要がある。自社の立場で作成されたものと相手先の立場で作成されたものにおける規定の有無、内容・表現における違いを確認するためである。

　いずれにしても、適切な書式を複数用意し、比較することで、当該契約書に不可欠な条項を把握することができ、自社の立場に立った規定や自社の立場からは適切を欠く規定を抽出することが可能となる。

イ　書式の選択方法

（ア）自社書式

　以上の要求を満たす契約書書式をどのように入手するか。

　過去にリーガルチェックの対象である契約書案と同種の契約類型の契約書案をチェックした経験があれば、その際にチェック済みの契約書案を利用することが、自社の立場に合致し、過去の経験を活かすことになりやすい。

　自社にチェック済みの契約書のストックがない場合、あっても十分なチェックがされているとは思われない場合、これからチェックを行う契約書案とは置かれている状況が異なる場合、さらには、当時において十分なチェックがされてはいたが、既に相当程度古くなっており、かつアップデイトされておらず、現時点では使用に適さない場合等は、他から書式を入手しなければならない。

（イ）書式選択における注意

　インターネットが普及した現在、企業の担当者等においてインターネットから書式を見つけてくることが少なくない。インターネット上には一つの契約類型に関し、実に多数の書式が公開されている。正直、その内容又は表現の正確性に疑問を持たざるを得ないものが含まれており、明らかに誤っていると思われるものすらある。すべてが不適当とはいえないが、不適当な書式を選択してしまうリスクを否定できないため、他の方法が取れないなど真にやむを得ない場合以外は避けた方よい。

　この点、有料で販売されている書式集やインターネット上でも利用料

第2章　なぜ、そうやっているのか？　〜やり方の理由と解説〜　　93

の負担を要するサービスの場合は、ある程度の信用を置くことができる。それにしても、多数の書式集とサービスが存在するため、それらの中では、まずもって、**弁護士が執筆しているもの**を選択することが無難であると一般的にはいえる。また、購入者・利用者が多い書籍・サービスは定評があり、大きな問題が生じていないものと一応は予想できる。書籍であれば版数及び刷数、インターネット上のサービスであれば利用者数を参考にするとよい。

　なお、自社の立場に立った書式とそれとの比較のために準備する相手先の立場に立った書式は、できる限り同一の作成者によるものを選択することが比較対象として適切である。

（4）校閲機能の利用にあたっての注意

ア　Wordを使用する

　これまでに繰り返し述べてきたが、リーガルチェックにおいては、Wordの**校閲機能**を使用することが便利で、自社の依頼担当との間のやりとりや自社と相手先とのやり取りにおいて、変更箇所の特定や経過の一覧性、修正内容等に関するコミュニケーションに大変に有用である。

　Word以外のアプリにも校閲機能はあり、PDFファイルであっても専用アプリを使用すれば直接修正等をすることが可能ではある。しかし、他のアプリはチェックを依頼する側と依頼される側、自社と相手先とで使用しているアプリが異なることがあり、その場合には使用できない。また、PDFファイルの場合は、Wordによる場合に比べ、専用アプリを使用しても、修正やコメントに若干の手間を要する場合があり、修正やコメントの結果が、閲覧する者の使用するアプリによっては、必ずしも同じようには表示されない場合がある。

　「契約書案の受付」において述べたとおり、できる限りWordファイルで提供を受け、それが難しいときは、面倒でもOCRアプリによりWordファイルに変換したうえでレビューするのがよいように思う。

イ　変更履歴とコメント

　Wordの**校閲機能**を使用する場合、最低限心がけたいのは、①**変更履**

歴を残すことと②コメント機能を使用することの2点である。

　①変更利益を残すことで、自社の依頼担当と相手先企業において、どの部分を、どのように修正したのか、削除したのか、挿入したのかが一目でわかり、修正等した箇所の検討漏れを防ぐことができる。

　②コメント機能を使用し、ファイル中に修正等に関する説明及び注意事項並びに依頼担当等に対する質問等のコメントを残すことにより、レビューの趣旨や補充が必要な点を依頼担当等に伝えることができる。また、同**コメントの「返信」欄**に依頼担当等が入力することで、コメントに返信することができ、コメントを通じてチェック担当と依頼担当等の間で、当該契約書案のリーガルチェックに関し意見交換が可能となる。さらに、意見交換の経過をファイル上に残すことができ、コメントが対象とする問題が解決した場合には、「**スレッドを解決する**」をクリックすることで解決済みであることを表示することができ、経過を含めてコメントの記載が不要になれば、「**スレッドの削除**」により当該コメントとその返信を削除することができる。

　なお、コメントの作成者として、コメントした者の名称が表示されるように設定しておくと、コメントした者が誰かがわかりやすい。Wordの「**校閲**」タブ中の「**変更履歴**」から「**変更履歴のオプション**」の「**ユーザー名を変更**」をクリックし、表示名を変更することができる。

　なお、Wordを使用する場合に注意が必要なのは、「**ファイル**」タブの「**情報**」に文書の**作成者**と**最終更新者**が表示されるので、相手先とは異なる他社が元々作成した同社との間の契約書を使用して当初契約書案を作成したような場合には、他社又は他社の担当者が作成者として表示されたままになっている可能性がある。確認し、他社又は他社の担当者の表示が残っている場合には、削除しておかなければならない。この点は、くれぐれも気を付けていただきたい。

コラム ⑫　ネットの書式には十分注意を

　インターネット上には、不正確な書式がたくさんアップロードされている。そのように注意喚起しても、多くの方が、なお誤った書式を利用している。重ねて注意喚起しておく。

5 「本文のレビュー」に関して

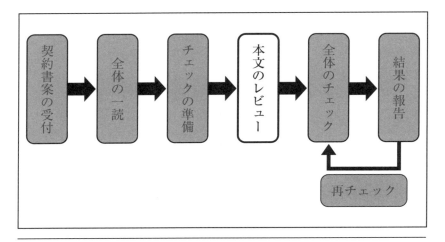

(1) レビューにあたって

ア　レビューの指針

　一読を踏まえた「**チェックの準備**」が完了したうえで、本格的に契約書案を検討し、条項の修正・補充・削除を行い、コメントを付していく作業、いわゆる「**レビュー**」を行っていくことになる。なお、前記のとおり、基本的知識の習得・補充及び疑問点の解消並びに書式の準備は、一読後、本文のレビュー前に終えておくようにする。本文のレビューは、できる限り中断せず、一気に行うようにしたい。

　契約書の構造上、本文の前に**タイトル**と**前文**があるが、これらは本文の内容・表現により記載内容が変わることがあるため、**後文**、**日付**及び**記名押印（署名捺印）欄**とともに、本文レビュー後の「**全体のチェック**」時にレビューを行うのが効率的である。そのため、レビューは、契約書の構造上、最重要部分である**本文**から始めることにしている。

　本文のレビューにあたっては、次の4点が指針となる。この4点を常

に念頭に置きつつ、レビューを進めていっていただきたい。

レビューの指針
①条項の契約書における位置付け
②法令の規定との異同
③当事者、特に自社の取引上の立場
④条項の表現

以下、①から④について説明する。

イ 条項の契約書における位置付け

前記のとおり、各条項は、当該契約類型に特有な「**固有の条項**」といかなる契約類型かに関わらず、広く契約全般に設けられる「**一般的な条項**」に分けられる。さらに、「**固有の条項**」は、契約書に不可欠の、契約の類型を明らかにする、又は当事者の本質的な権利義務を定める「**本質的な条項**」と設けるか否かが当事者の任意の、当事者の本質的な権利義務の内容を補充・確認する、又は本質的な権利義務とは別の付随的な権利義務を定め、若しくは付随的な権利義務の内容を補充・確認する「**付随的な条項**」に分けられる。

これらの契約書における条項の位置付けに応じて、レビューにおいて注意すべき点が変わってくるので、当該条項が、いかなる位置付けのものかを常に意識しながらレビューしていく必要がある。

ウ 法令の規定との異同

レビューにあたり、契約書案の各条項の適否に関して、まずもって基準となるのが、法令の規定との異同であり、法令の規定と異なる場合には当該条項の適法性及び効力が問題となり、適法であれば、法令の規定と異なることの妥当性が問題となる。また、法令の規定と同じ場合には、法令の規定内容のままとすることの妥当性が問題となる。

当該契約書案が対象とする契約に適用される法令の規定が**強行規定**である場合、これに反する規定は無効となり、契約自体を無効としかねない。そこで、第1にチェックすべきは、強行規定に反していないかになる。

第2章 なぜ、そうやっているのか？ ～やり方の理由と解説～　97

これに対し、**任意規定**である場合には、当事者の合意により法令の規定内容と異なる定めを置き、効力を生じさせることができる。対応する任意規定がある契約書案の規定について、法令の規定内容と同じであるときには、異なる内容の規定を置くべきであるか、法令の規定内容のままでよいかを検討する必要がある。また、任意規定と異なる内容が規定されている場合には、法令の規定と比べ、自社に不利に変更されていないか、自社に不利であるときは、自社に有利に変更すべきか、そのままでもやむを得ないかを検討する必要がある。

エ　当事者の取引上の立場
(ア) 力関係と契約締結の必要性の程度
　レビューにあたり、当該条項が自社にとって法的に問題がないかを考える際には、契約及びそれが対象とする取引における当事者、特に自社の立場を念頭に置くことが重要になる。

　レビューにあたっては、委託者か受託者か、売主か買主かといった契約上の地位のいずれにあたるかを把握しておくのは当然として、取引上の力関係や当該契約を締結する必要性の程度が重要になってくる。端的に言えば、取引上、自社と相手先のいずれが強い立場にあるか、弱い立場にあるか、又は同等かということである。これらの地位や力関係は、前記のとおり、リーガルチェックの受付時に確認しておくべき事項であり、少なくとも本文のレビュー前には把握しておく必要がある。

　取引上の力関係や契約締結の必要性の程度が条項の修正等においてどのように関係してくるかを今少し説明すると、例えば、委託者であれば、製造を委託した製品に不備があった場合の受託者の責任はできるだけ重くすべきということになり、受託者であれば、委託料はできる限り早期に支払を受けられるべきで、支払を怠った場合のペナルティはできるだけ重くすべきということになる。他方で、取引上の力関係等により、各条項の修正の可否と程度、修正の具体的内容が変わってくる。この点、ある条項を一方当事者に有利に変更することは、他方当事者に不利に変更することになるから、当事者の利害が衝突することになる。その際、自社の希望が通るか否か、通るとしてどこまで通るかは、取引上の力関係と当事者における契約締結の必要性の程度によって決まることになる。

相手先が業界大手の企業で、自社としては、当該相手先との間で新規の取引を開始したいと考えており、契約締結が必須といった場合には、自社が希望する修正等が認められなかったとしても、契約締結を優先し、修正等を断念せざるを得ないことになりやすい。相手先に拒否されれば、修正等の可能性は著しく低いと言わざるを得ない。他方で、自社と相手先との企業規模に差はなく、相手先が自社との取引を強く希望しているのに対し、自社としては不利な条件を受忍してまで契約を締結する必要はないと考えているといった場合には、自社の修正等の要求は通りやすく、相手先の要求は拒否しやすいといえる。

（イ）どこまでレビューするか

このように、修正の可否及び程度は、当事者の取引上の立場、具体的には力関係と契約締結の必要性の程度によって決まってくるので、取引上の立場によっては、自社にとっていかに法的に最善の修正であったとしても、相手先に受け入れられないことがある。その点の配慮なく、自社が望む修正を漫然と要求していくことで、契約締結のための協議、交渉が決裂してしまうことさえある。

レビューにあたっては、自社にとって法的にベストと思われる対応のみを前提として、当事者の力関係や契約締結の必要性の程度を考慮せずに修正等をしていけばよいというものではない。契約には常に相手方当事者が存在し、契約は相手方当事者との合意により締結されるものであるという当たり前のことを忘れてはいけない。当事者の立場や関係を踏まえて、自社にとっていかに正しい対応であっても、相手先がおよそ応じないであろう修正等は行っても意味がなく、時に契約締結を阻害することを肝に銘じ、レビューは必要十分な範囲で行うべきである。

ただし、勘違いをしてはいけないのは、リーガルチェックはあくまでも法的問題点を抽出し、自社の法的リスクを回避することが目的であるから、自社にとって契約締結の必要性が高く、相手先が修正提案に応じないといった場合でも、当該契約書案のままで締結してしまうと、契約により自社が達成しようとした目的が法的に見て達成できないときや、自社に著しい損害を生じさせることが確実であるときなどは、法的問題点をきちんと指摘し、修正等の提案を行うべきである。その上で、リーガルチェックの結果をそのまま相手先に提示するか、より控えめな内容

第2章　なぜ、そうやっているのか？　〜やり方の理由と解説〜　99

とするか、さらには修正等の提案はしないかは経営判断である。チェック担当において契約を締結することに配慮しすぎて、先んじて経営判断にわたる判断を行うべきではなく、指摘しなければならない点は、毅然として指摘していかなければならない。

　本指針で述べたいことは、あくまでも条項等の適否については、いかなる状況においてもぶれることなく検討及び判断することを前提に、その伝え方として、条項自体に直接修正等を加えるのか、取引上の立場を考慮してコメントで問題点を指摘するのみに留めるか、さらには、些細な点についてはあえて取り上げないかといった考慮が必要であるということである。

　いずれにしても、当事者の取引上の立場は、レビューにおける最重要な考慮要素である。

オ　条項の表現

　①誰が、誰に対して、②いつ、③どこで、④何を、⑤どのように、⑥どうするかが条項を表現する際の基本的な要素である。さらに、条項の適用や効力の発生に条件が付いている場合には、**⑦どのような場合に、**が加わることがある。

　例えば、

　「受託者（甲）が委託者（乙）に納入した製品に契約不適合があった場合（⑦）、甲は、乙に対し（①）、直ちに（②）、当初の納品場所において（③）、当該製品を（④）、本契約に適合するよう（⑤）、修繕する（⑥）。」といったような具合である。

　各要素の記載順は好みによるところもあり、最終的には、当事者及び関係者において誤解なく理解できるものであれば、必ずこうでなければならないということはない。ただし、契約書の各条項は、当事者及び関係者の取引における行為内容を定めるだけでなく、契約に関して紛争が生じた場合には、裁判官が契約の規定内容に基づいて、紛争となっている事項の契約上の取り扱いを判断するための基準になるものであるから、法的に正確に表現されなければならない。二義に解されるようなことがあってはならないのである。

　私自身は、基本的には上記①から⑥の順に要素を並べ（条項により不

要となる要素がある）、⑦の要素が必要な場合には、これを冒頭に持って
くるようにしている。法令の多くの条項も、そのような記載順になって
いるものと思われる。

　なお、表現に関しては、相手先作成のものを修正する場合はもちろん、
自社の依頼担当等が作成したものを修正する場合でも、条項の解釈や効
力に影響しない、チェック担当の単なる好みに基づく修正は避けるべき
である。状況により程度の差こそあれ、修正されるということには一定
のストレスを感じるものであり、それがあまりにも多く、しかも単なる
表現上の好みによるものであると、作成者の心証を害し、修正内容の採
否の判断に影響しないとも限らない。作成者への敬意と配慮は常に忘れ
てはならない。

（2）固有の条項のレビュー

ア　本質的な条項に関して

（ア）レビューのポイント

　レビューにおける各指針を踏まえ、以下では実際のレビューの仕方に
ついて、前章におけるレビュー例をあげつつ解説していく。

　まずは、当該契約類型に「**固有の条項**」のうちの当該契約に「**本質的
な条項**」について見ていく。

　「**本質的な条項**」は、契約書に不可欠の、契約の類型を明らかにし、
又は当事者の本質的な権利義務を定める条項である。これを欠き、又は
規定内容が不正確若しくは不十分な場合、当該契約書が対象とする契約
がいかなる類型の契約であるかが明らかとならず、いかなる法令の規定
が適用されるかが明らかとならない。また、当該契約における当事者の
中心的な権利義務が明らかとならず、契約書が当事者の権利義務を明ら
かにすることを目的とすることからして、契約書の役割を果たさないこ
とになる。すなわち契約書に不可欠の条項である。

　これらの条項が置かれているか、規定内容は正確かつ十分で、明確か、
誤解を与えないかは、本文のレビューにあたって、まずもってチェック
しなければならない課題である。

(イ)契約類型の特定に関する条項

前章で取り上げた「業務委託契約書」に対するレビュー例を素材として、以下、レビューの実際について、そのいくつかを見ていく。

本文レビュー時のレビュー例

（目的）

第１条 甲は、乙に対し、甲が●●の製造に使用する●●機械（型番：＿＿＿＿＿＿＿＿＿＿＿＿＿＿）（以下「本機械」という。）の製造及びこれに付随し関連する一切の業務（以下これらを合わせて「本業務」という。）を委託し、乙はこれを受託する。

レビュー前の契約書案（以下「当初案」という。）では、本契約において製造の対象となる機械の特定が不十分であったため、文言を追加して「甲が●●の製造に使用する●●機械」とし、型番を挿入するようコメントを付した。

自社の立場からすると、単に機械の製造のみではなく、機械の納入場所までの運送や設置といった機械の製造に付随し、関連する一切の業務を行うことが相手先の義務であることを明確にしておくべきであるので、「及びこれに付随し関連する一切の業務」との文言を追加した。

前者の修正については、相手先にとっても特定しておくべき点と思われるので、特段の問題はないと考える。後者の修正についても、契約書の表現上は相手先の義務を拡張するものだが、機械の運送や設置が相手先の義務であることは相手先も承知しており、また、**【資料1-3】情報提供シート（入力済み・業務委託契約）26頁**によれば、相手先は契約締結に積極的とのことなので、相手先の了解は得られるものと考えた。

(ウ)自社の基本的な義務を定める条項

本文レビュー時のレビュー例

（業務委託料）

第３条 甲は、乙に対し、**第６条（検収）第４項に規定する引渡しの日の属する月の翌月末日までに**、本業務の対価（以下「委託料」という。）として、金●●●●万円（消費税別）を、~~次のとおり、~~乙の指定する預金口座へ振

込送金の方法により支払う。ただし、振込手数料は甲の負担とする。

~~①本契約締結の日の属する月の翌月末日までに金●●●●万円（消費税別）~~

~~②第6条（検収）第4項に規定する引渡しの日の属する月の翌月末日までに金●●●●万円（消費税別）~~

~~2 甲が乙に対し別紙仕様書の内容の変更を求めたことにより追加費用の発生が見込まれる場合には、乙は、甲に対し、委託料の増額を求めることができる。~~

　当初案では、契約締結日の属する月の翌月末日と機械の引渡日の属する月の翌月末日を各支払期限とする2回に分けての支払となっていたが、自社としては、相手先とは初めての取引であり、きちんとした製造及び引渡しがされたのを確認した後に支払をする方が、リスクが小さいため、引渡日の属する月の翌月末日を支払期限とする一括払いに修正した（レビュー例3条1項）。

　また、自社による仕様書の変更があった場合に、相手先が常に委託料の増額を求められるとの規定は削除した（同条2項）。

　委託料及びその支払は相手先にとって重大な事項で、修正に抵抗される可能性を否定できない。しかし、自社の利益の確保とリスクの回避のためには、法的な問題点は指摘すべきであり、相手先が契約締結に積極的とのことであるから、上記レビュー例のように修正すべきと考えた。

　ただし、相手先の資金繰りの都合から、一部前払いを強く求めてくることが予想され、また、仕様変更により委託料が増額されること自体は取引上珍しいことではないことから、自社においてこれらの点を考慮しても構わない場合には、分割払いと委託料増額の規定を復活させることは可能である旨のコメントを付してもよかったと思われる。

第2章　なぜ、そうやっているのか？　～やり方の理由と解説～　　103

> **補足解説 04　委託料の支払時期**
>
> 　民法上、請負契約における報酬の支払時期は、「仕事の目的物の引渡しと同時」とされている（民法633条）。前章の「業務委託契約」は、機会の製造という「仕事を完成すること」（同法632条）を契約内容としており、請負契約の性質を有することから、同法633条によれば、委託料の支払時期は当該機械の引渡時ということになる。
>
> 　この点、同法633条は任意規定と解されており、契約当事者はこれと異なる合意をすることが可能である。相手先提案の分割払いについても、自社提案の「引渡しの日の属する月の翌月末日」一括払いについても、任意規定を修正する合意の提案ということになる。

(エ) 相手先の基本的な義務を定める条項

> **本文レビュー時のレビュー例**
>
> **(本機械の仕様)**
> **第2条**　本機械の仕様は別紙仕様書 <u>（添付図面を含む。以下同じ。）</u>（省略）のとおりとし、乙は同仕様に従って本機械の製造を行う。<u>ただし、甲は、乙の同意を得て、別紙仕様書の内容を変更することができる。</u>

　相手先の基本的な義務は仕様書のとおりに機械を製造することであり、その旨の規定が置かれてはいるが、仕様書に添付された図面は製品の仕様を決定するうえで重要な資料となるので、相手先による製造の内容及び方法を拘束する仕様書の一部を構成することを確認した。相手先からは、特段の異議は出ないであろう。

　また、製造の過程で仕様が変更される可能性があることから、相手先の同意を条件として、自社において仕様書の内容を変更できる余地を残すようにした。この点も、相手先の同意を条件としているので、相手先の了解は得られるものと判断した。

> **本文レビュー時のレビュー例**
>
> **（本機械の完成・納入）**
>
> **第4条** 乙は、本機械を完成させ、2025年　月　日までに、完成させた本
> 　　機械を<u>横浜市●●区●●町●丁目●番●号所在の甲の本店併設の甲の</u>工場
> 　　に納入する。
>
> 2　乙の責めに帰することができない事由により、前項に定める期限までに
> 　　本機械を納入できない~~おそれがある~~場合には、乙は、<u>甲</u>の同意を<u>得て</u>~~に対~~
> 　　~~し~~、同期限<u>を</u>~~の~~変更<u>す</u>及び委託料の増額を求めることができる。

　納入場所は義務履行地として重要であることから、自社の工場の場所
を明確に特定するようにした（レビュー例4条1項）。この点は、相手先
としても納入場所が明確になるので問題はないであろう。

　また、当初の契約書案では、所定の期限までに納入ができない「おそ
れ」さえあれば、自社の同意がなくても、相手先の判断で納入の期限を
変更することができ、委託料の増額を求めることができるとされていた
（同条2項）。「おそれ」のみで変更可能とするのは、自社の立場からす
ると変更可能な場合が広すぎること、そもそも自社の同意なく当然に変
更が可能で、かつ委託料の増額を求められるというのは、自社の権利を
制限し、義務を加重する程度が大き過ぎると考えた。そこで、期限まで
に実際に納入ができない場合で、自社が同意したときにのみ期限の変更
ができると修正し、委託料の増額に関しては削除した。実際に期限まで
に納入できない場合には納期を変更できる余地を残しており、委託料の
増額を申し入れることまで禁止する趣旨ではないので、きちんと説明す
れば、相手先の了解を得られる可能性はあると考えた。

　なお、自社において相手先に対して納期の変更を認める場合に、納期
の変更により追加費用がかかるときは、委託料を増額する場合があるこ
とを契約書上明記することも考えられ、相手先においてもそれを求めて
くる可能性がある。そこで、自社が同意する場合には増額可との文言を
残す余地がある旨のコメントを付した。

> **本文レビュー時のレビュー例**
>
> **（検収）**
>
> **第6条** 甲は、乙に対し、第4条（本機械の完成・納入）第1項に規定する
> 本機械の納入を受けた後**遅滞なく**~~7日以内~~に、納入を受けた本機械の内容
> を検査のうえ、その合否を書面により通知する。
>
> 4　甲が納入を受けた本機械を合格と判断した場合には、同判断の時に本機
> 械の引渡しが完了するものと~~しする~~。**本機械の所有権は同引渡しの完了
> 時に甲に移転する。**
>
> ~~5　第1項の期間内に乙に合否の通知が到達しない場合には、合格と判断し
> たものとみなす。~~

　相手先は、製造した機械を引渡し、自社に所有権を移転させる義務を
負い、同義務は本契約における相手先の基本的な義務である。この点、
自社としては、引渡しを受けた後、できるだけ早期に機械を使用できる
ようにしたいことから、機械の所有権の移転は、引渡しの後となる代金
支払時ではなく、より早い時期としたい。他方で、所有権が移転するこ
とにより機械の滅失等の危険を負うことになるため、使用できる状態に
なる前に所有権が移転することもよろしくない。そこで、所有権の移転
時期を引渡しの完了時と修正した（レビュー例6条4項）。

　所有権の移転時期については、危険の移転時期とリンクさせることで、
相手先の了解を得られる余地があると考えた。

　なお、納入後の機械の検査期間を7日と確定的に定めると、自社の休
業日等によっては、検査の期間がタイトに過ぎる場合が生じかねない。
そこで、確定的に7日間とはせずに、「遅滞なく」と改めた（同条1項）。
売買の規定ではあるが、商法の526条1項の規定と同内容であり、相手
方の理解を得られる可能性はあると思われる。自社において余裕がある
期間を、具体的に規定しておく方法もある旨コメントを残した。

　また、検査の合否の通知がない場合に当然に合格とみなされてしまう
ことは、自社に不利益を生じさせかねないので、同規定は削除した（同
条5項）。自社が合否の通知を怠った場合にいつまでも合否が決まらな
いことになりかねず、相手先から疑問を呈される可能性はある。そのた
め、検査に十分な期間が確保されることを前提として、合格とみなす規

定を残す余地がある旨のコメントを付した。

補足解説 05 履行場所

契約の当事者が、履行の場所を合意せず、行為の性質によっても定まらない場合、特定物の引渡しは、債権発生時にその物が存在した場所においてしなければならず、その他の履行は債権者の現在の営業所・住所でしなければならない（民法484条1項・商法516条）。

製造した機械の引渡しは「特定物の引渡し」にあたるので、機械が完成した時点で機械の存在した場所、本契約では受託者の工場ということになる。

上記各規定は文言上も任意規定であることが明らかであるから、当時者が合意することにより、委託者の工場を引渡しの履行場所とすることができる。

民法484条（弁済の場所及び時間）1項

弁済をすべき場所について別段の意思表示がないときは、特定物の引渡しは債権発生の時にその物が存在した場所において、その他の弁済は債権者の現在の住所において、それぞれしなければならない。

商法516条（債務の履行の場所）

商行為によって生じた債務の履行をすべき場所がその行為の性質又は当事者の意思表示によって定まらないときは、特定物の引渡しはその行為の時にその物が存在した場所において、その他の債務の履行は債権者の現在の営業所（営業所がない場合にあっては、その住所）において、それぞれしなければならない。

補足解説 06 目的物の検査及び通知

商法526条は、商人間の売買において、買主は目的物の受領後遅滞なくその物を検査しなければならないとし、検査により契約不適合を発見したときは、直ちに売主にその旨の通知を発しなければ、不適合を理由とする請求等をすることができないとする（同条1項・2項）。

この規定は、商人間の「売買」に関する規定であり、「請負」契約に当然に適用ないしは準用されるものではない。そのため、請負契約において同様の検査及び通知義務を注文者に負わせるには、本契約のように当事者の合意により規定を置く必要がある。

第2章　なぜ、そうやっているのか？ 〜やり方の理由と解説〜　107

商法526条（買主による目的物の検査及び通知）1項・2項

　商人間の売買において、買主は、その売買の目的物を受領したときは、遅滞なく、その物を検査しなければならない。

2　前項に規定する場合において、買主は、同項の規定による検査により売買の目的物が種類、品質又は数量に関して契約の内容に適合しないことを発見したときは、直ちに売主に対してその旨の通知を発しなければ、その不適合を理由とする履行の追完の請求、代金の減額の請求、損害賠償の請求及び契約の解除をすることができない。売買の目的物が種類又は品質に関して契約の内容に適合しないことを直ちに発見することができない場合において、買主が6箇月以内にその不適合を発見したときも、同様とする。

補足解説 07　請負契約の目的物の所有権移転時期

　判例上、建築材料の一切を請負人が支給し、請負代金の前渡しもされていない場合には、特別の意思表示がないかぎり、請負契約の目的物の所有権は、目的物が請負人から注文者に引き渡されたときに移転するとされ（最高裁判所判決昭和40年5月25日・最高裁判所裁判集民事79号175頁）、請負代金の支払をしてきた場合には、特段の事情がないかぎり、請負契約の目的物の所有権は、引渡しを待つまでもなく、完成と同時に原始的に注文者に帰属するとされている（最高裁判所判決昭和44年9月12日・最高裁判所裁判集民事96号579頁）。

　本契約では、製造する機械の材料は受託者が調達しており、代金支払が引渡後であれば、判例に従う限りは、機械の所有権は引渡時に受託者から委託者に移転することになる。この点、請負契約の目的物の所有権移転時期については、材料の提供者、代金支払の有無に関わらず、原始的に注文者に帰属するという考え方も有力であることから、所有権の移転時期に関する争いを避けるためには、当事者の合意により、これを定めておくべきである。

最高裁判所判決昭和40年5月25日（最高裁判所裁判集民事79号175頁）

　建築材料の一切を請負人である被上告人において支給し請負代金の前渡もなされていない本件の請負契約においては、特別の意思表示のないかぎり、建物の所有権は右建物が被上告人から注文者である訴外会社に引き渡されたときに移転するものと解すべき

> **最高裁判所判決昭和44年9月12日（最高裁判所裁判集民事96号579頁）**
>
> 　本件建物を含む4戸の建物の建築を注文した被上告人は、これを請け負った上告人Aに対し、全工事代金の半額以上を棟上げのときまでに支払い、なお、工事の進行に応じ、残代金の支払をして来たというのであるが、右のような事実関係のもとにおいては、特段の事情のないかぎり、建築された建物の所有権は、引渡をまつまでもなく、完成と同時に原始的に注文者に帰属するものと解するのが相当である

イ　付随的な条項に関して

(ア)レビューのポイント

　「付随的な条項」は、当事者の本質的な権利義務の内容を補充・確認する、又は本質的な権利義務とは別の付随的な権利義務を定め、若しくは付随的な権利義務の内容を補充・確認する条項であり、民法その他の法令中の任意規定を当事者の合意により変更し、法令にないルールを設定し、又は法令の規定を確認するものである。

　そのため、当事者が法令の規定を変更し、又は法令にないルールを設定しようとするときは、契約書の中にそれらを目的とした規定を置く必要があるが、その必要がないときは、規定を設けなければ法令の規定がそのまま適用されるので、設けるか否かは当事者の任意である。ただし、法令に規定が存在していても、契約上、重要な事項については、あえて契約書中に法令と同内容の規定を置き、当事者間で後日争いが生じないように確認しておくことが望ましい場合がある。

　当事者が法令の規定と異なる内容や法令に規定がないルールの設定を希望し、又は希望するだろうときは、リーガルチェックにおいては、そのための規定が置かれているか、また、当事者、特に自社が希望する内容となっているかをチェックする必要がある。

　契約内容決定の自由（民法521条2項）のもと、当事者は、強行規定に反しない限りは、合意により自由に契約内容を決定することができる。これにより、当事者が望む多様な取引を契約により実現することができ、取引、ひいては企業活動の活性化が実現される。そのため、契約書には多くの付随的な条項が置かれ、同条項のチェックはリーガルチェックの中心的な課題となる。

第2章　なぜ、そうやっているのか？ ～やり方の理由と解説～　　109

なお、前記のとおり、本質的な条項か付随的な条項か、付随的な条項か一般的な条項かは、判断に迷うことが少なくないが、契約書における必要な条項の漏れを発見し、各条項の規定内容の適否を考えるための手段としての分類でしかないので、目的を意識しつつ、あまり神経質にならずにチェック担当の感覚に従って一応の分類をすれば足りる。

（イ）レビューの実際

　付随的な条項についても、前章で取り上げた「業務委託契約書」に対するレビュー例を素材として、以下、レビューの実際について、そのいくつかを見ていくことにする。

本文レビュー時のレビュー例

（権利の帰属）

第８条　本業務により製造された本機械又は本業務の課程で生じる発明、考案若しくは創作について、特許権、実用新案権、意匠権、商標権その他の知的財産権を受ける権利及び当該権利に基づき取得される知的財産権は、~~発生と同時~~委託料の完済時に甲に~~帰属~~移転する。

　4　乙は、~~乙の知る限りにおいて、~~本業務により製造された本機械が第三者の権利を侵害しないことを保証**し、甲が第三者から本機械の使用について権利侵害を理由に何らかの請求又は異議の申立を受けた場合には、乙は自らの責任と負担によりこれを解決するとともに、甲に生じた損害を賠償**する。

　知的財産権は発明等をした者に帰属し（特許法29条１項等）、委託者が取得するには、発明した者から委託者に移転させる必要がある（同法33条１項等）。当初の契約書案は、かかる法令の立場を前提に、委託料の完済時に移転すると規定していたが、委託者からすると、引渡後委託料の支払前においても、製造された目的物の使用に伴い、知的財産権を使用する必要が生じるため、委託料の支払の前後に関わらず、権利の発生と同時に委託者に帰属するものとしたい。

　また、当初の契約書案では、受託者が知る限りにおいて、製造した機械が第三者の権利を侵害しないことを保証するに留まっていたが、委託者としては、受託者が知っているか否かにかかわらず、第三者の権利を侵害しないことを保証させたい。さらに、第三者から権利侵害を理由に

請求又は異議申立を受けた場合、受託者の責任と負担により解決させ、受託者に、委託者に生じた損害の賠償を約束させたい。

　以上の各点については、知的財産権の移転を委託料支払と同時履行とすることで委託料の支払を確保することができなくなり、また、第三者の権利を侵害した場合の受託者の責任を重くすることになるため、受託者が修正に抵抗する可能性は十分にある。しかし、知的財産権に関する紛争が発生した場合には、自社に大きな損害を生じさせる可能性があることから、法的リスクを回避する必要性が高い。相手先において契約締結に積極的であるとのことから、自社のリスクを回避することを優先し、修正するよう提案することにした。

特許法29条（特許の要件）1項

　産業上利用することができる発明をした者は、次に掲げる発明を除き、その発明について特許を受けることができる。

① 　特許出願前に日本国内又は外国において公然知られた発明

② 　特許出願前に日本国内又は外国において公然実施をされた発明

③ 　特許出願前に日本国内又は外国において、頒布された刊行物に記載された発明又は電気通信回線を通じて公衆に利用可能となった発明

特許法33条（特許を受ける権利）1項

　特許を受ける権利は、移転することができる。

本文レビュー時のレビュー例

（契約不適合責任）

第9条　乙が引き渡した本機械が種類、品質又は数量に関して本契約の内容に適合しない場合~~（第6条（検収）第1項に規定する検査により直ちに発見することができない不適合に限る。）~~（以下「契約不適合」という。）には、甲は、乙に対し、**自ら**乙の選択により、履行の追完又は委託料の減額を請求することができる。ただし、契約不適合が甲の責めに帰すべき事由によるものであるときは、この限りではない。

2　**前項の規定は**甲は、~~前項の請求をしたにも関わらず、乙が相当の期間内に履行の追完又は代金の減額を行わない場合に限り~~、民法第415条（債務不履行による損害賠償）の損害賠償の請求並びに同法第541条（催告によ

第2章　なぜ、そうやっているのか？ ～やり方の理由と解説～　111

る解除）及び同法第542条（催告によらない解除）の解除権の行使を**妨げ
ないすることができる。**

3 甲が**契約不適合を知った時から1年本機械の引渡しの完了後3か月**以内
にその旨を乙に通知しない場合には、甲は、契約不適合を理由として、第
1項に規定する請求並びに前項の請求及び解除権の行使をすることができ
ない。**ただし、乙が本機械の引渡時において契約不適合を知り、又は重大
な過失によって知らなかったときは、この限りではない。**

　民法上、引き渡された目的物が契約の内容に適合しない（契約不適合）
場合に、委託者が代金の減額を請求できるのは、履行の追完がなされな
いときであり（民法563条1項）、第1次的には履行の追完を請求するこ
とになる（同法562条1項）。この点、当初の契約書案では、履行の追完
によるか、代金減額によるかを「受託者」が選択できることになってい
たが、委託者としては、いずれの請求を行うかを自身が決定できるよう
にすべきであるから、「委託者」が選択できるように修正した。

　また、納品後の検査により直ちに発見できる不適合は、不適合責任の
対象から除外されている。商法526条2項に同趣旨の規定が置かれては
いるが、同項は商人間の「売買」に関する規定で、請負契約に当然には
適用されず、そもそも任意規定と解され、当事者の合意により排除でき
るものである。委託者としては、直ちに発見できるものについても不適
合責任を問えるように手当てしておくべきであり、同部分は削除するこ
とにした。

　さらに、民法上、履行の追完請求・代金の減額請求と損害賠償請求・
解除権行使は併存するところ、当初案では、請求、行使できる場合を受
託者が履行の追完・代金の減額を行わない場合に限っていたので、これ
を民法の規定の通りに修正した。同じく、権利行使のための通知の起算
点及び期間についても、当初の契約書案では、民法が規定する起算点及
び期間（同法637条1項）よりも短期に満了してしまうように規定されて
いたことから、これらを民法の規定の通りに修正し、民法の規定（同条
2項）と同様に、受託者が不適合について悪意・重過失の場合には、通
知期間による行使の制限を排除することとした。

　これらの修正はいずれも委託者に有利なものであり、受託者が難色を

示す可能性はあるが、自社においては、新規の取引であることから修繕
等をしっかりさせるようにしたいとの意向であるため（**【資料1-3】情報
提供シート（入力済み・業務委託契約）26頁**参照）、全面的に修正した。

民法第562条（買主の追完請求権）1項

　引き渡された目的物が種類、品質又は数量に関して契約の内容に適合しな
いものであるときは、買主は、売主に対し、目的物の修補、代替物の引渡し
又は不足分の引渡しによる履行の追完を請求することができる。ただし、売
主は、買主に不相当な負担を課するものでないときは、買主が請求した方法
と異なる方法による履行の追完をすることができる。

民法563条（買主の代金減額請求権）1項

　前条第1項本文に規定する場合において、買主が相当の期間を定めて履行
の追完の催告をし、その期間内に履行の追完がないときは、買主は、その不
適合の程度に応じて代金の減額を請求することができる。

民法564条（買主の損害賠償請求及び解除権の行使）

　前2条の規定は、第415条の規定による損害賠償の請求並びに第541条及び
第542条の規定による解除権の行使を妨げない。

民法637条（目的物の種類又は品質に関する担保責任の期間の制限）

　前条本文に規定する場合において、注文者がその不適合を知った時から一
年以内にその旨を請負人に通知しないときは、注文者は、その不適合を理由
として、履行の追完の請求、報酬の減額の請求、損害賠償の請求及び契約の
解除をすることができない。

2　前項の規定は、仕事の目的物を注文者に引き渡した時（その引渡しを要
　しない場合にあっては、仕事が終了した時）において、請負人が同項の不適
　合を知り、又は重大な過失によって知らなかったときは、適用しない。

本文レビュー時のレビュー例

（危険負担）

第10条　**第6条（検収）第4項に規定する引渡しの完了**~~本機械の納入~~前に
生じた本機械の滅失、毀損その他の危険は、甲の責めに帰すべき事由がある
場合を除き乙がこれを負担し、同**引渡しの完了**~~納入~~後に生じた同危険は、乙
の責めに帰すべき事由がある場合を除き甲が負担する。

当初案は、納入時を基準に危険が受託者から委託者に移転するとして
いたが、納入により当然に引渡しとなり、所有権が移転するわけではな
く、委託者は未だ機械を使用できる状態にはない。委託者の立場からす
ると、少なくとも検査に合格して引渡しが完了し、所有権が移転した時
点を危険の移転時期とするべきである。民法の規定（**補足解説09（115頁）**
参照）とも合致することから、修正した。

　なお、その他に、製造物責任（当初契約書案11条）、費用の負担（同12条）、
再委託（同13条）、契約が中途で終了した場合の委託料の取扱い（同14条）
についても、自社の立場から必要な修正を行い、コメントを付している。

　固有の条項に関するレビューの全体は、**【資料1-6】業務委託契約書（請
負型）【委託者側・本文チェック後版（固有条項）】40頁**を参照されたい。

補足解説 08 　請負契約における契約不適合責任

　請負契約における契約不適合責任について、民法は次のとおり規定する。

　請負契約には、性質が許さないときでない限り、売買契約の規定が準用さ
れるので（同法559条）、注文者は、請負人に対し、目的物の修補、代替物
の引渡し又は不足分の引渡しによる履行の追完を請求することができる（同
法562条１項本文）。いずれの追完方法によるかは注文者の選択に委ねられ
ている。ただし、注文者に不相当な負担を課すものではないときは、請負人
は、注文者が請求した方法と異なる方法による履行の追完をすることができ
る（同項ただし書）。

　また、注文者が相当の期間を定めて履行の追完の催告をし、その期間内に
履行の追完がないときなどは、注文者は、その不適合の程度に応じて代金の
減額を請求することができる（同法563条１項）。

　なお、履行の追完及び代金の減額の請求は、損害賠償請求及び解除権の行
使を妨げない（同法564条）。

　注文者が、契約の目的物が種類又は品質に関して契約の内容に適合しない
ことを知った時から１年以内に、その不適合を請負人に通知しないときは、
注文者は、その不適合を理由として、履行の追完の請求、報酬の減額の請求、
損害賠償の請求及び契約の解除をすることができなくなる（同法637条１項）。
ただし、注文者に目的物を引き渡した時点において、請負人が不適合を知り、
又は重大な過失によって知らなかったときは、この限りではない（同条２項）。

なお、商法526条は、目的物の受領後遅滞なくその物の検査をし、不適合を発見したときは、直ちに通知を発しないと、履行の追完の請求、代金の減額の請求、損害賠償の請求及び契約の解除をすることができなくなり、不適合を直ちに発見できない場合でも、6か月以内に不適合を発見し、通知を発しないと同様となる旨規定する（同条2項・3項）。同条は商人間の「売買」に関する規定であり、請負契約に当然に適用されるわけではない。

民法559条（有償契約への準用）

　この節の規定は、売買以外の有償契約について準用する。ただし、その有償契約の性質がこれを許さないときは、この限りでない。

補足解説 09 危険負担

　危険負担とは、双務契約の一方当事者の債務が、同当事者の責に帰することができない事由によって履行不能となった場合に、他方当事者の債務がどうなるかという問題である。

　この点については、他方当事者にも責に帰すべき事由がなければ、他方当事者はその債務の履行を拒むことができ（民法536条1項）、他方当事者に責に帰すべき事由があれば、他方当事者はその債務の履行を拒むことができない（同条2項）。

　これとは別に、契約の目的物が滅失又は損傷した場合に、売買契約の買主や請負契約の注文者が、売主や請負人に対し、滅失・損傷の責任を追及し、代金の支払を拒めるかも問題となる。

　この点については、目的物を引き渡した時以後に、その目的物が当事者双方の責めに帰することができない事由によって滅失又は損傷したときは、買主等は、その滅失又は損傷を理由として、履行の追完、代金の減額及び損害賠償の請求並びに契約の解除をすることができず、代金の支払を拒むことができないとされている（同法567条1項）。

　本契約における危険負担は、直接的には、後者の問題であり、レビュー後の規定は、引渡時を基準に、引渡前であれば注文者は履行の追完等の請求等をする余地があるが、引渡後はこれらの請求をすることができないことを確認している。

これに対し、仕事の完成後引渡前に、受託者の責に帰することができない事由

によって引渡義務が履行不能となった場合、注文者が代金の支払いを拒絶できるかは、前者の問題となり、契約書上に規定がないことから、民法536条1項により、注文者に責に帰すべき事由がなければ、注文者は代金の支払を拒絶することができる。

民法536条（債務者の危険負担等）

　当事者双方の責めに帰することができない事由によって債務を履行することができなくなったときは、債権者は、反対給付の履行を拒むことができる。

2　債権者の責めに帰すべき事由によって債務を履行することができなくなったときは、債権者は、反対給付の履行を拒むことができない。この場合において、債務者は、自己の債務を免れたことによって利益を得たときは、これを債権者に償還しなければならない。

民法567条（目的物の滅失等についての危険の移転）1項

　売主が買主に目的物（売買の目的として特定したものに限る。以下この条において同じ。）を引き渡した場合において、その引渡しがあった時以後にその目的物が当事者双方の責めに帰することができない事由によって滅失し、又は損傷したときは、買主は、その滅失又は損傷を理由として、履行の追完の請求、代金の減額の請求、損害賠償の請求及び契約の解除をすることができない。この場合において、買主は、代金の支払を拒むことができない。

（3）一般的な条項のレビュー

ア　レビューのポイント

　「**一般的な条項**」とは、契約類型を問わず、広く契約全般に設けられ、「**固有の条項**」の内の「**付随的な条項**」と同様に、当事者の権利義務の内容を補充・確認する条項であり、民法その他の法令中の任意規定を当事者の合意により変更し、法令にないルールを設定し、又は法令の規定を確認するものである。

　そのため、リーガルチェックにおいては、当事者が法令の規定と異なる内容や法令に規定がないルールの設定を希望し、又は希望するだろうときは、そのための規定が置かれているか、また、当事者、特に自社が希望する内容となっているかをチェックする必要がある。

この点、「**一般的な条項**」は、契約類型を問わず、広く契約全般に設けられることから、**定型化**が可能である。契約書に設けられることが多い規定がないといった場合には、当該規定を設ける必要がないかを検討し、設けられている場合には、自社の契約上及び取引上の立場から、問題がないかを検討すればよい。比較的チェックしやすい条項と言える。

なお、前記のとおり、「**付随的な条項**」か「**一般的な条項**」かは判断に迷うことが少なくないが、契約書における必要な条項の漏れを発見し、各条項の規定内容の適否を考えるための手段としての分類でしかない。また、両条項は、任意規定を当事者の合意により変更し、法令にないルールを設定し、又は法令の規定を確認するという点で共通しており、当該契約類型に特有な条項か否かは相対的である。神経質になる必要はなく、一般的な条項であることが明らかな場合には、定型化された条項例を活用できるといった程度に考えて、迷った場合には、付随的な条項として、当該契約類型に合致したものになるように注意を払えばよい。

イ　主な「一般的な条項」

「**一般的な条項**」として契約書に登場する主なものとしては、①**秘密保持**、②**個人情報保護**、③**通知義務**、④**遅延損害金**、⑤**損害賠償**、⑥**不可抗力**、⑦**解除**、⑧**期限の利益喪失**、⑨**反社会的勢力排除**、⑩**契約期間**、⑪**契約更新**、⑫**中途解約**、⑬**効力存続**、⑭**譲渡禁止**、⑮**完全合意**、⑯**準拠法**、⑰**管轄**、⑱**誠実協議**といった条項があげられる。

各条項の概要は、以下の【**補足解説10**】を参照されたい。

補足解説10 主な一般的な条項 10-1　秘密保持

契約書が対象とする取引において、契約の一方当事者が他方当事者に開示する秘密とすべき情報の取扱いに関する条項である。

具体的には、①秘密とする情報（秘密情報）の範囲、②秘密情報に該当しない場合、③開示、漏洩及び目的外使用の禁止、④例外的に開示できる場合、⑤秘密情報の返還及び廃棄等について定められる。

当事者双方が秘密保持義務を負う場合と当事者の一方のみが秘密保持義務を負う場合があり、レビューにあたっては、情報を開示した側か、情報を受領した側かによって、確認・修正すべきポイントが変わってくる。すなわち、

第2章　なぜ、そうやっているのか？　〜やり方の理由と解説〜　117

一般的には、開示側としては秘密情報の範囲を広く定めるべきで、例外的に開示できる場合は限定的であるべきである。これに対し、受領側としては秘密情報の範囲はできるだけ限定し、開示できる場合を広く定めるべきということになる。

（条項例）

【資料1-9】業務委託契約書（請負型）【確定版】（62頁）14条、

【資料3-7】売買取引基本契約書【確定版】（217頁）16条　参照

補足解説10 主な一般的な条項10-2　個人情報保護

　契約書が対象とする取引において、契約の一方当事者が他方当事者に個人情報を提供する場合に、提供を受けた当事者における個人情報の取扱いに関する条項である。

　個人情報の保護に関する法律25条により、個人情報取扱事業者は、取扱いを委託した個人データの安全管理が図られるよう、受託者に対する必要かつ適切な監督を行わなければならない。それを担保するものとして、条項を設けることが要請される。具体的には、①個人情報の定義、②個人情報の取扱いに関する定め、③個人情報に対する安全管理措置を講じる義務、④取扱状況に対する監査の定め、⑤個人情報の漏洩等が発生した場合の処置等が定められる。

　当事者双方が個人情報を提供する場合と当事者の一方のみが個人情報を提供する場合があり、レビューにあたっては、個人情報を提供した側か、委託を受けた側かによって、確認・修正すべきポイントが変わってくる。すなわち、一般的には、提供した側としては受託者の取扱い及び管理に関する義務を詳細かつ厳格に定めるべきで、受託した側としては過大な義務を負わないようにするべきということになる。

（条項例）

1　本契約における個人情報とは、本契約に関して、当事者が相手方に預託した一切の情報のうち、個人情報の保護に関する法律（以下「個人情報保護法」という。）2条1項に定める「個人情報」に該当する情報をいう。

2　個人情報の預託を受けた当事者（以下「受託者」という。）が本契約の遂行に際して個人情報を取り扱う場合には、受託者は、個人情報保護法及び本契約の定めを遵守し、本契約の目的の範囲内において個人情報を取り

扱うものとし、本契約の目的以外の目的でこれを取り扱ってはならない。

3　受託者は、個人情報への不当なアクセス又は個人情報の紛失、盗難、改ざん若しくは漏洩等（以下「漏洩等」という。）の危険に対し、合理的な安全管理措置を講じなければならない。

4　個人情報を預託した当事者は、相手方による個人情報の取扱状況を調査する必用がある場合、相手方に対して報告若しくは資料提出を求め、又は相手方が管理する施設等に立ち入ることができる。

5　受託者において個人情報の漏洩等の事故が発生した場合には、漏洩等をした者は、相手方に対し、直ちに当該事故の発生日時・内容その他詳細事項について報告し、自己の費用において、直ちに漏洩等の原因の調査に着手し、個人情報保護法等の法令及びガイドラインにしたがい必要な措置を実施して、相手方に対し、速やかに調査の結果を報告するとともに、再発防止策を講じる。

個人情報の保護に関する法律2条（定義）1項

この法律において「個人情報」とは、生存する個人に関する情報であって、次の各号のいずれかに該当するものをいう。

①　当該情報に含まれる氏名、生年月日その他の記述等（文書、図画若しくは電磁的記録（電磁的方式（電子的方式、磁気的方式その他人の知覚によっては認識することができない方式をいう。次項第2号において同じ。）で作られる記録をいう。以下同じ。）に記載され、若しくは記録され、又は音声、動作その他の方法を用いて表された一切の事項（個人識別符号を除く。）をいう。以下同じ。）により特定の個人を識別することができるもの（他の情報と容易に照合することができ、それにより特定の個人を識別することができることとなるものを含む。）

②　個人識別符号が含まれるもの

個人情報の保護に関する法律25条（委託先の監督）

個人情報取扱事業者は、個人データの取扱いの全部又は一部を委託する場合は、その取扱いを委託された個人データの安全管理が図られるよう、委託を受けた者に対する必要かつ適切な監督を行わなければならない。

補足解説10 主な一般的な条項10-3　通知義務

　契約当事者の商号、本店所在地、代表者及び事業内容等の変更その他事業経営に重大な影響を及ぼす事項があるときに、当該当事者から相手方に対し、これらの事項を通知する義務を負わせる条項である。

　これらの事項は、契約の管理、契約上の債務の履行及び契約継続の判断等に重大な影響を与える可能性があるためである。

　レビューにあたっては、当事者双方に通知義務が課されているか、一方のみに課されているか、通知すべき事項として必要なものが網羅されているか、通知義務を負う場合に通知が可能な事項か、過大な負担とならないかといった点に注意する必要がある。

（条項例）

【資料1-9】業務委託契約書（請負型）【確定版】（62頁）16条、

【資料3-7】売買取引基本契約書【確定版】（217頁）17条　参照

補足解説10 主な一般的な条項10-4　遅延損害金

　金銭債務の遅延損害金算定のための利率を合意するものである。

　金銭債務の履行を遅滞した場合、それによる損害賠償の額は、当事者の間に異なる約定がない限り、法定利率によって定められる（民法419条1項）。令和2年4月1日に改正民法が施行されるまでは、法定利率は年5％（改正前民法404条）（商行為によって生じた債務に関しては年6％、改正前商法514条）とされていたが、改正民法の施行により、年3％とされ（民法404条2項）（商法上の法定利率は廃止）、短期貸付の利率の変動状況に応じ、3年ごとに変動し得ることになった（同条3項ないし5項）。

　変動の要否は、3年を1期とし、法務大臣が告示する各期の初日の属する年の6年前の1月から前々年の12月までの短期貸付の利率の平均（基準割合）をもとに、直近で法定利率の変動があった期（直近変動期）における基準割合と当期における基準割合との差が1％以上か否かにより決まる。1％以上の場合は、1％未満の端数を切り捨てたうえで、その差を直近変動期の法定利率に加算し、又は減算した割合が当期の法定利率となる。

　従来は、法定利率よりも高い、又は低い利率とする場合に遅延損害金に関する条項が設けられてきたが、上記のとおり法定利率が変動することになったため、利率の管理及び予測可能性の確保の要請から、利率を固定するため

にも条項を設ける必要が生じることになった。

　レビューにおいては、条項が置かれている場合には、利率が自社にとって妥当かを、条項を欠いている場合には、利率を固定する必要がないかに注意しなければならない。また、利率については、利息制限法、消費者契約法等の法令により規制されていることから、法令による規制に反していないかのチェックも必要である。

（条項例）

【資料1-9】業務委託契約書（請負型）【確定版】（62頁）15条、

【資料3-7】売買取引基本契約書【確定版】（217頁）19条　参照

民法419条（金銭債務の特則）1項

　金銭の給付を目的とする債務の不履行については、その損害賠償の額は、債務者が遅滞の責任を負った最初の時点における法定利率によって定める。ただし、約定利率が法定利率を超えるときは、約定利率による。

民法404条（法定利率）2項ないし5項

2　法定利率は、年3パーセントとする。

3　前項の規定にかかわらず、法定利率は、法務省令で定めるところにより、3年を1期とし、1期ごとに、次項の規定により変動するものとする。

4　各期における法定利率は、この項の規定により法定利率に変動があった期のうち直近のもの（以下この項において「直近変動期」という。）における基準割合と当期における基準割合との差に相当する割合（その割合に1パーセント未満の端数があるときは、これを切り捨てる。）を直近変動期における法定利率に加算し、又は減算した割合とする。

5　前項に規定する「基準割合」とは、法務省令で定めるところにより、各期の初日の属する年の6年前の年の1月から前々年の12月までの各月における短期貸付けの平均利率（当該各月において銀行が新たに行った貸付け（貸付期間が1年未満のものに限る。）に係る利率の平均をいう。）の合計を60で除して計算した割合（その割合に0.1パーセント未満の端数があるときは、これを切り捨てる。）として法務大臣が告示するものをいう。

補足解説10 主な一般的な条項10-5　損害賠償

　契約書の中に損害賠償に関する規定がない場合は、民法等の法令が適用され、契約に違反した当事者は、責に帰すことができない事由による場合でない限り、損害賠償の義務を負う（民法415条1項）。また、賠償すべき損害の範囲は、原則として、契約違反により通常生ずるだろう損害であり、特別の事情によって生じた損害は、債務者がその事情を予見可能であった場合に限って賠償すべき損害となる（同法416条）。

　損害賠償に関する条項を置くことによって、当事者は、第1に、債務者が賠償義務を負う場合を拡大し、又は制限することができる。例えば、帰責事由の有無を問わず賠償義務を負わせ、又は故意若しくは重過失がある場合にのみ賠償義務を負わせるといった条項を設けることができる。

　第2に、債務者が賠償すべき損害の範囲を拡大し、又は制限することができる。例えば、一般的には損害賠償の範囲に含まれない弁護士費用を賠償すべき損害に含まれるものとし、又は逸失利益を賠償すべき損害の範囲に含まれないものとするといった条項を設けることができる。また、売買代金額を上限とするといったように、賠償すべき損害の上限額を設定するといった条項も考えられる。

　損害賠償義務を負う可能性のある当事者は、賠償義務を負う場合又は損害の範囲が広すぎないか、限定すべきではないかに注意が必要である。これに対し、損害賠償を請求する可能性のある当事者は、賠償すべき場合又は損害の範囲が狭すぎないか、拡大すべきではないかに注意が必要である。

　この点、当事者のいずれが契約に違反した場合でも適用される規定になっていたとしても、取引上、実際には、専ら、又は主として一方の当事者のみが賠償義務を負う場合がある。例えば、機械の製造業務委託契約や部品の売買契約においては、委託者及び買主の基本的な債務は委託料ないしは代金の支払義務であり、金銭債務である。よって、法定又は約定の利率により損害賠償額が算定され、上記損害賠償に関する条項が対象とする損害の賠償義務を負うことは通常はない。これらの契約では、受託者及び売主が、専ら、又は主として損害賠償義務を負うのであり、受託者及び売主は賠償義務を負う場合及び賠償の範囲を限定する方向で、委託者及び買主は賠償義務を負う場合及び賠償の範囲を拡大する方向での検討が必要になる。

（条項例）

【資料1-9】業務委託契約書（請負型）【確定版】（62頁）17条、

【資料3-7】売買取引基本契約書【確定版】（217頁）18条　参照

民法415条（債務不履行による損害賠償）1項

債務者がその債務の本旨に従った履行をしないとき又は債務の履行が不能であるときは、債権者は、これによって生じた損害の賠償を請求することができる。ただし、その債務の不履行が契約その他の債務の発生原因及び取引上の社会通念に照らして債務者の責めに帰することができない事由によるものであるときは、この限りでない。

民法416条（損害賠償の範囲）

債務の不履行に対する損害賠償の請求は、これによって通常生ずべき損害の賠償をさせることをその目的とする。

2　特別の事情によって生じた損害であっても、当事者がその事情を予見すべきであったときは、債権者は、その賠償を請求することができる。

補足解説10 **主な一般的な条項10-6　不可抗力**

契約書において異なる定めを置いていない限りは、債務者の責に帰すことができない事由により契約に違反した場合、違反した当事者は損害賠償責任を負わない（民法415条ただし書）。債務者の責に帰すことができない事由としては、不可抗力による場合があげられるが、いかなる場合に不可抗力に該当するかを明らかにするため、不可抗力に該当する場合を列挙し、列挙された場合に該当するときは、契約不履行の責任を負わない旨を定める条項である。

損害賠償に関する条項と同様、実際に損害賠償義務を負う可能性のある当事者は不可抗力に該当する場合を広く列挙するように、損害賠償を請求する可能性のある当事者は限定的に列挙するように注意する必要がある。

（条項例）

本契約の当事者は、天災、地変、火災、ストライキ、戦争、内乱、疫病・感染症の流行その他の不可抗力による本契約の全部又は一部の履行不能又は遅行遅滞につき、その責任を負わない。

第2章　なぜ、そうやっているのか？　〜やり方の理由と解説〜　　123

補足解説 10 主な一般的な条項 10-7　解除

解除ができる場合と解除するための手続（具体的には催告の要否）を定める条項である。

民法は、催告を要件として解除することができる場合（民法541条）と催告を要さずに解除することができる場合（同法542条）を定めているが、相手方の信用不安（例えば、差押えを受けたなど）といった、これらの規定に定めがない場合でも、解除することを可能とし、民法541条ただし書により解除できないとされる不履行が軽微な場合でも解除することを可能とするといった条項がこれにあたる。また、民法542条の場合以外でも催告を要さずに解除ができる事由を列挙するような条項も同様である。

当事者の一方からする解除についてのみ規定が設けられていることがあるので、他方当事者としては、自社がする解除についても適用されるよう求める必要がある。また、自社の立場から見て、解除が認められる事由に漏れがないか、又は広範に過ぎないかを確認する必要がある。

（条項例）

【資料1-9】業務委託契約書（請負型）【確定版】（62頁）

19条１項ないし３項、

【資料3-7】売買取引基本契約書【確定版】（217頁）

20条１項ないし４項　参照

民法541条（催告による解除）

当事者の一方がその債務を履行しない場合において、相手方が相当の期間を定めてその履行の催告をし、その期間内に履行がないときは、相手方は、契約の解除をすることができる。ただし、その期間を経過した時における債務の不履行がその契約及び取引上の社会通念に照らして軽微であるときは、この限りでない。

民法542条（催告によらない解除）

次に掲げる場合には、債権者は、前条の催告をすることなく、直ちに契約の解除をすることができる。

① 債務の全部の履行が不能であるとき。

② 債務者がその債務の全部の履行を拒絶する意思を明確に表示したとき。

③ 債務の一部の履行が不能である場合又は債務者がその債務の一部の履

行を拒絶する意思を明確に表示した場合において、残存する部分のみで
は契約をした目的を達することができないとき。

④　契約の性質又は当事者の意思表示により、特定の日時又は一定の期間
内に履行をしなければ契約をした目的を達することができない場合にお
いて、債務者が履行をしないでその時期を経過したとき。

⑤　前各号に掲げる場合のほか、債務者がその債務の履行をせず、債権者
が前条の催告をしても契約をした目的を達するのに足りる履行がされる
見込みがないことが明らかであるとき。

2　次に掲げる場合には、債権者は、前条の催告をすることなく、直ちに契
約の一部の解除をすることができる。

①　債務の一部の履行が不能であるとき。

②　債務者がその債務の一部の履行を拒絶する意思を明確に表示したとき。

補足解説10　主な一般的な条項10-8　期限の利益喪失

委託料や代金の支払に期限が設定されている場合、委託者や買主は、その
期限までは委託料等を支払わなくてよいという利益を有する。民法上、この
ような期限の利益を失う場合が規定されている（同法137条）が、限定的で
あるため、他に期限の利益を失う場合や期限の利益を失わせるために相手方
による通知や催告を要するかについて定める条項を置くことがある。

期限の利益を喪失させる場合は、解除が認められる場合と一致することが
多いため、解除条項と合わせて規定されることもあるが、それぞれを別の条
項で定め、期限の利益を喪失させる場合と解除が認められる場合に違いを設
けることも可能である。

当事者の一方の期限の利益のみを喪失させる条項が設けられていることが
あるので、当該当事者としては、相手方が期限の利益を有する場合には、相
手方にも適用されるよう修正を求める必要がある。また、自社の立場から見
て、期限の利益を喪失させる事由に漏れがないか、又は広範に過ぎないか
を確認する必要がある。

（条項例）

【資料1-9】業務委託契約書（請負型）【確定版】62頁

19条4項及び5項、

【資料3-7】売買取引基本契約書【確定版】217頁

第2章　なぜ、そうやっているのか？ ～やり方の理由と解説～　　125

20条５項及び６項　参照

民法137条（期限の利益の喪失）

次に掲げる場合には、債務者は、期限の利益を主張することができない。

① 債務者が破産手続開始の決定を受けたとき。

② 債務者が担保を滅失させ、損傷させ、又は減少させたとき。

③ 債務者が担保を供する義務を負う場合において、これを供しないとき。

補足解説10 主な一般的な条項 10-9　反社会的勢力排除

全ての都道府県において暴力団排除条例が施行されたことに伴い、契約書の中に反社会的勢力排除条項を設けることが一般的になっている。

規定内容としては、①反社会的勢力の範囲、②自社等が反社会的勢力に該当しないこと及び反社会的勢力と一定の関係を有しないことの表明・保証、③不当な要求行為等を行なわないこと、④相手方が②③に違反した場合に契約を解除することができ、解除による損害の賠償を請求することができること、⑤解除された当事者は損害賠償請求をすることができないことが定められるのが一般的である。

当事者としては、双方が反社会的勢力排除条項の適用を受けること、上記一般的な規定内容が網羅されていることを確認する必要がある。

（条項例）

【資料1-9】業務委託契約書（請負型）【確定版】（62頁）20条、

【資料3-7】売買取引基本契約書【確定版】（217頁）21条　参照

補足解説10 主な一般的な条項 10-10　契約期間

契約が効力を有する期間を定める条項である。

特定の機械の製造や１回限りの売買といった場合は、債務が履行されることで契約は終了するので、期間を定める必要は通常はない。これに対して、製造や売買が継続してなされる場合等の継続的な契約では、期間を定める条項がない場合、期間の定めがない契約となる。

当事者としては、期間を定める必要があるか、期間の始期と終期が明確に定められているか、定められた期間が妥当かをチェックする必要がある。

（条項例）

【資料3-7】 売買取引基本契約書【確定版】（217頁）23条　参照

補足解説 10 主な一般的な条項 10-11　契約更新

　期間の定めがある契約において、更新の可否や手続を定める条項である。

　期間満了の●か月前までに当事者から異議がない場合には当然に更新される旨の自動更新の定めがおかれる場合もある。

　当事者としては、更新を認めてよいか、更新する場合の手続が妥当かをチェックすることになる。自動更新の定めについては、更新を拒否するつもりであったところ、異議を述べることができる期限を失念するなどし、自動更新されてしまうことがあるため、自動更新を認めてよいか、更新を拒否できる期間が妥当かには注意が必要である。

（条項例）

【資料3-7】 売買取引基本契約書【確定版】（217頁）23条　参照

補足解説 10 主な一般的な条項 10-12　中途解約

　民法上、契約期間の定めの有無に関わらず、また、債務不履行といった事由がなくとも、当事者の一方又は双方が当該契約を終了させることができる場合がある（民法641条、651条1項）。他方で、法令上、これらの特段の規定が置かれていない場合には、当事者は、契約期間中は当該契約に拘束され、これを終了させることはできないのが原則である。そこで、期間中であっても契約を終了させ、当事者を契約の拘束から解放するため、解約を認める条項が置かれることがある。

　解約日の一定期間前までに解約の通知・予告をすることが要件となっていることが多いが、即時の解約を可能とする場合もある。

　なお、特段の定めを置かない限り、解除が契約を遡及的に消滅させるものであるのに対し、解約は将来に向かって消滅させるものであるという違いがある。

　当事者としては、そもそも期間途中での解約を認めるか否か、認めるとした場合、事前の通知・予告が要件とされているか、予告期間は妥当かを確認する必用がある。

　法令の規定により解約が認められている場合に、解約できないことにする

第2章　なぜ、そうやっているのか？ 〜やり方の理由と解説〜　127

には、同規定が強行規定ではない限り、当該契約に当該法令の規定が適用されないことを確認する規定を置くことになる。

（条項例）

【資料1-9】業務委託契約書（請負型）【確定版】（62頁） 18条、

【資料3-7】売買取引基本契約書【確定版】（217頁） 24条　参照

民法641条（注文者による契約の解除）

　請負人が仕事を完成しない間は、注文者は、いつでも損害を賠償して契約の解除をすることができる。

民法651条（委任の解除）1項

　委任は、各当事者がいつでもその解除をすることができる。

補足解説10 **主な一般的な条項10-13　効力存続**

　契約が終了した場合、契約書の各条項は効力を有しなくなるが、秘密保持条項等、契約終了後も効力を存続させることが必要な条項があるため、契約書の中の特定の条項について、契約終了後もなお効力を有することを定める条項を置くことがある。

　終了後も効力を存続させることが必要となる条項としては、秘密保持条項のほか、損害賠償に関する条項、知的財産権に関する条項、準拠法及び管轄に関する条項等である。

　当事者としては、契約終了後も効力を存続させる必要がある条項か、存続させるとしても存続させる期間が妥当かを確認する必要がある。

　存続期間については、存続させる条項全てについて一律である必要はなく、条項の性質に応じて存続期間を異にすることを検討すべきである。また、存続条項に列挙されなかった条項は効力を失うことがより明確になるので、漏れがないようにしなければならない。

　なお、修正の過程で効力存続条項中の条項の番号にずれが生じる可能性があることから、見落としを防ぐため、条項とともに当該条項のタイトルも記載しておくとよい。

（条項例）

【資料1-9】業務委託契約書（請負型）【確定版】（62頁） 14条6項、

【資料3-7】売買取引基本契約書【確定版】（217頁） 24条　参照

補足解説 10　主な一般的な条項 10-14　譲渡禁止

　契約は、当事者の信頼を前提として締結されることから、当事者の一方が知らないうちに契約上の地位や債権債務が第三者に移転されてしまうと、第三者との間では契約の前提となる信頼を欠く可能性があり、契約に基づく取引等が円滑に進まない事態となりかねない。また、債権者が変更されることにより、過誤払いの危険が生じ、債務者が変更されることにより、その資力によっては債権回収に支障が生じる危険も発生する。

　この点、契約上の地位の移転には、契約の相手方の承諾が必要である（民法539条の２）。また、債務の引受けには、債務者が債務を免れず、引受人が債務者と連帯して債務を負担する併存的債務引受（同法470条１項）と債務者が債務を免れ、引受人のみが債務を負担する免責的債務引受（同法472条１項）とがあるが、いずれも債権者の意思に反して行うことはできない（同法470条２項・３項、同法472条２項・３項）。譲渡禁止条項は、契約上の地位の移転及び債務引受については、民法の規定を確認するものといえるが、民法では「事前の」承諾や「書面による」承諾までは要求されていないので、条項の中でこれらを要求するときは、民法に定めのないルールを設定することになる。

　これに対し、債権譲渡の場合は、当事者が譲渡を制限する合意をしても、債権譲渡の効力は妨げられず（同法466条２項）、譲渡が制限されていることにつき悪意・重過失の譲受人等に対してのみ債務の履行を拒むことができ、譲渡人に対する弁済を対抗することができる（同法466条3項）にすぎない。それにしても、譲受人等の認識に関わらず、債務者は供託することができるので（同法466条の２第1項）、契約書において譲渡を禁止しておくことには意義はある。

　当事者としては、契約上の地位や債権債務の移転の全部又は一部につき禁止する必要があるかを検討するとともに、当事者の一方に対してのみこれらの移転が禁止されていないかに注意が必要である。

（条項例）

【資料1-9】業務委託契約書（請負型）【確定版】（62頁）21条、

【資料3-7】売買取引基本契約書【確定版】（217頁）22条　参照

民法539条の2

契約の当事者の一方が第三者との間で契約上の地位を譲渡する旨の合意をした場合において、その契約の相手方がその譲渡を承諾したときは、契約上の地位は、その第三者に移転する。

民法470条（併存的債務引受の要件及び効果）1項ないし3項

併存的債務引受の引受人は、債務者と連帯して、債務者が債権者に対して負担する債務と同一の内容の債務を負担する。

2　併存的債務引受は、債権者と引受人となる者との契約によってすることができる。

3　併存的債務引受は、債務者と引受人となる者との契約によってもすることができる。この場合において、併存的債務引受は、債権者が引受人となる者に対して承諾をした時に、その効力を生ずる。

民法472条（免責的債務引受の要件及び効果）

免責的債務引受の引受人は債務者が債権者に対して負担する債務と同一の内容の債務を負担し、債務者は自己の債務を免れる。

2　免責的債務引受は、債権者と引受人となる者との契約によってすることができる。この場合において、免責的債務引受は、債権者が債務者に対してその契約をした旨を通知した時に、その効力を生ずる。

3　免責的債務引受は、債務者と引受人となる者が契約をし、債権者が引受人となる者に対して承諾をすることによってもすることができる。

民法466条（債権の譲渡性）2項・3項

2　当事者が債権の譲渡を禁止し、又は制限する旨の意思表示（以下「譲渡制限の意思表示」という。）をしたときであっても、債権の譲渡は、その効力を妨げられない。

3　前項に規定する場合には、譲渡制限の意思表示がされたことを知り、又は重大な過失によって知らなかった譲受人その他の第三者に対しては、債務者は、その債務の履行を拒むことができ、かつ、譲渡人に対する弁済その他の債務を消滅させる事由をもってその第三者に対抗することができる。

民法466条の2（譲渡制限の意思表示がされた債権に係る債務者の供託）1項

債務者は、譲渡制限の意思表示がされた金銭の給付を目的とする債権が譲渡されたときは、その債権の全額に相当する金銭を債務の履行地（債務の履行地が債権者の現在の住所により定まる場合にあっては、譲渡人の現在の住

所を含む。次条において同じ。）の供託所に供託することができる。

補足解説10 主な一般的な条項 10-15　完全合意

　契約締結に先立ち、当事者間で口頭又は書面による合意が存在する場合、締結した契約による合意内容と締結前の合意内容のいずれが効力を有するかが問題となり、また、契約の条項の解釈が争いになるおそれもある。そこで、契約で定めた内容が完全かつ最終的な合意であり、契約締結に先立つ合意に優先することを定める条項を置くことがある。Ｍ＆Ａに関する契約において定められることが少なくない。

　当事者としては、契約締結交渉の過程を踏まえ、かかる規定を置く必要があるか、また、当該契約において締結に先立つ合意が前提となっている場合には、その効力が維持されるよう、完全合意条項を置く場合には、契約書中に当該契約の前提となる締結前の合意が反映されているかを確認する必要がある。

（条項例）

　本契約は、本契約に関する甲乙間の完全な合意及び了解を構成するものであり、書面によるか口頭によるかを問わず、甲乙間の本契約締結前の全ての合意及び了解に優先する。

補足解説10 主な一般的な条項 10-16　準拠法

　当該契約にいずれの国の法律が適用されるかを定める条項である。

　なお、法の適用に関する通則法７条は、契約の成立及び効力について、当事者が当該契約締結時に選択した地の法によると定めている。

　純粋な国内における取引の場合には問題となることは通常はないが、国際間取引の場合には重大な問題であり、準拠法に関する条項は不可欠である。

（条項例）

【資料3-7】売買取引基本契約書【確定版】（217頁）26条１項参照

法の適用に関する通則法7条（当事者による準拠法の選択）

　法律行為の成立及び効力は、当事者が当該法律行為の当時に選択した地の法による。

第2章　なぜ、そうやっているのか？　～やり方の理由と解説～　　131

補足解説 10 主な一般的な条項 10-17　管轄

　契約に関し紛争が生じ、訴訟を提起する場合に、いずれの裁判所に提起すればよいかを定める条項である。

　民事訴訟法11条１項により、当事者は第１審に限り、合意により管轄裁判所を定めることができるとさる。同合意は書面又は電磁的記録によってされなければ効力を生じないところ（同条２項・３項）、契約書における管轄の合意は、民事訴訟法が要求する書面による合意になる。

　合意管轄には、法定の管轄以外に合意による管轄を付加する付加的合意と法定の管轄を排除し、合意による管轄裁判所にのみ訴えを提起することができることになる専属的合意があり、当事者間で提訴する裁判所を合意する場合には、合意した裁判所以外の裁判所に訴えが提起されないよう、専属的合意であることを明確にしておく必要がある。

　管轄は訴訟における負担に大きく影響する一方、当事者の力関係が如実に現れることから、自社に有利な裁判所を指定できない場合には、 例えば、当事者双方に公平になるように、被告の本店所在地の裁判所を指定するといった方法をとることで、自社が訴えられた場合の裁判所を自社の本店所在地の裁判所とし、又は管轄の合意をせず、法定の管轄に委ねるといった方策をとることを検討する必要がある。

　なお、訴額が140万円を超えない場合に、簡易裁判所に訴えを提起することを可能とするためには、管轄に関する条項中に、地方裁判所とともに簡易裁判所も記載しておく必要がある。

（条項例）
【資料1-9】業務委託契約書（請負型）**【確定版】**（62頁）22条、
【資料3-7】売買取引基本契約書**【確定版】**（217頁）26条２項参照

民事訴訟法11条（管轄の合意）

　当事者は、第一審に限り、合意により管轄裁判所を定めることができる。

２　前項の合意は、一定の法律関係に基づく訴えに関し、かつ、書面でしなければ、その効力を生じない。

３　第１項の合意がその内容を記録した電磁的記録によってされたときは、その合意は、書面によってされたものとみなして、前項の規定を適用する。

> **補足解説 10** **主な一般的な条項 10-18　誠実協議**
>
> 　当事者間で契約内容の解釈に疑義が生じた場合その他当該契約に関してトラブルが生じた場合に、当事者が誠意をもって協議し、解決を図ることを規定する条項である。
>
> 　実際には、協議が功を奏さず、又は協議をせずに訴訟等の法的手続をとることが可能であり、当事者を法的に拘束するものではないが、トラブルが生じ、又は生じる可能性がある場合に、まずは協議するとの発想を当事者に共有させ、協議による解決を推奨するため、契約書に設けられることは少なくない。
>
> ---
> **（条項例）**
> 【資料1-9】業務委託契約書（請負型）【確定版】（62頁）23条、
> 【資料3-7】売買取引基本契約書【確定版】（217頁）27条参照

ウ　レビューの実際

（ア）条項の修正

　一般的な条項についても、前章で取り上げた「業務委託契約書」に対するレビュー例を素材として、以下、レビューの実際について、そのいくつか見ていく。

　前章では、当初契約書案15条（秘密保持義務）、16条（遅延損害金）、17条（損害賠償責任）、18条（中途解約）、19条（解除）について、自社の立場から必要と思われる修正を行っている。なお、同20条（管轄裁判所）については、一読時に既に修正済みである。

　これらの内、同15条（秘密保持義務）、17条（損害賠償責任）、19条（解除）の各条項は、委託者にも受託者にも平等に適用される形式となっているところ、同15条１項においては秘密情報の範囲を拡大し、同17条については損害賠償責任を負う場合と賠償すべき損害の範囲を拡大した。また、同19条１項では解除できる場合を限定する規定の適用を排除している。条項の上では、委託者である自社の義務や責任についても加重し、解除される場合についても拡大していることになる。しかし、本契約書案における業務委託契約では、秘密情報を提供するのは主として自社であり、委託料に対する遅延損害金を除いては、損害賠償責任を負うのは主として相手先で、契約違反等による解除の必要性が高いのは主として自社で

第2章　なぜ、そうやっているのか？ ～やり方の理由と解説～　　133

あることから、実質的には、相手先の義務・責任等を加重し、自社の利
益を保護する方向での修正といえる。

本文レビュー時のレビュー例

（秘密保持義務）

第15条 甲及び乙は、本業務の遂行により知り得た相手方の営業上又は技
術上その他の業務上の一切の情報 ~~（口頭で開示された情報については、開
示当事者が、相手方に対し、開示後３日以内に秘密情報である旨を書面で
通知した場合に限る。）~~（以下「秘密情報」という。）を秘密として保持し、
相手方の事前の書面による承諾を得ずに第三者に開示又は漏洩してはなら
ず、本業務の遂行のためにのみ使用し、他の目的に使用してはならない。
秘密情報の開示の方法は、書面、口頭又はＣＤ－ＲＯＭその他の電磁的媒
体によるなど、その態様を問わない。

（損害賠償責任）

第17条 甲又は乙が本契約に違反した場合には、違反した当事者~~に故意又
は重過失がある場合に限り、当該当事者~~は、**自らの帰責事由の有無を問わ
ず、**相手方に対し、当該違反により相手方が被った**直接かつ通常の**損害**（弁
護士費用、逸失利益、特別損害、間接損害を含むがこれらに限られない。）**
を~~第３条（業務委託料）の委託料の範囲内において~~賠償する責任を負う。

（解除）

第19条 甲又は乙が本契約のいずれかの条項に違反し、相当期間を定めて
催告をしたにもかかわらず、相当期間内に違反が是正されない場合には、
相手方は、本契約の全部又は一部を解除することができる。ただし、**民法
第541条（催告による解除）ただし書は本契約には適用しない**~~その期間を
経過した時における本契約の違反が本契約及び取引上の社会通念に照らし
て軽微であるときは、この限りではない。~~

　当初契約書案18条（中途解約）については、民法の規定上、請負契約
においては、請負人が仕事を完成しない間は、注文者はいつでも損害を
賠償して契約の解除をすることができることになっているところ（民法
641条）、当初の契約書案が、注文者である自社が解除できる場合を制限し、
相手先が解約できる余地を残すものであることから、民法の規定内容の

とおりに戻す修正といえる。

本文レビュー時のレビュー例

（中途解約）

第18条　甲~~と乙~~は、乙に対し、書面により通知~~合意~~することによって、<u>いつでも</u>本契約を解約することができる。

これらの修正の内、遅延損害金の利率を自社に有利に下げること、損害賠償責任を負う場合と賠償範囲を実質的に自社有利に拡大すること及び契約違反が軽微な場合でも解除を可能にすることなどには、相手先が難色を示す可能性がある。しかしながら、遅延損害金の利率については、現時点における法定利率とするものであり、その他についても、自社において、契約違反があった場合について厳格なチェックを希望していることから、いずれについても、自社の法的利益を確保する観点から修正を求めることにした。

(イ) 条項の追加

契約書案に規定されている一般条項の修正を行うほか、【補足解説10】（117頁以下）の主な一般的な条項の中から、契約書案で漏れているものをピックアップし、自社の立場に立った内容で追加することも必要である。

前記主な一般的な条項の内、①秘密保持、④遅延損害金、⑤損害賠償、⑦解除、⑧期限の利益喪失、⑫中途解約、⑰管轄、⑱誠実協議の各条項は既に規定されており、前記のとおり必要な修正を行っている。また、本契約書案が対象とする取引上、通常は、当事者のいずれからも個人情報を提供することはないので、②個人情報保護に関する条項は不要である。危険負担に関する条項が既にあり、損害賠償に関する条項で、債務者の責めに帰すべき事由の有無を問わず損害賠償義務を負うこととしたので、⑥不可抗力に関する条項は設けないこととする。機械の引渡しと代金の支払により契約は目的を達成して終了するので、⑩契約期間及び⑪契約更新に関する条項も不要である。本契約書案が対象とする契約の締結以前に、当該契約に関して別途合意等をしているといった事情はないので、⑮完全合意に関する条項も不要である。さらに、日本法人同士

第2章　なぜ、そうやっているのか？ 〜やり方の理由と解説〜　135

の日本国内における契約であることから、⑯準拠法に関する条項も不要である。

　結局のところ、本文のレビューにおいては、⑨反社会的勢力排除と⑭譲渡禁止の各条項を追加することにした。

　一般的な条項の修正・追加の結果は、【資料1-7】業務委託契約書（請負型）【委託者側・本文チェック後版（一般的条項）】（45頁）を参照されたい。

（4）本文内でのレビューの順序

　以上では、固有の条項から一般的な条項へ、固有の条項内では、本質的な条項から付随的な条項へという順序でレビューの内容を解説してきた。また、前章の業務委託契約書は、契約書を構成する各条項が、概ね、本質的な条項、付随的な条項、一般的な条項の順序で記載されている。

　この点、実際の契約書では、固有の条項と一般的な条項とが、条項の性質に関わらず、混然と規定され、本質的な条項と付随的な条項についても同様である。契約書内での条項の順序は、固有の条項と一般的な条項の順、固有の条項内では本質的な条項と付随的な条項の順で整理されて規定されている方がわかりやすいとは思うが、前後のつながりや用語の定義上、異なる性質の条項が混然と規定されざるを得ない場合があり、その方がわかりやすい場合もある。条項は、その性質に従って、順序だてて並んではいないと考えた方よい。

　本文のレビューの際は、条項の性質に従って条項を分類したうえで、同じ性質の条項毎にレビューするという方法もあるが、分類する手間がかかること、性質を異にする条項間での前後の関係を考慮したレビューを行いにくくすることなどから、私は、契約書案の1条から順番にレビューするようにしている。もちろん、途中で前に戻ってレビュー内容を再考・再修正することはあるが、基本的には、条項が並んでいる順序でレビューをしている。

　重要なのは、レビューの際に、レビューしている条項がいかなる性質の条項か、また、性質に応じてどのような点に注意するべきかを常に意識することであり、条項毎にまとめてレビューすることにはこだわらず、

レビューしている条項の契約書内での位置付けに注意を払いさえすれば足りる。

（5）聴取事項及び検討事項に関するコメント

　各条項をレビューするに際しては、レビューの理由などをWordの**コメント機能**でコメントしておくとともに、追加の情報が必要な場合には、その旨のコメントをしておく。

　また、依頼担当等において検討すべき点についてもコメント内に記載しておく。相手先との関係で、修正を求めるか否か、どこまで修正を求めるかなど、判断が難しい場合は、チェック担当としては、その時点での一応の判断としてレビューは行い、そのうえで問題点等をコメントに残し、依頼担当等による検討結果のフィードバックを依頼する。私の場合、修正するか否かが微妙で判断に迷う場合には、契約書案に直接修正結果を入力せず、コメントの中で問題点とそれに対する悩みを示しつつ、修正例をコメント内に記載しておくようにしている。

　依頼担当等の検討が必要な事項の内、重要な事項はチェック結果を提出する際のメール等の本文にも記載し、時には面談して意見交換するべきであるが、それらとともに、契約書案のコメントの中でもコミュニケーションをとり、検討の経過が一覧で残るようにしている。このようなやり取りを重ねることで、契約書案の中でコミュニケーションをとることができるようになると、リーガルチェックをかなりの程度、合理化、効率化することができるようになる。

> **コラム ⑬**　**直せばいいというものではない**
>
> 　表現上の好みといった個人的な好みによる修正は控えるべきであるが、さらに、自社の取引上の立場が相手先に比べて弱いような場合には、内容において法的に気になる点があったとしても、それを網羅的に指摘するようなことには慎重であるべきである。取引上の力関係に差がある場合には、そもそも自社の修正提案の全てを受け入れてもらえるといったことは、通常は考えづらい。そのような状況で重要度の低い点まで網羅的に指摘してしまうと、

第2章　なぜ、そうやっているのか？ 〜やり方の理由と解説〜　　137

修正箇所を一括して拒否されてしまいかねない。どうしても修正する必要が
あり、その余地がある点まで修正できなくなってしまう。指摘すべき点は厳
選する必要がある。

　いずれにしても、修正に対しては、相手先において程度の差こそあれ一定
の緊張感をもって検討するだろうから、あまりに多いと、相手先には決して
良い印象は与えない。自社に対する印象にも影響し、取引自体に支障をきた
すこともないとはいえない。主張すべき点は主張することを前提に、主張す
べき範囲・量と主張の仕方にはくれぐれも注意が必要である。常に、相手先
とその担当者への敬意と配慮を忘れてはならない。

6 「全体のチェック」に関して

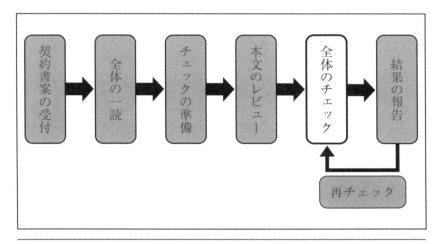

(1) 全体チェックの必要性

　本文のレビューを一通り終えることで、本文については一応のチェックは完了したことになるが、引き続きチェック漏れの可能性があること、部分的に修正・追加したことによる全体の整合を図る必要があること、誤字脱字等の形式面の誤りがあり得ることから、これらの確認を行うという作業が残っている。また、本文以外のタイトル、前文、後文、日付、記名押印（署名捺印）欄のチェックも必要である。そこで、リーガルチェックの最終段階として、全体を通したチェックが必要となる。

　なお、私は、時間が許す限り、本文のレビュー後、全体のチェックを行う前に、一定の時間を空けるか、若干でも他の仕事を処理するなどして、その後に全体のチェックを行うようにしている。本文のレビューを終えた時点で、チェック担当としては一通りのチェックを行ったとの感覚になり、判断に迷った箇所以外については、どうしてもチェック済みとの感覚を抱いてしまいがちである。そのままの感覚で全体のチェック

を行ってしまうと、修正・追加の漏れや誤りに気付きにくくなってしまう嫌いがある。故に、これまでにやってきた作業による感覚を、一旦、リセットし、頭を切り替える機会を持つためである。前章では、本文のレビュー後、全体のチェックは翌日に行っている。無理に翌日まで待つ必要はないが、一定の時間を空けることは有用だと思う。ただし、丸1日空けるなど、あまりに長い時間を空けてしまうと、レビュー時の思考過程や悩みに関する記憶が正確に再現できなくなりかねないので、切り替えに必要十分な範囲でのみ間隔を設けるべきである。

（2）本文の再確認

ア　再確認のポイント

　全体のチェックにあたっては、契約書の記載順に従い、タイトルから前文、本文、後文、日付、記名押印（署名捺印）欄の順でチェックしていくという方法もある。既に本文は一度チェックしているので、全体チェックにあたって、いかなる順序で進めるかは、各自、やりやすい方法をとればよいと考える。

　私の場合は、契約書の中心部分である本文の再確認を確実に行いたいので、まずは本文の再確認を行うようにしている。また、タイトルや前文は、本文の内容により変更される場合があるので、その点からも本文の再確認から始めている。

　本文の再確認にあたっては、主として以下の各点を課題としている。

再確認のポイント
①レビュー内容の確認
②全体の整合性の確認
③形式的な誤りの確認

イ　レビュー内容の確認

　本文のレビュー時に漏れ又は修正若しくは追加した点に、誤りがないかを確認する。

　本文のレビュー時にできる限り漏れや誤りがないようにチェックした

つもりでも、多くの場合、チェック漏れや思い込み等による修正、追加の誤りがあるものである。本文のレビュー後に頭を切り替えたうえで、これらがないかを、改めてできる限り第三者の目になってチェックしていくようにしたい。

前章の業務委託契約書（**【資料1-8】業務委託契約書（請負型）【委託者側・全体チェック後版】**53頁参照）においても、監査についての定めを追加した5条のタイトルに「監査」の文言を、委託者による知的財産権の取得について別途対価の支払を要しないこと（同契約書案7条1項）を、及び契約不適合責任における履行の追完方法について委託者が指定できること（同8条1項）を追加し、製造物責任における損害賠償の範囲（同10条）を拡大した。また、契約終了時の措置（同13条）に2項を設け、履行割合に応じた委託料の支払と引換えに、契約終了時点での機械の引渡しを求められることを追加した。

なお、当事者の商号、主たる事業所の所在地及び代表者等が変更される場合に、相手方当事者に対し、事前に書面により通知することを義務付ける規定を追加した（同15条）が、相手先だけでなく、自社も同内容の通知義務を負うことになるため、通知すべき事項が広すぎはしないかを依頼担当等に確認してもらうため、コメントを付した。

ウ　全体の整合性の確認

内容に関しては、条項間及びレビュー間に矛盾がないか、修正、追加が当事者の立場を踏まえて一貫しているかといった点をチェックする。

形式面では、**条項番号**が連続しているか、条項中で引用する他の条項の**条項番号**に誤りがないか、**表記ゆれ**（同じ意味の用語や表現の不統一）がないかといった点を確認し、問題があれば修正する。

前章においても、条項番号の不連続を是正している。

エ　形式的な誤りの確認

誤字脱字に加え、**フォントやインデント、改行漏れ**等についても、できる限りチェックするよう努めている。形式的な誤りや不統一があまりに多い場合、内容的に優れたチェックをしても、チェック担当のリーガルチェックの質・レベルを疑われてしまう。また、誤字脱字については、

条項の意味内容が変わってしまう場合もあるので、細心の注意が必要である。

　なお、チェック担当が修正・追加した条項に誤字脱字があると、そのままで契約書が完成されてしまうおそれがあり、幸いにも締結前に発見できたとしても、締結準備が相当程度進んでいる場合、チェック担当のみならず、相手先の自社に対する信用までも毀損してしまいかねない。

（3）本文以外の部分

ア　チェックの順序

　前章では、本文の再確認後、そのまま、**後文、日付、記名押印（署名捺印）欄**の順でチェックし、その後に、**前文、タイトル**の順でチェックしている。前記のとおり、この点について決まりがあるわけではなく、チェックを行う者のやりやすい順序で構わない。

　私としては、本文を再チェックした流れでそのまま本文に続く後文、日付、記名押印（署名捺印）欄と見ていくのがやりやすく、効率がよいと感じているので、その順によっている。タイトルと前文の順序については、前文の中でいかなる契約を締結するかを記載するように心がけていることから、その結果がタイトルに影響する場合があるため、前文を先に、タイトルを最後にチェックしている。

　以下では、前章の順序に従ってチェックのポイントを見ていく。

イ　後文

　前章では以下のとおり修正した。

【全体チェック時のレビュー例】　［後文］

　本契約の締結を証するため、本契約書２通を作成し、甲及び乙がそれぞれ記名押印<u>のうえ、各１通を保有</u>する。

　後文は、契約締結を証明するために契約書が作成され、当事者が契約書に記名押印（署名捺印）したうえで、それぞれが保有することを確認する部分であり、通常は、次の①から④の事項が記載される。

> **後文の構成要素**
> ① 当該契約書が契約の締結を証明するものであること
> ② 契約書の作成通数
> ③ 当事者が記名押印又は署名捺印したこと
> ④ 当事者が契約書を保有すること
> ⑤ 当事者が保有する契約書が原本か写しか

　①から⑤の各事項がいずれも含まれた文章にする必要がある。

　この点、②の作成通数において１通と記載されているにもかかわらず、実際には２通作成し、当事者双方が原本を保有しているといったことがあると、いずれか１通は真正に作成されたものではないのではないかといった疑義を生む可能性がある。

　③の記名押印又は署名捺印したことについても、記名押印と記載されているにもかかわらず、当事者の双方又は一方が署名捺印によっている場合、後文の記載と実際とに乖離が生じる。後記のとおり署名のみであっても契約書は真正に成立したものとされうるが、後文に署名捺印と書いてあるにもかかわらず署名のみがされていると、後日、締結途中の契約書で、締結にいたっていないとの主張がされかねない。

　⑤の当事者が保有する契約書が原本であるか否かについては、双方が原本を保有すると記載しつつ、実際には一方当事者には写しのみを保有させたような場合、後日争いが生じたときに、原本を提出できないことが写しを保有する当事者に不利に働かないとも限らない。反対に、一方が写しを保有すると記載しつつ、実際には原本を保有させた場合には、写しを保有しているはずの当事者が有している原本が真正に成立したものかが問題となる可能性がある。

　いずれの事項についても、実態に合致した正確な記載がされなければならない。

ウ　日付

（ア）契約書における日付の意義

　前章では、契約書の作成日の日付を入力するようコメントしている。

　契約書の日付は、**契約書の作成日**、すなわち当事者双方が契約書に記

第２章　なぜ、そうやっているのか？〜やり方の理由と解説〜　143

名押印又は署名捺印して契約書を完成させた日とするのが本来である。
また、通常は、同日が契約の締結日となる。そのため、契約書の日付は
契約の効力発生の始期や契約期間の始期ともなるので、確定的な日を記
入しなければならない。

(イ) 既に成立している契約における契約書の日付

　契約は保証契約（民法446条2項）のように法令で書面等の作成が要求
されていない限り、口頭の合意のみでも成立する。その結果、口頭で合
意して契約が成立して取引が開始された後に、契約の成立を証拠として
残すため、追って契約書が作成される場合がある。このような場合、日
付が契約の成立日を意味するものとすれば、契約書の作成日よりも前の、
合意が成立した日を契約書の日付とすることも可能ということになりそ
うである。

　しかし、契約書の日付は、直接的には当該契約書が作成された日を表
すもので、後日、契約書の作成日が問題となった場合、実際の作成日と
異なる日が記載されていると、契約書のみで作成日を明らかにすること
ができなくなってしまう。契約書は、当該契約をめぐる後日の紛争にお
いて、最重要の証拠となることから、その前提として、いつ作成された
のかは契約書上も明確にしておくべきである。作成日と異なる日を入力
することはリスクを伴い、避けるべきである。

　契約書作成日前の契約成立日については、前文及び後文に、「**●年●
月●日、●●契約を締結し、本日、それを証するため、本契約書を作成
する。**」といった文言を設けることで、**実態と形式を一致**させつつ、明
らかにすることが可能である。

民法446条（保証人の責任等）2項
　2　保証契約は、書面でしなければ、その効力を生じない。

(ウ) バックデイト

　これに対し、契約書の作成日に契約を締結していながら、成立日を遡
らせるために、契約書の日付を遡らせること、いわゆる「バックデイト」
が行われることがある。例えば、契約成立前から取引を開始し、その後
条件を詰めたうえで、後日になって契約書を作成し、契約を締結するよ

うな場合に、締結前の取引に契約の効力を及ぼさせるため、締結に先立ち取引を開始した日を契約書の日付として、契約締結日とするようなときである。

　この場合、実際には契約自体が成立しておらず、（イ）の契約書作成前に契約が成立していた場合以上に、**実態と形式が相違する**ことになってしまう。実際には成立していなかった契約を成立していたように装うことになり、契約書の作成日だけでなく、契約の成立日が争いになった場合には、実態に合致しない書面として、当該**契約書の証拠価値**が著しく低減してしまいかねない。

　契約の効力を契約成立前の取引に遡って及ぼしたいのであれば、契約書の日付はあくまでも契約書の作成日としつつ、契約書内で、「**本契約の効力は、本契約成立前の●年●月●日に遡って生じるものとする。**」といった条項を設け、当事者の合意により契約の効力を遡及させることも考えられるのであり、**実態と形式を一致**させつつ、過去の取引に契約の効力を及ぼすことを検討するべきである。

　なお、契約の効力を契約書の作成日よりも後に発生させたい場合も、**先日付（ポストデイト）**にする必要はなく、日付は契約書の作成日としつつ、契約書内に「**本契約の効力は●年●月●日から生じるものとする。**」といった条項を設ければよいだけである。

エ　記名押印（署名捺印）欄
（ア）契約締結権限

　企業間の取引においては、**記名押印（署名捺印）欄**に当事者の本店等の所在地と商号が記載され、代表取締役等の**契約締結権限**を有する者の氏名が、肩書とともに記入（署名）され、押印（捺印）されることが通常である。この点、契約の効果を当該企業に帰属させるためには、企業内のいかなる立場の者の名前で契約を締結するかが重要となる。

　代表取締役は会社を代表する者として、包括的な権限を有し（会社法349条4項）、**契約締結権限**を有する。**取締役会非設置会社**で、代表取締役が定められていない場合には、個々の**取締役**が代表権を有する（同条1項）ので、個々の取締役が**締結権限**を有する。また、本店又は支店に**支配人**が置かれている場合（同法10条）、支配人は包括的な代理権を有

第2章　なぜ、そうやっているのか？ ～やり方の理由と解説～　　145

しているので（同法11条１項）、置かれた本店又は支店に関する契約に限っては**締結権限**を有する。

　さらに、事業に関する**ある種類又は特定の事項の委任を受けた使用人**は、当該事項に関する包括的代理権を有する（同法14条１項）ので、当該事項に関する契約の**締結権限**を有し、特定の役員又は使用人に対し**個別に契約締結の代理権を付与した場合**も、当該役員又は使用人は当該契約に関する**締結権限**を有する。しかしながら、これらの使用人等が当該契約について締結権限を有するか否かは必ずしも明らかではなく、後日争いが生じた場合に締結権限を証明することは、登記される代表取締役や支配人に比べ容易とはいえない。また、署名による場合は別として、企業の契約締結において一般的に行われている記名押印においては、代表取締役や支配人と異なり、これらの使用人等の印鑑を法務局に登録することができないため、押印された印鑑が使用人等のものであることを印鑑証明書で証明することができない。

　契約締結は基本的には**代表取締役**の名前で行うのが最善であり（なお、支配人は常に選任されるわけではない）、重要な契約や取引をするのが初めての取引先との契約では、代表取締役名義で行うことが強く求められる。やむを得ず前記使用人等との間で契約を締結する場合には、リスクがあることを前提に、**締結権限**を慎重に確認しなければならない。

会社法349条（株式会社の代表）１項・４項

　取締役は、株式会社を代表する。ただし、他に代表取締役その他株式会社を代表する者を定めた場合は、この限りでない。

４　代表取締役は、株式会社の業務に関する一切の裁判上又は裁判外の行為をする権限を有する。

会社法10条（支配人）

　会社（外国会社を含む。以下この編において同じ。）は、支配人を選任し、その本店又は支店において、その事業を行わせることができる。

会社法11条（支配人の代理権）１項

　支配人は、会社に代わってその事業に関する一切の裁判上又は裁判外の行為をする権限を有する。

会社法14条（ある種類又は特定の事項の委任を受けた使用人）１項

> 事業に関するある種類又は特定の事項の委任を受けた使用人は、当該事項に関する一切の裁判外の行為をする権限を有する。

(イ)署名と記名押印

　民事訴訟上、契約書が証拠としての効力を有するには、契約書が当事者の意思により作成されたこと（**文書の成立の真正**）を証明しなければならないとされ（同法228条1項）、当事者の**署名**又は**押印**があるときは、真正に成立したものと推定される（同条4項）。よって、当事者の自書による署名があれば、捺印がなくとも契約書は真正に成立したと推定されるが、ワープロやゴム印等による記名の場合には、押印がなければ成立の真正は推定されない。

　企業間取引では、記名によることが一般的ではあるが、署名であれば、筆跡等により、代表取締役等の締結権限を有する者の自書であることさえ証明できれば、捺印の有無に関わらず、真正な文書と推定されるので、署名によることが可能であれば、それに越したことはない。

民事訴訟法228条（文書の成立）1項・4項

　文書は、その成立が真正であることを証明しなければならない。

4　私文書は、本人又はその代理人の署名又は押印があるときは、真正に成立したものと推定する。

(ウ)署名に捺印は不要か

　前記のとおり、署名があれば、捺印がなくとも契約書は真正に成立したものと推定される。よって、捺印は必須ではない。しかしながら、我が国においては、少なくとも現時点では、署名による場合でも同時に捺印もすることが一般的に行われてきており、捺印がなく、署名のみの場合、**締結途中又は締結未了の契約書**であるとの主張がされる余地がある。

　署名による場合でも、捺印させることが望ましい。

(エ)押印に使用する印鑑

　押印は、法務局に登録された会社の**登録印**（いわゆる**実印**）によらず、認印によることも可能である。

　この点、民事訴訟法228条4項により、文書に**本人の押印**があるときは、

第2章　なぜ、そうやっているのか？ 〜やり方の理由と解説〜　　147

当該文書は真正に成立したものと推定される。また、**判例上**、本人の印鑑により押印されていれば、本人の意思に基づいて押印されたものと推定するとされている。これら二つの推定の組み合わせにより、本人の印鑑により押印されていることさえ証明できれば、当該押印がされた文書は真正に成立したものと推定される（**二段の推定**）。

　本人の印鑑により押印されたものであることは、当該会社の**実印**による場合であれば、法務局が発行する**印鑑証明書**と照合することにより、当該会社の印鑑であることを証明できる。よって、押印は会社が法務局に登録した印鑑（**実印**）によるべきであり、重要な契約や新規の取引の場合には実印によることが強く求められる。契約書への押印時には、**印鑑証明書**による照合を行い、可能な限り**印鑑証明書**の交付を受けておくべきである。

　なお、署名の場合の捺印についても、同様に、できる限り**実印**によるべきである。

補足解説 11 **二段の推定**

　民事訴訟法228条4項により、文書に本人の押印があるときは、真正に成立したものと推定されるが、同条の適用があるのは、押印が本人によるものである場合であり、本人の意思に基づいて押印されたことを証明しなければならない。

　この点、判例上、本人の印鑑により押印されていれば、本人の意思に基づいて押印されたものと推定するとされている（最高裁判所判決昭和39年5月12日・最高裁判所民事判例集18巻4号597頁）。

```
┌─────────────────────┐
│ 本人の印鑑による押印 │
└─────────────────────┘
         │    **一段目の推定（前掲最判）**
         ▼
┌─────────────────────┐
│ 本人の意思に基づく押印 │
└─────────────────────┘
         │    **二段目の推定（民事訴訟法228条4項）**
         ▼
┌─────────────────┐
│ 真正に成立した文書 │
└─────────────────┘
```

最高裁判所判決昭和39年5月12日（最高裁判所民事判例集18巻4号597頁）

「本人又ハ其ノ代理人ノ署名又ハ捺印アルトキ」というのは、該署名また
は捺印が、本人またはその代理人の意思に基づいて、真正に成立したときの
謂であるが、文書中の印影が本人または代理人の印章によって顕出された事
実が確定された場合には、反証がない限り、該印影は本人または代理人の意
思に基づいて成立したものと推定するのが相当であり、右推定がなされる結
果、当該文書は、……「本人又ハ其ノ代理人ノ（中略）捺印アルトキ」の
要件を充たし、その全体が真正に成立したものと推定される

オ　前文

前文には、通常、以下の各事項が記載される。

前文の構成要素
①当事者の契約書内での表示（甲、乙など）
②契約締結日（本日、●年●月●日など）
③対象となる契約の特定（業務委託契約、売買取引基本契約など）
④契約を締結したこと

---

②「契約締結日」については、前記のとおり、実際の締結日を記載す
るべきで、バックデイトやポストデイトは行うべきではない。また、契
約締結後に契約書が作成される場合には、「**甲乙が●年●月●日に締結
した●●契約について、本日、本契約書を作成する。**」といったように、
実態に合致した記載をすべきである。

③対象となる契約については、いかなる契約かを、長文にならない範
囲で、できる限り特定する。前章では、業務委託契約の中でも請負型の
契約であることがわかるよう、機械の製造を目的とすることを追記した。

全体チェック時のレビュー例　［前文］

株式会社Ｘ（以下「甲」という。）とＹ株式会社（以下「乙」という。）は、
本日、以下のとおり**甲の機械の製造についての**業務委託契約（以下「本契約」
という。）を締結する。

第2章　なぜ、そうやっているのか？　～やり方の理由と解説～　149

カ　タイトル

　いかなる契約についての契約書であるかがタイトルからわかるよう、わかりやすいもの、内容を端的に表したものにする。後日、検索しやすいよう、いかなる契約類型かがわかるようにしておくとなおよい。

　前章では、「製造」を加え、「製造業務委託契約書」と修正することで、仕事の完成を目的とした請負型の業務委託契約であることがわかるようにした。

　なお、「契約書」ではなく、「**覚書**」「**合意書**」といったタイトルが使用されることがある。当事者の合意により一定の法的な効果が生じるものであれば、タイトルにかかわらず、実質的には契約書である。そのタイトルとして「覚書」「合意書」といった文言を使用することは可能である。ただし、一般的には、「**覚書**」は既存の契約書の内容の一部を変更ないしは確認する場合に、「**合意書**」は当事者間で疑義又は紛争が生じた特定の事項に関して合意する場合に使用されることが多いといえる。重要な取引や継続的な取引については、契約の成立とその内容を証明するものであることを明確にするため、「**契約書**」という表現を用いることが適切であると考える。

（4）コメントの確認

　契約書案自体について一通りのチェックが完了した後は、契約書案に自身が付したコメントの記載内容・表現をチェックすることも忘れてはならない。

　そのまま相手先に送られてしまうようなことがなければ、誤字脱字等があっても、コメントの内容さえ正確であれば、大きな問題とはならないであろう。しかし、誤字脱字等によりコメントの意味内容が変わってしまい、正確に伝わらないと、せっかくコメントしたことが無になってしまう。自社に対し誤った指摘をしてしまった結果、相手先にも誤った指摘をすることにすらなってしまいかねない。

　いずれにしても、コメントしたチェック担当の信用に関わるので、まずは**内容が正確**か、次に**誤字脱字がないか**、また、**表現は適切か**を確認し、誤りがあれば修正する必要がある。

150

以上の「**全体のチェック**」の結果については、**【資料1-8】業務委託契約書（請負型）【委託者側・全体チェック後版】**53頁を参照されたい。

（5）リーガルチェックに要する時間

　前章では、全体の一読から全体のチェックまでに、２日間通算で２時間程度の時間を要したことになっている。これは、解説のために丁寧に段階を踏んだことによるもので、私の場合、一般的な業務委託契約書で、一般的な書式に基づき、それなりに体裁が整っている場合であれば、途中の頭の切り替え、リセットを行う時間を除き、実働としては概ね１時間強程度でレビューを終えることを目標にしている。

　早ければよいというものではないが、依頼担当に結果を送付した後、依頼担当等による検討又は相手先との交渉が行われ、その結果を踏まえて再度のチェックが必要になることは珍しいことではなく、締結を遅らせないためには、できる限り早期にチェックを終え、依頼担当に結果を送るべきである。

　加えて、弁護士がリーガルチェックを行う場合に、タイムチャージ制をとっているときは、チェックに要する時間の短縮は、弁護士費用の節約にもつながる。

　実際には、一から作成し直すと同程度の作業を要し、また、修正等のレビューやコメントを入れていくことで、一から作成するよりも時間を要する場合もある。また、**特殊な契約**や**重大な契約**、**条項の多い契約**については、「本文のレビュー」と「全体のチェック」の間に「**本文のみの再確認**」を独立して入れ、「全体のチェック」時には**本文の再々確認**を行うことが適切な場合もある。これらの場合には、数時間また数日を要することも珍しくはない。

　質の維持が第一ではあるが、時間というコストも常に念頭に置くべきである。そのためには、リーガルチェックを担当するようになった当初は、時間がかかってでもきちんとした準備と手順を踏み、より正確で、かつ効率よくチェックできる方法を確立していっていただきたい。常に問題意識を持ち、繰り替えしていくことで、**ナレッジ**や**ノウハウ**はおのずと蓄積されていく。そうなると、全体の一読時に、本章で解説した必

第２章　なぜ、そうやっているのか？ 〜やり方の理由と解説〜　　151

要事項の把握と同時に、かなりの部分のチェックができてしまい、準備を要する事項も減っていき、本文のレビュー段階でほとんどのチェックを完了できてしまう。全体のチェックは形式面の確認が中心となり、チェックに要する時間は大幅に短縮されるはずである。

> **コラム ⑭　早ければいいというものでもない……**
>
> 　質が維持される限りは、できるだけ早くチェックを完了し、担当者に結果を報告するようにしているが、徐々にそれがあたり前になってくる。チェックの依頼は突然にやってくることが少なくなく、時間をやりくりして対応している。そのような実情を理解してもらいつつ対応しないと、無理な期限設定をされることもあるので、迅速な対応を心掛けつつ、その点には気を付けるようにしている。

7 「結果の報告」と「再チェック」

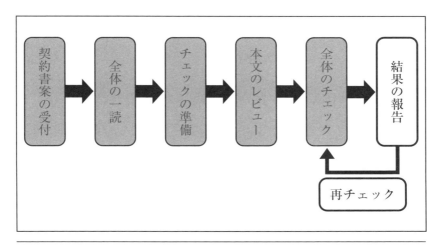

（1）チェックした契約書案の提出

ア　提出にあたって

　提出前に、念のため**全体を再度一読**し、漏れや誤りがないかを確認する。そのうえで、私の場合は、レビュー済みの契約書案を添付して、メールで提出することが通常である。

　提出する契約書案には、レビューによる**変更履歴**と**コメント**を残したままで送信する。

イ　担当者への連絡事項

　まずは、**変更箇所**や**変更の理由**、**検討してもらいたい点**について、契約書案のコメントに記載してあるので、それを参照するようメール本文に記載しておく。

　さらに、特に十分に検討してもらいたい点については、メール本文にも記載し、注意喚起するようにしている。

前章では、メール本文に、

「特に、委託料の分割払い及び増額の可否、

　契約が中途にて終了した場合の委託料の精算方法、

　通知義務の対象については、十分にご確認ください。」

と記載している。

　また、**補充で確認しておきたい点**、相手先との関係如何にかかわらず、**自社のリスクが高く、変更が強く要請される点**もメール本文に記載し、指摘しておくべきである。

　なお、相手先に契約書案を提示する際は、**変更履歴**は残したままの方が、相手先においても変更箇所がわかり、効率的な検討が可能となるが、コメントについては、自社内での検討内容や当初の契約書案の規定を変更した理由、時に相手先との協議・交渉に関わることが記載されているので、そのようなコメントは確実に削除したうえで提示しなければならない。万が一のことが起きないよう、基本的に、依頼担当宛のコメントはすべて削除して提示するようメール本文で強調しておきたい。

（2）再チェック

ア　送付後の対応

　前章では、自社内で検討した結果、基本的にチェック結果をそのまま採用し、指示のあった機械の型番を入力したうえで、相手先に修正案として提示することになった。また、相手先からも特段の異議が出ず、修正案のとおり契約を締結することになり、納入期限と締結日が決定され、契約書案に反映させたうえで、**【資料1-9】業務委託契約書（請負型）【確定版】62頁**の内容で契約が無事に締結されている。

　このように、自社がチェック結果をそのまま採用し、相手先も特段の異議を述べずに契約締結に至るということもないわけではなく、自社内での検討ないしは相手先との協議の結果、チェック結果を修正する場合でも、再度のリーガルチェックを経ず、依頼担当等において処理される場合もある。他方で、自社内での検討を踏まえ、レビュー内容に関する問い合わせや自社内での検討結果を踏まえた再チェックを依頼されることも少なくない。また、相手先との協議・交渉を経たうえで、相手先か

ら対案が示され、又はチェックした結果の再検討を求められ、相手先の対案等について再チェックの依頼があることもある。特に、高額な取引が対象となっているなど、重要な契約である場合には、再チェック結果に対し、同様の過程を経て再々チェックの依頼がされることも珍しくはない。

イ　再チェックの受付と対応

　レビュー結果に対し問い合わせや要望があった場合は、問合せに対し法的見解を回答するとともに、チェック結果の再修正等の要望に対しては、まずは再修正を求められた理由を正確に確認する。

　自社内での検討段階であれば、チェック結果に対する誤解がないかなど、再修正してよいものかを確認する必要がある。また、相手先がリーガルチェックを踏まえた自社の提案を拒否した場合においても、誤解している可能性がないかは確認したい。また、仮に誤解がなかったとしても、自社の利益を確保し、リスクを最小限に抑えるために、あくまでも当初案によるべきと回答する場合もある。

　以上の経過を経て、それでもなお再修正が必要な場合は、基本的には経営上の判断を尊重し、要望に従って修正するが、法的にみて、それが自社の利益を害するリスクが高い場合、同リスクについて再度コメントを付したうえで、同リスクを十分に理解したうえで、それでもなお要望通りに再修正してよいかを慎重に確認するようにしている。

　その結果、再修正するとの結論であれば、基本的には経営判断に従うことになる。この点、自社の指示に従ってチェック結果の修正を行う場合でも、100％ではないものの、できる限りリスクを軽減できる次善の策がある場合には、それを提案し、社内での再検討ないしは相手先との再協議の余地を探るようにしている。

　なお、これらのやり取りについても、契約書案上で、**変更履歴**を残し、**コメント**への**返信機能**を使用するなどして、できる限り検討の経過を残しておきたい。最終的な契約書にいたる検討経過を残すことで、リスクが現実化した場合の**対応方針の決定に活かす**ようにするためと後記**ナレッジとノウハウ**の蓄積のためである。

第2章　なぜ、そうやっているのか？　〜やり方の理由と解説〜　　155

ウ 契約書の確定

　再チェックの結果を提出した後、さらに**再々チェック**の依頼があることもあり、これらの過程を経て、決裂とならない限りは、最終的には当事者双方が合意できる**確定版**に至ることになる。

　確定した場合には、依頼担当等から変更履歴等を抹消したものを送ってもらい、最終確認を行うか、変更履歴ありの確定版を送ってもらい、チェック担当にて確認のうえで変更履歴を抹消し、締結できる形の契約書に仕上げることになる。

コラム ⑮　弁護士の活用

　ある程度の規模を有する企業であれば、法務部等のリーガルチェックの専門部署ないしは担当者を置き、そこにナレッジとノウハウを蓄積させ、通常の契約書であれば、当該部署又は担当者が処理することもできよう。しかし、多くの中小企業、特に小規模な事業者においてそのような体制を構築することは難しく、そもそも契約書のチェック自体がそれほど頻繁にあるわけではないこともある。そのため、リーガルチェックが必要になった場合は、弁護士を利用するのが一般的には適切といえる。

　「一般的には」と留保をとどめたのは、相談・依頼する弁護士がリーガルチェックの経験とスキルを有していることが前提条件となるからである。また、費用に対する考慮も必要となる。そのためか、限られた時間の中で法律相談という形でリーガルチェックを依頼されることがあるが、時間からくる限界があり、相談する企業の側で、契約書案の問題点を相当程度検討し、絞り込んでおいていただかないと、時間内で意味のある相談対応はできない。

　これに対し、リーガルチェック自体をスポットで依頼する場合、取引の規模や契約書の分量、複雑さ等によるが、弁護士費用が数十万円程度か、それを超える金額になる場合もある。タイムチャージによることも考えられるが、時間単価と見込み時間から総額を慎重に想定しておかないと、想定外の費用になることもある。

　頻繁ではないまでも、ある程度のリーガルチェックのニーズがあり、契約書以外にも法律相談の可能性がある場合には、弁護士と顧問契約を締結し、顧問契約内で処理してもらうか、顧問契約の存在を前提に合理的な金額をあらかじめ設定しておくのがよいように思う。

8 ナレッジとノウハウの 蓄積・共有

（1）蓄積・共有の必要性

　リーガルチェックの一連の「流れ」と「やり方」を解説してきたが、実際には、契約書の記載内容を理解するための基本的な法律知識が必要であり、また、大枠では以上の流れによるとしても、契約類型や契約内容、当該契約が対象とする取引の規模又は内容等により、具体的なリーガルチェックのやり方には違いが出てくる。リーガルチェックに携わる者は、多くの経験を積むことで、契約に関する知識を獲得し、ケースに応じた対応を身に付けていく必要がある。

　この点、経験を積めば積むほど有用な知識や情報（**ナレッジ**）とやり方（**ノウハウ**）は身についていくものではあるが、漫然と経験を積んでいるだけでは、一定のレベルに達するまでに多くの時間と労力が必要となる。法律の専門家である弁護士であれば当然のこと、企業内の担当者であっても、会社はいつまでも待ってはくれない。また、企業でも法律事務所でも、担当者のスキルの差が大きく、担当者によってリーガルチェックのレベルが大きく下がるということは望ましくない。

　そこで、リーガルチェックの能力を効率よく高め、組織内でのレベルの均一的な向上を図るため、リーガルチェックに関する**ナレッジ**と**ノウハウ**の蓄積と共有が不可欠となる。

（2）参考書式・資料のデータベース化

　リーガルチェックの結果及び経過等を成果物として整理して保存することで、同種の契約書案をチェックする際の有用な参考資料とすることができ、チェックの質とスピードを向上することができる。

　保存すべき成果物としては以下のものがあげられる。

第2章　なぜ、そうやっているのか？ ～やり方の理由と解説～　　157

> 保存すべき成果物
> ①チェック後の締結用の契約書（変更履歴なし）
> ②再チェック後の契約書案（変更履歴あり）
> ③当初のチェック後の契約書案（変更履歴あり）
> ④当初の契約書案（変更履歴なし）
> ⑤受付時の情報提供シート
> ⑥締結担当者との間のやり取りの経過（メール等）
> ⑦チェックに利用した参考資料（書式・書籍の表紙と該当部分）

　成果物の保存方法としては、印刷したものをファイリングするという方法もあるが、後日の検索・二次利用のためには、PCデータで保存すべきで、そうすることにより保存場所をとることも避けられる。

　保存にあたっては、案件ごとにフォルダを作成して保存することが考えられるが、その際、検索のため、**フォルダ名**を工夫したい。

　例えば、

「業務委託契約書（請負型）【委託者側・立場強】＿日付」

「業務委託契約書（委任型）【受託者側・立場同】＿日付」

「売買取引基本契約【売主側・立場弱】＿日付」

といったものが考えられる。

（3）チェックリストの作成・改訂・共有

ア　リストの作成

　リーガルチェックを完了した際は、都度、チェックした契約書をもとに、将来、同種の契約書をチェックすることになった場合に参照すべき**チェックリスト**を作成することを検討していただきたい。

　以下では、本書で繰り返し取り上げてきた契約書における**条項の位置付け（性質）**を踏まえたリストの作成を提案する。

イ　固有の条項に関して

　まず、当該契約に固有の条項に関し、**契約の類型**及び自社の**契約上・取引上の立場**ごとに、リーガルチェックにあたって確認すべき点をピッ

クアップしたチェックリストを作成する。

　この点、重要なことは、完璧なリストを作成しようとしないことである。契約は、同じ類型、自社が同様な立場であっても、ケースごとに特有の事情を有しており、問題となる点もケースによって異なってくる。あらゆる場合に妥当するリストをあらかじめ作成することは著しく困難である。

　また、完璧なリストを作成しようとすると、多くの時間と労力をとられてしまう。リストの作成は、適切で、迅速なリーガルチェックをコンスタントに可能にすることを目的とした**手段**であり、リストの作成自体が目的ではない。それに多くの時間と労力を割くことは本末転倒で、そもそも他の業務を抱えながら、リスト作りが過大な負担になることは現実的ではない。

　作成方法としては、実際に契約書の**リーガルチェックを行った際**に、記憶が鮮明なうちに、当該チェックにおいて問題となった点、気づいた点をピックアップしてリストに掲げていく。契約の類型と自社の立場が同様な契約書をチェックする都度、一旦作成したリストに新たに気づいた点等を追加し、既存の項目を修正していくのが現実的で、かつ実戦的な「使える」リストを作成することになる。

　一例として、前章で取り上げた契約書に基づき作成したリストを【資料2-1】**チェックリスト［業務委託契約（請負型）【委託者側・立場強】]**160頁として掲載する。あえて、前章のチェック後に初めて作成したものとして、基本的には前章でのチェック結果のみを前提に作成してある。不完全なものであることは前提としていただき、不完全であることに意味があることをご理解いただきたい。

コラム ⑯　チェック後の行方

　リーガルチェック後にどうなったかの報告がないことは珍しくない。今後のチェックのためには、チェック結果がどのように活かされたのか、また、活かされなかったのかは不可欠の情報である。依頼担当においては、報告するようにしていただきたい。

第2章　なぜ、そうやっているのか？　〜やり方の理由と解説〜　　159

【資料2-1】 チェックリスト［業務委託契約（請負型）【委託者側・立場強】］

チェックリスト［業務委託契約（請負型）【委託者側・立場強】］

- [ ] **本質的な条項**
  - [ ] **契約類型の特定に関するもの**
    - [ ] 仕事の完成を目的とすることが明らかか。
    - [ ] 成果物が特定されているか。
  - [ ] **当事者の本質的な権利義務に関するもの**
    - [ ] **委託者（自社）の義務**
      - [ ] 委託料の支払義務が明記されているか。
      - [ ] 委託料の支払期限・支払方法は委託者にとって問題がないか。
    - [ ] **受託者（相手先）の義務**
      - [ ] 仕事を完成させ、成果物を引き渡すことが明記されているか。
      - [ ] 成果物の仕様は明確か。
      - [ ] 仕事の完成・成果物の引渡し時期が明記されているか。
      - [ ] 成果物の引渡し場所が明記されているか。
      - [ ] 成果物の所有権移転時期の定めはあるか。妥当か。

- [ ] **付随的な条項**
  - [ ] **当事者の本質的な権利義務に関するもの**
    - [ ] **委託者（自社）の義務**
      - [ ] 委託料を委託者の同意なく増額できることになっていないか。
      - [ ] 契約が中途で終了した場合の委託料の精算方法が明記されているか。妥当か。
    - [ ] **受託者（相手先）の義務**
      - [ ] 成果物の仕様の変更に委託者の同意が必要となっているか。
      - [ ] 完成・引渡しの期限が委託者の同意なく変更されないようになっているか。
      - [ ] 契約が中途で終了した場合の成果物の帰属・引渡しに関する規定があるか。妥当か。
      - [ ] 滅失・毀損等の危険の移転時期は妥当か（所有権移転時期と同じか）。
  - [ ] **当事者の付随的な権利義務に関するもの**
    - [ ] **委託者（自社）の義務**
      - [ ] 納品後の成果物の検査の期間は妥当か。
    - [ ] **受託者（相手先）の義務**
      - [ ] 業務の遂行状況に関する報告義務が明記されているか。内容は妥

当か。

- [ ] 業務の遂行状況を監査し、改善を求められるようになっているか。監査の内容・方法は妥当か。
- [ ] 検査不合格の場合の再納品の義務が明記されているか。内容は妥当か。
- [ ] 業務遂行の過程で生じた知的財産権が委託者に帰属することになっているか。帰属時期は妥当か。対価が発生しないことになっているか。
- [ ] 成果物に受託者が有する知的財産権が用いられる場合、無償での使用が許諾されているか。
- [ ] 成果物が第三者の権利を侵害していないことが保証され、紛争が生じた場合、受託者の責任と負担で解決することとされ、委託者に損害が発生した場合の賠償責任が明記されているか。
- [ ] 受託者が契約不適合責任を負う場合が法令の規定よりも限定されていないか。
- [ ] 契約不適合責任の履行方法（追完・委託料減額）を委託者が選択できるか。追完方法を委託者が指定できるか。
- [ ] 追完・委託料減額とともに損害賠償請求・解除が可能か。
- [ ] 契約不適合の通知期間が法令の規定よりも限定されていないか。
- [ ] 製造物責任に関する規定はあるか。内容は妥当か。
- [ ] 再委託に委託者の事前の承諾が必要とされているか。再委託した場合の受託者の責任が明記されているか。内容は妥当か。

第2章　なぜ、そうやっているのか？ 〜やり方の理由と解説〜　161

ウ　一般的な条項に関して

　一般的な条項については、**チェックリスト**を作成しておくことで、契約書に設けるべき一般的な条項が漏れてしまうことを防ぐことができる。一般的な条項は、相当程度**定型化**できるため、各一般条項について、チェックすべき事項をピックアップしておくことで、チェックにあたり着目すべき点も相当程度**定型化**可能である。

　なお、一般的な条項は広く多くの契約書に設けられることから、通常は、特定の契約類型及び自社の立場ごとに作成しなくても、あらゆる場面で参照できるものとして、統一的・総合的なものを一つ作成することで足りるものと考える。

　一例として、前章で取り上げた契約書に基づき作成したリストを**【資料2-2】チェックリスト［一般的な条項］163頁**として掲載する。**【補足解説10】**（117頁以下）で取上げたものは一通り項目のみは掲げたが、具体的なチェック事項は前章のチェックで登場したもののみを取り上げている。固有の条項に関するリストの例（**【資料2-1】160頁**）と同様、不完全なものであることは前提としていただき、不完全であることに意味があることをご理解いただきたい。

エ　全体に関わる事項について

　全体のチェック時にチェック漏れが生じないよう、**契約書の構造**に従った契約書の各部分に関する**チェックリスト**を作成しておくことも望ましい。前章でのチェックを前提としたリストの例（**【資料2-3】チェックリスト［全体］（165頁）**）をあげておく。

オ　積極的な活用と更新

　これらのリストは、作成後、同種の契約書のチェックを行う際に参照することで、過去のチェックにおける**ナレッジ**と**ノウハウ**の活用になる。リストは作成することが目的ではなく、使用することが目的であるので、積極的に活用し、活用した結果をリストに反映させていくようにする。

　修正・補充を繰り返していくことで、「使える」リストに成長し、チェック担当のスキルが向上していくことを期待する。

【資料2-2】チェックリスト［一般的な条項］

チェックリスト［一般的な条項］

- ☐ **秘密保持**
  - ☐ 条項を置く必要があるか。
  - ☐ 秘密とされる情報の範囲は妥当か。
  - ☐ 秘密情報に該当しない場合が規定されているか。内容は妥当か。
  - ☐ 第三者に開示できる場合が規定されているか。内容は妥当か。
  - ☐ 秘密情報の返却・廃棄が規定されているか。
- ☐ **個人情報保護**
- ☐ **通知義務**
  - ☐ 条項を置く必要があるか。
  - ☐ 通知を要する事由は妥当か。
- ☐ **遅延損害金**
  - ☐ 条項を置く必要があるか。
  - ☐ 利率は妥当か。
- ☐ **賠償範囲**
  - ☐ 条項を置く必要があるか。
  - ☐ 賠償責任を負う場合は妥当か。
  - ☐ 賠償を要する損害の範囲は妥当か。上限額を定めなくて（定めても）よいか。
- ☐ **不可抗力**
- ☐ **解除**
  - ☐ 条項を置く必要があるか。
  - ☐ 契約違反が軽微な場合でも催告解除を認めるか。
  - ☐ 無催告解除が認められる場合に過不足はないか。
- ☐ **期限の利益喪失**
  - ☐ 条項を置く必要があるか。
  - ☐ 期限の利益を喪失する場合に過不足はないか。
- ☐ **反社会的勢力排除**
  - ☐ 条項の内容は妥当か。
- ☐ **契約期間**
- ☐ **契約更新**
- ☐ **中途解約**
  - ☐ 条項を置く必要があるか。
  - ☐ 中途解約の条件・方法及び予告期間は妥当か。
- ☐ **効力存続**

第2章　なぜ、そうやっているのか？　〜やり方の理由と解説〜　163

- [ ] **譲渡禁止**
  - [ ] 条項を置く必要があるか。
  - [ ] 禁止される譲渡等の範囲は妥当か。
- [ ] **完全合意条項**
- [ ] **準拠法条項**
- [ ] **管轄条項**
  - [ ] 条項を置く必要があるか。
  - [ ] 合意された管轄裁判所は妥当か。
  - [ ] 専属的合意になっているか。
- [ ] **誠実協議条項**
  - [ ] 条項を置く必要があるか。

【資料2-3】チェックリスト［全体］

チェックリスト［全体］

☐ **タイトル**
　☐ 契約の内容を端的に表したものになっているか。
　☐ いかなる類型の契約かがわかるものになっているか。

☐ **前文**
　☐ 必要事項が網羅されているか。
　☐ 契約書の作成日（締結日が異なるときは締結日も）が記載されているか。

☐ **本文**
　☐ **レビュー内容の確認**
　　☐ 漏れはないか。
　　☐ 誤りはないか。
　☐ **全体の整合性の確認**
　　☐ 条項間に矛盾がないか。
　　☐ レビュー内容に矛盾がないか。
　　☐ 条項とレビューが当事者の立場に基づき一貫しているか。
　　☐ 条項番号が連続しているか。
　　☐ 引用する条項番号に誤りがないか。
　　☐ 表記のゆれがないか。
　☐ **形式的な誤りの確認**
　　☐ 誤字脱字がないか。
　　☐ フォントやインデントに誤りはないか。
　　☐ 改行漏れがないか。

☐ **後文**
　☐ 必要事項が網羅されているか。
　☐ 契約締結日が契約書の作成日と異なる場合、その旨の記載があるか。

☐ **日付**
　☐ 契約書の作成日が入力されることになっているか。

☐ **記名押印（署名捺印）欄**
　☐ 記名の場合：住所・社名・締結権者の肩書・氏名が正しく記載されているか。
　☐ 署名の場合：署名欄は空欄になっているか。
　☐ 締結権限を有する者が締結者とされているか。
　☐ 登録印（実印）により押印（捺印）されることになっているか。

第2章　なぜ、そうやっているのか？ 〜やり方の理由と解説〜　　165

（4）チェック部門（法律事務所）内での共有

　データベースとチェックリストは、企業や法律事務所にとっての知的財産であることから、作成したものは、企業・事務所で管理するとともに、企業内・事務所内での**共有**をできる限り可能にするべきである。

　他方で、**ナレッジ**と**ノウハウ**の外部への流出、さらには**企業情報の漏洩**を生じさせる危険があるため、管理と秘密の保持は厳重に行う必要がある。

（5）企業における依頼体制の整備

　理想的なのは、企業内にリーガルチェックの担当部署を設けることであるが、中小企業、特に小規模な事業者においては、法務に特化した部門を設けることは難しく、総務部門の担当者や時には経営者自身が契約書関係の事務を取り扱っていることが少なくない。そのような場合であっても、まずは特定の者を契約事務の担当者として固定し、社内でリーガルチェックの必要が生じた際は、その者の元に情報を集約するようにしていただきたい。

　担当者を決めることで、その者に**ナレッジ**と**ノウハウ**が蓄積され、社内でチェックする場合はもちろん、外部の弁護士に依頼する場合でも、ポイントとなる情報を収集し、円滑に弁護士に伝達・依頼することができるようになり、正確で迅速なチェックに大いに資する。

　担当者の負担は重いため、そのようなスキルを身につけた者を確保することができたうえは、補助者を付け、担当者の**ナレッジ**と**ノウハウ**を補助者と共有するようにしたい。

　今後、契約の重要性は益々高まっていくものと予想される。契約書のリーガルチェックの出来不出来が企業の利益や損失に大きく影響することにもなる。そのような時代においては、企業の規模を問わず、企業内にリーガルチェックのスキルを有する者が複数存在する環境の構築を目標としていただきたい。また、弁護士においては、日々のリーガルチェックの依頼に対しより十分に応えていくことは当然として、企業における体制整備を支援していくことが望まれる。

第 **3** 章

やってみよう!

～ 売買取引基本契約書による再現 ～

　第1章で紹介し、第2章でその解説を行った私が採用しているリーガルチェックの「流れ」と「やり方」について、第1章とは別の契約類型のモデル契約書案を素材として、改めてチェックの過程を再現することにする。
　第2章の解説により一般化した「流れ」と「やり方」が、他の契約類型でも再現可能なことを確認していただきたい。

1 契約書案の受付

　第1章で紹介し、前章で解説したリーガルチェックの方法を、**売買取引基本契約書**を素材に**再現**する。

モデル事例 顧問先からの契約書案の受付

　2025年3月4日、K弁護士は顧問先である株式会社Xから次のメールを受け取った。

【顧問先担当者からのメール】

> 弁護士　K　様
>
> お世話になっております。㈱Xの●●です。
> 大手メーカーとの新規取引の機会を
> 得ることができそうです。
> 相手先作成の契約書案（Wordファイル）と
> 情報提供シートを添付しますので、
> リーガルチェックをお願いします。
> 弊社としては、契約締結をと考えておりますので、
> ご配慮いただけますと幸いです。
>
> 株式会社X
> 担当　●●

【資料3-1】 売買取引基本契約書【買主側・受付時版】

売買取引基本契約書

　●●●●（以下「甲」という。）と**株式会社Z**（以下「乙」という。）は、甲と乙の間における第1条に定める自動車部品の売買について、本日、以下のとおり取引基本契約（以下「本契約」という。）を締結する。

（基本契約）

第1条　本契約は、甲が乙に対して次条に定める自動車部品を売り渡す売買契約（以下「個別契約」という。）の全てに適用される。

2　個別契約において本契約と異なる内容を定めた場合は、個別契約が本契約に優先する。

（目的となる部品）

第2条　本契約の目的となる自動車部品（以下「本部品」という。）は以下のとおりとする。

（1）●●●●

（2）○○○○

（3）××××

（4）その他別途乙が指定した部品

（個別契約）

第3条　個別契約は、乙が、甲に対し、本部品の名称、数量、単価、代金総額、納入日及び納入場所その他必要な事項を記載した書面を送付する方法により申し込み、これに対し、甲が承諾したときに成立する。

2　乙が甲に対して前項の書面を送付した日から2営業日以内に、甲から乙に対する承諾の通知が到達しない場合、甲は乙による申込みを承諾したものとみなし、個別契約は当該期間の経過をもって成立する。

3　前2項の規定は、甲と乙が協議の上でこれに代わる方法を定めることを妨げない。

（梱包）

第4条　甲は、本部品をその種類、品質又は数量に照らして適切かつ乙が承認する方法で梱包し、出荷しなければならない。

（納入）

第5条　甲は、乙に対し、個別契約で定めた納入日に、個別契約で定めた納入場所で、本部品を納入する。ただし、納入場所までの輸送費その他の納入のために要する費用は甲の負担とする。

2　甲は、乙に対し、個別契約で定めた納入日よりも前に、本部品を納入する場合、事前に乙の承諾を得る。

3　甲は、個別契約で定めた納入日に本部品を納入することができない場合、事前に乙に通知しなければならない。

（検収）

第6条　乙は、本部品の納入を受けた時は遅滞なく、本部品の内容を検査し、検査に合格した場

第3章　やってみよう！ 〜売買取引基本契約書による再現〜　169

合には、甲に対し、その旨の通知を発し、乙が合格と判断した時に本部品の引渡しが完了する。

2　本部品に種類、品質又は数量その他本契約の内容との不適合（以下「契約不適合」という。）が存在するときは、乙は、甲に対して、乙の選択に従い、本部品の修補、代替物の引渡し又は不足分の引渡しによる履行の追完を求めることができる。この場合、甲は、乙が定める期限内に、無償で、本部品を修補し、代替物の引渡し又は不足分の引渡しによる履行の追完をしなければならない。

3　本条各項の規定は、前項により甲が本部品の代替品を納入した場合の当該代替品についても準用する。

（所有権の移転）

第7条　本部品の所有権は、引渡しが完了した時をもって甲から乙に移転する。

（危険負担）

第8条　本部品について、乙への引渡し前に生じた滅失、毀損その他の危険は甲の負担とする。

（代金支払）

第9条　乙は、毎月末日までに引渡しを受けた本部品の代金を、翌月末日（金融機関が休業日の場合は翌営業日）までに、甲が指定する銀行口座宛に振り込む方法により支払う。ただし、振込手数料は乙の負担とする。

（品質保証等）

第10条　甲は、乙に対し、次の各号に掲げる内容を保証する。

（1）本部品が、別途乙が定める品質基準と合致していること。

（2）本部品に、設計上、製造上及び表示上の欠陥がないこと。

（3）本部品が第三者の特許権、実用新案権、商標権、著作権その他の知的財産権（以下「知的財産権」という。）その他権利又は利益を侵害していないこと。

（4）本部品を乙に対して安定的に供給すること。

（立入検査）

第11条　乙は、必要に応じ、本部品が所在する工場、施設、倉庫等に立入検査を実施することができ、甲は乙による立入検査に必要な協力を行う。

（契約不適合責任）

第12条　本部品に契約不適合があったときは、甲は、当該契約不適合が甲の責めに帰すべき事由によるものであるかを問わず、乙の選択に従い、当該本部品の無償による修補、代替品の納入又は不足分の納入等の方法による履行の追完、代金の全部又は一部の減額若しくは返還その他の必要な措置を講じなければならない。

2　本条の定めは、本契約の他の規定に基づく損害賠償の請求及び解除権の行使を妨げない。

3　甲が契約不適合のある本部品を乙に引き渡した場合において、乙が当該契約不適合を知った時から2年以内にその旨を甲に通知しないときは、乙は、当該契約不適合を理由として、第1項に規定する権利を行使することができない。ただし、甲が引渡しの時にその不適合を知り、又は重大な過失によって知らなかったときは、この限りではない。

4　商法第526条第2項の規定は本契約には適用されない。

（製造物責任）

第13条　本部品の欠陥により乙又は第三者に損害が発生した場合は、甲は、当該損害（弁護士費用及びその他の費用を含む。）を賠償しなければならない。

（第三者の権利の侵害）

第14条　本部品に関して、第三者との間で知的財産権その他権利に関する紛争が生じたときは、甲がその責任と費用負担において当該紛争を処理する。

2　前項のほか本契約若しくは個別契約の履行又は本部品に関連若しくは起因して、甲の責に帰すべき事由により第三者との間に紛争が生じたときは、甲がその責任と費用負担において当該紛争を解決し、乙には迷惑をかけない。

3　前2項の場合において、乙が当該紛争の当事者となった場合には、甲は、乙に対し、これにより乙が被った一切の損害（弁護士費用及びその他の費用を含む。）を賠償しなければならない。

（第三者への委託）

第15条　甲は、乙の事前の書面による承諾を得た場合に限り、本部品の製造に関する業務を第三者に委託することができる。この場合、甲は、本契約に基づく甲の義務と同等の義務を委託先に対して負わせるものとし、委託先の責に帰すべき事由により乙に損害が発生した場合は、委託先と連帯して乙に対して損害を賠償するものとする。

（秘密保持）

第16条　甲及び乙は、本契約の有効期間中はもとより終了後も、本契約又は個別契約によって知り得た相手方の営業上又は技術上の秘密（以下「秘密情報」という。）を第三者に開示若しくは漏洩し、又は本契約の目的以外の目的に使用してはならない。

2　次の各号のいずれかに該当する情報は秘密情報に該当しない。

（1）公知の情報又は甲若しくは乙の責めに帰すべき事由によらずして公知となった情報

（2）相手方から開示された時点で既に保有していた情報

（3）第三者から秘密保持義務を負うことなく適法に取得した情報

（4）相手方から開示された秘密情報によらずに独自に開発した情報

3　第1項の規定にかかわらず、甲及び乙は、次の各号のいずれかに該当する場合には、必要な範囲で秘密情報を開示することができる。

（1）自己の役員、従業員又は弁護士、公認会計士、税理士その他法令上秘密保持義務を負う専門家に対して開示する場合

（2）裁判所、行政機関の命令又は法令により開示が義務付けられて開示する場合。ただし、かかる開示を行った場合は、その旨を速やかに相手方に通知する。

4　甲及び乙は、本契約が終了した場合又は相手方が求めた場合、その指示に従い、秘密情報を相手方に返還又は削除の上、その旨を証する書面を提出しなければならない。

（通知義務）

第17条　甲は、次の各号のいずれかに該当するときは、乙に対し、事前にその旨を書面により通知しなければならない。

（1）法人の名称又は商号の変更

（2）代表者の変更

（3）本店、主たる事業所の所在地又は住所の変更

第3章　やってみよう！　～売買取引基本契約書による再現～　171

（４）指定金融機関口座の変更

（５）組織、資本構成の変更（合併、会社分割、株式交換、株式移転、事業譲渡、議決権の３分の１以上の株式の変動）

（６）その他経営に重大な影響を及ぼす事項があるとき

（損害賠償）

第18条　乙は、甲が本契約又は個別契約に違反した場合、甲に対し、これによって被った一切の損害（弁護士費用、逸失利益を含む間接損害、特別損害を含むがこれらに限られない。）の賠償を請求できる。

（遅延損害金）

第19条　甲が本契約又は個別契約に基づき乙に対して負担する金銭債務の弁済を遅延したときは、弁済期の翌日から支払い済みに至るまで、年14．6％の割合による遅延損害金を支払わなければならない。

（解除・期限の利益喪失）

第20条　甲又は乙は、相手方が本契約又は個別契約のいずれかの条項に違反し、相当期間を定めて催告をしたにもかかわらず、相当期間内に、違反が是正されないときは、本契約又は個別契約を解除することができる。ただし、その期間を経過した時における本契約又は個別契約の違反が本契約、個別契約及び取引上の社会通念に照らして軽微であるときは、この限りでない。

２　甲又は乙は、相手方に次の各号に掲げる事由の一が生じたときには、何らの催告なく、直ちに本契約又は個別契約の全部又は一部を解除することができる。ただし、当該事由が解除しようとする当事者の責めに帰すべき事由によるものであるときは、当該事由により解除をすることはできない。

（１）本契約又は個別契約に関し、相手方による重大な違反又は背信行為があったとき。

（２）債務の全部若しくは一部の履行が不能であるとき又は相手方がその債務の全部若しくは一部の履行を拒絶する意思を明確に表示したとき。ただし、一部履行不能の場合は当該一部に限り、解除することができる。

（３）前号の規定にかかわらず、債務の一部の履行が不能である場合又は相手方がその債務の一部の履行を拒絶する意思を明確に表示した場合において、残存する部分のみでは契約をした目的を達することができないときは本契約又は個別契約の全部を解除することができる。

（４）本契約又は個別契約上、特定の日時又は一定の期間内に履行をしなければ本契約又は個別契約の目的を達することができない場合において、相手方が履行をしないでその時期を経過したとき。

（５）前各号に掲げる場合のほか、相手方がその債務の履行をせず、催告をしても契約をした目的を達するのに足りる履行がされる見込みがないことが明らかであるとき。

（６）監督官庁より営業の取消し、停止等の処分を受けたとき。

（７）支払停止若しくは支払不能の状態に陥ったとき、自ら振り出し若しくは引き受けた手形若しくは小切手が不渡りとなったとき又は銀行取引停止処分を受けたとき。

（８）信用資力の著しい低下があったとき又はこれに影響を及ぼす営業上の重要な変更があったとき。

（9）第三者により差押え、仮差押え、仮処分その他強制執行若しくは担保権の実行としての競売又は公租公課の滞納処分その他これらに準じる手続が開始されたとき。

（10）破産手続、民事再生手続、会社更生手続若しくは特別清算手続開始の申立てがあったとき又は債務整理の通知がされたとき。

（11）合併による消滅、資本の減少、営業の廃止若しくは変更又は解散の決議をしたとき。

（12）その他本契約又は個別契約を継続しがたい重大な事由が発生したとき。

3　前二項に基づいて本契約又は個別契約を解除し、そのことによって損害が生じた場合、解除した当事者は、相手方にその損害の賠償を請求することができる。

4　第1項又は第2項により本契約又は個別契約を解除された当事者は、これにより損害を被った場合であっても、相手方に対して当該損害の賠償を請求することはできない。

5　甲が本契約又は個別契約のいずれかの条項に違反した場合、甲は、乙の書面による通知により、本契約、個別契約及びその他乙との間で締結した契約から生じる一切の債務につき期限の利益を失い、乙に対して負担する一切の債務を直ちに一括して弁済しなければならない。

6　甲が第2項各号のいずれかに該当した場合、又は本契約若しくは個別契約が解除された場合、甲は、当然に本契約、個別契約及びその他乙との間で締結した契約から生じる一切の債務について期限の利益を失い、乙に対して負担する一切の債務を直ちに一括して弁済しなければならない。

（反社会的勢力の排除）

第21条　甲及び乙は、次の各号のいずれにも該当せず、かつ将来にわたっても該当しないことを表明し、保証する。

（1）自ら又は自らの役員が、暴力団、暴力団員、暴力団員でなくなった時から5年を経過しない者、暴力団準構成員、暴力団関係企業、総会屋、社会運動等標ぼうゴロ又は特殊知能暴力集団等その他これらに準じる者（以下総称して「反社会的勢力」という。）であること。

（2）反社会的勢力が経営を実質的に支配していると認められる関係を有すること。

（3）反社会的勢力が経営に実質的に関与していると認められる関係を有すること。

（4）自ら若しくは第三者の不正の利益を図る目的又は第三者に損害を加える目的をもってする等、反社会的勢力を利用していると認められる関係を有すること。

（5）反社会的勢力に対して資金等を提供し、又は便宜を供与する等の関与をしていると認められる関係を有すること。

（6）自らの役員又は自らの経営に実質的に関与している者が、反社会的勢力との間で、社会的に非難されるべき関係を有すること。

2　甲及び乙は、自己の責めに帰すべき事由の有無を問わず、相手方が前項に違反した場合、何らの催告を要することなく、直ちに本契約を解除し、かつ、これにより被った損害の賠償を相手方に対して請求することができる。

3　前項により本契約を解除された当事者は、これにより損害を被った場合であっても、相手方に対して当該損害の賠償を請求することはできない。

（本契約上の地位等の譲渡禁止）

第22条　甲は、乙の書面による事前の承諾なく、本契約上の地位又は本契約に基づく権利若し

くは義務の全部若しくは一部を、第三者に譲渡若しくは継承させ、又は担保に供してはならない。

(契約期間・更新)

第23条　本契約の有効期間は、本契約の締結日より1年間とする。ただし、期間満了1か月前までに、甲又は乙いずれからも書面による異議がなされなかったときは、本契約は期間満了日の翌日から起算して、同一の条件にて更に1年間更新され、以後も同様とする。

(解約)

第24条　乙は、甲に対し、解約日の1か月前までに通知することにより、本契約を解約することができる。

(残存条項等)

第25条　第10条（品質保証等）、第12条（契約不適合責任）、第13条（製造物責任）、第14条（第三者の権利の侵害）、第15条（第三者への委託）、第16条（秘密保持）、第18条（損害賠償）、第21条（反社会的勢力の排除）、第26条（準拠法・合意管轄）及び第27条（協議）並びに本条の各規定は本契約の終了後であってもなお効力を有する。

2　本契約の終了時において、有効な個別契約が存在する場合、本契約は、当該個別契約が終了するまでの間、なお効力を有する。

(準拠法・合意管轄)

第26条　本契約は日本法に準拠し、日本法に従って解釈される。

2　本契約、個別契約又はこれらに関連する一切の紛争が生じた場合、東京地方裁判所を第一審の専属的合意管轄裁判所とする。

(協議)

第27条　本契約に定めのない事項又は本契約の解釈について疑義が生じたときは、甲及び乙が誠意をもって協議の上解決する。

　本契約の締結を証するため本書2通を作成し、甲及び乙がそれぞれ記名押印の上、各1通を保有する。

　　　2025年●●月●●日

　　　　　　　　　　（甲）　住　　　　所
　　　　　　　　　　　　　　商　　　　号
　　　　　　　　　　　　　　代表者氏名　　　　　　　　　　　　　　　　㊞

　　　　　　　　　　（乙）　住　　　　所　東京都●●区●●●●丁目●番●号
　　　　　　　　　　　　　　商　　　　号　株式会社　　　　　　Ｚ
　　　　　　　　　　　　　　代表者氏名　代表取締役　丙　村　三　郎　　㊞

【資料3-2】情報提供シート（入力済み・売買取引基本契約）

2025年3月4日

社　名　　　　株式会社X

ご担当者　　　　●● ●●

Q1	回答の期限
	2025年3月14日まで（弊社で検討後3月末までに先方に回答要）
Q2	契約書案はいずれが作成したものか。
	☐　御社　　　☑　相手方
Q3	契約の対象とする取引の具体的内容 ex. ●●を●●円で購入する、●●を●●円で製造させる　等
	弊社が製造する自動車部品の売買に関する基本契約書
Q4	御社の契約上の立場 ex. 売主or買主、委託者or受託者　等
	売主
Q5	これまでの経過において問題になったことがあれば、その内容 ex. 代金額、検収の期間、契約違反の場合の責任　等
	特段ありません。
Q6	御社において気になっている点 ex. 代金の支払確保、製品の不具合への対応　等
	業界2位のメーカーとの新規取引で、今後、大口の取引が期待できます。 弊社としては是非とも契約をと考えています。 大きな問題にならない限りは相手先案によりたい。
Q7	相手方において修正に応じる可能性の程度 ex. 応じると思われる、応じないと思われる、修正箇所・内容による　等
	いずれの仕入先ともこの契約書で契約しているとのことなので、応じないと思われる。
Q8	締結の必要性の程度
	☐　双方ともに高い　　☑　御社の方が高い　　☐　相手方の方が高い
Q9	リーガルチェックの程度 ex. 厳密に行ってほしい、大まかで構わない　等
	弊社に損害を生じさせることが確実でない限りは、相手先の契約書を尊重して欲しい。
Q10	その他に伝えておくべきと考える情報等
	前記のとおり、弊社としては、是非契約を締結したいので、 その点ご理解ください。

第3章　やってみよう！～売買取引基本契約書による再現～　175

モデル事例 顧問先からの情報収集の完了

　　K弁護士は、Wordファイル（【資料3-1】売買取引基本契約書【買主側・受付時版】169頁）と情報提供シート（【資料3-2】情報提供シート（入力済み・売買取引基本契約）175頁）が送られてきていることを確認したうえで、X社担当者に対し次のメールを返信した。

【K弁護士のメール】

> ●●　様
>
> お世話になっております。
> リーガルチェックの件、承知いたしました。
> 締結を優先するとの趣旨と理解いたしました。
> 明らかに修正が必要な点は修正させていただき、
> 御社の判断に委ねるべき点は
> 問題点のみ指摘し、御社にてご検討いただく
> ようにいたします。
> ご検討に時間を確保いただけるよう、できる限り
> 早めにご回答申し上げます。
>
> 弁護士　K

　　K弁護士としては、X社が締結を優先していることから、その点を十分に考慮に入れ、細部にこだわり過ぎず、しかし、述べるべき点はしっかりとコメントを付すことにより、X社の検討における「材料」を提供することに主眼を置くこととした。

2 全体の一読

［モデル事例］ 全体を一読しながら気になる点の確認

　K弁護士は、X社担当者からのメールを受信したのが夕方で、事務所を出るまでにあまり時間はなかったが、リーガルチェックにどの程度の時間と手間を要するかを把握するため、直ちに一読した。

　タイトル・前文・本文・後文・日付・記名押印（署名捺印）欄といった契約書の基本的な構造（**【資料1-4】業務委託契約書（請負型）【基本構造】29頁**参照）を確認したうえで、契約書案第1条及び第3条1項・2項から、実際の部品の売買は個別契約にて行うことになっており、対象となる契約書案が売買取引に関する基本契約書であることを確認した。

　また、売買取引基本契約書に固有の条項（本質的な条項・付随的な条項）と各種契約に広く登場する一般的な条項の分類を大まかに確認した。

　さらに、一読時に気になった点を、Wordのコメント機能を使用し、契約書案の欄外にコメントを残した。

　対象となる部品（同2条）、個別契約の成立（同3条2項）、期限前の納入（同5条2項）、検収関係（同6条）、所有権移転時期（同7条）、危険負担関係（同8条）、代金支払時期（同9条）、品質等に関する保証の可否（同10条）、立入検査の条件（同11条）、契約不適合責任を負わなければならないか（同12条）、製造物責任関係（同13条）、第三者の権利の侵害関係（同14条）、第三者への委託関係（同15条）、通知義務を負う者（同17条）、損害賠償関係（同18条）、遅延損害金関係（同19条）、期限の利益を喪失する者（同20条5項・6項）、契約上の地位等の譲渡を禁止される者（同22条）、契約更新の期限（同23条）、解約通知の期限（同24条）、管轄裁判所（同26条2項）等に

第3章　やってみよう！　～売買取引基本契約書による再現～　　177

ついてである。

　なお、前文及び記名押印（署名捺印）欄の該当部分に、Ｘ社の表示を入力した。

　一読後の契約書案については、**【資料3-3】売買取引基本契約書【売主側・一読後版】179頁**を参照されたい。

コラム ⑰　校閲機能の利用にあたっての注意

　契約書のレビューを行い、コメントを付すにあたって、Wordの校閲機能は大変に便利である。ただし、若干の注意が必要である。

「ファイル」「情報」中の「作成者」に他社等の記載が残っていないかを注意するほか、Wordの設定によって、欄外のコメントが表示される部分に表示される情報が異なっており、書式の修正内容等が多数表示されてしまうことがある。また、コメントが多くなりすぎると、欄外に全てを表示できなくなり、「校閲」中の「コメントの表示」で、「リスト」形式で表示する必要が生じる場合がある。

　依頼担当に対して、Wordの設定とコメント欄の表示形式の変更依頼を行うことが必要となる場合がある。

【資料3-3】 売買取引基本契約書【売主側・一読後版】

売買取引基本契約書

株式会社X ●●●●（以下「甲」という。）と**株式会社Z**（以下「乙」という。）は、甲と乙の間における第1条に定める自動車部品の売買について、本日、以下のとおり取引基本契約（以下「本契約」という。）を締結する。

（基本契約）

第1条 本契約は、甲が乙に対して次条に定める自動車部品を売り渡す売買契約（以下「個別契約」という。）の全てに適用される。

2 個別契約において本契約と異なる内容を定めた場合は、個別契約が本契約に優先する。

（目的となる部品）

第2条 本契約の目的となる自動車部品（以下「本部品」という。）は以下のとおりとする。

（1）●●●●

（2）○○○○

（3）××××

（4）その他別途乙が指定した部品

> 💬 コメント追加【K弁護士】
> 相手先が一方的に指定できることでよいか？

（個別契約）

第3条 個別契約は、乙が、甲に対し、本部品の名称、数量、単価、代金総額、納入日及び納入場所その他必要な事項を記載した書面を送付する方法により申し込み、これに対し、甲が承諾したときに成立する。

2 乙が甲に対して前項の書面を送付した日から2営業日以内に、甲から乙に対する承諾の通知が到達しない場合、甲は乙による申込みを承諾したものとみなし、個別契約は当該期間の経過をもって成立する。

> 💬 コメント追加【K弁護士】
> 短くないか？

> 💬 コメント追加【K弁護士】
> 当然成立でよいか？

3 前2項の規定は、甲と乙が協議の上でこれに代わる方法を定めることを妨げない。

（梱包）

第4条 甲は、本部品をその種類、品質又は数量に照らして適切かつ乙が承認する方法で梱包し、出荷しなければならない。

（納入）

第5条 甲は、乙に対し、個別契約で定めた納入日に、個別契約で定めた納入場所で、本部品を納入する。ただし、納入場所までの輸送費その他の納入のために要する費用は甲の負担とする。

2 甲は、乙に対し、個別契約で定めた納入日よりも前に、本部品を納入する場合、事前に乙の承諾を得る。

> 💬 コメント追加【K弁護士】
> 承諾なく納入日前に納入できないが

3 甲は、個別契約で定めた納入日に本部品を納入することができない場合、事前に乙に通知しなければならない。

（検収）

第6条 乙は、本部品の納入を受けた時は遅滞なく、本部品の内容を検査し、検査に合格した場合には、甲に対し、その旨の通知を発し、乙が合格と判断した時に本部品の引渡しが完了する。

> 💬 コメント追加【K弁護士】
> 具体的な期限を設定しなくてよいか？

> 💬 コメント追加【K弁護士】
> 相手先が通知を発しなかった場合は？

2 本部品に種類、品質又は数量その他本契約の内容との不適合（以下「契約不適合」という。）が存在するときは、乙は、甲に対して、乙の選択に従い、本部品

> 💬 コメント追加【K弁護士】
> 相手先の選択と異なる追完ができる場合は？

第3章 やってみよう！ ～売買取引基本契約書による再現～ 179

の修補、代替物の引渡し又は不足分の引渡しによる履行の追完を求めることができる。この場合、甲は、乙が定める期限内に、無償で、本部品を修補し、代替物の引渡し又は不足分の引渡しによる履行の追完をしなければならない。

3　本条各項の規定は、前項により甲が本部品の代替品を納入した場合の当該代替品についても準用する。

（所有権の移転）

第7条　本部品の所有権は、引渡しが完了した時をもって甲から乙に移転する。

> ■コメント追加【K弁護士】
> 代金完済時でなくてよいか？

（危険負担）

第8条　本部品について、乙への引渡し前に生じた滅失、毀損その他の危険は甲の負担とする。

> ■コメント追加【K弁護士】
> 相手先に責に帰すべき事由がある場合は？

（代金支払）

第9条　乙は、毎月末日までに引渡しを受けた本部品の代金を、翌月末日（金融機関が休業日の場合は翌営業日）までに、甲が指定する銀行口座宛に振り込む方法により支払う。ただし、振込手数料は乙の負担とする。

> ■コメント追加【K弁護士】
> 前倒しできないか？

> ■コメント追加【K弁護士】
> 休業日前では？

（品質保証等）

第10条　甲は、乙に対し、次の各号に掲げる内容を保証する。

（1）本部品が、別途乙が定める品質基準と合致していること。

（2）本部品に、設計上、製造上及び表示上の欠陥がないこと。

> ■コメント追加【K弁護士】
> 保証できるか？

（3）本部品が第三者の特許権、実用新案権、商標権、著作権その他の知的財産権（以下「知的財産権」という。）その他権利又は利益を侵害していないこと。

> ■コメント追加【K弁護士】
> 保証できるか？

（4）本部品を乙に対して安定的に供給すること。

（立入検査）

第11条　乙は、必要に応じ、本部品が所在する工場、施設、倉庫等に立入検査を実施することができ、甲は乙による立入検査に必要な協力を行う。

> ■コメント追加【K弁護士】
> 無条件に認めてよいか？

（契約不適合責任）

第12条　本部品に契約不適合があったときは、甲は、当該契約不適合が甲の責めに帰すべき事由によるものであるかを問わず、乙の選択に従い、当該本部品の無償による修補、代替品の納入又は不足分の納入等の方法による履行の追完、代金の全部又は一部の減額若しくは返還その他の必要な措置を講じなければならない。

> ■コメント追加【K弁護士】
> 検収を完了してなお責任を負わなければならないか？

2　本条の定めは、本契約の他の規定に基づく損害賠償の請求及び解除権の行使を妨げない。

3　甲が契約不適合のある本部品を乙に引き渡した場合において、乙が当該契約不適合を知った時から2年以内にその旨を甲に通知しないときは、乙は、当該契約不適合を理由として、第1項に規定する権利を行使することができない。ただし、甲が引渡しの時にその不適合を知り、又は重大な過失によって知らなかったときは、この限りではない。

4　商法第526条第2項の規定は本契約には適用されない。

（製造物責任）

第13条　本部品の欠陥により乙又は第三者に損害が発生した場合は、甲は、当該損害（弁護士費用及びその他の費用を含む。）を賠償しなければならない。

> ■コメント追加【K弁護士】
> 常に負わなければならないか？

> ■コメント追加【K弁護士】
> 賠償範囲を限定できないか？

（第三者の権利の侵害）

第14条　本部品に関して、第三者との間で知的財産権その他権利に関する紛争が生じたときは、甲がその責任と費用負担において当該紛争を処理する。

> ■コメント追加【K弁護士】
> 常に御社のみの責任か？

2　前項のほか本契約若しくは個別契約の履行又は本部品に関連若しくは起因して、甲の責に帰すべき事由により第三者との間に紛争が生じたときは、甲がその責任と費用負担において当該紛争を解決し、乙には迷惑をかけない。

3　前2項の場合において、乙が当該紛争の当事者となった場合には、甲は、乙に

対し、これにより乙が被った一切の損害（弁護士費用及びその他の費用を含む。）
を賠償しなければならない。

> 💬 コメント追加【K弁護士】
> 賠償範囲が広すぎないか？

（第三者への委託）

第15条 甲は、乙の事前の書面による承諾を得た場合に限り、本部品の製造に関す
る業務を第三者に委託することができる。この場合、甲は、本契約に基づく甲の
義務と同等の義務を委託先に対して負わせるものとし、委託先の責に帰すべき事
由により乙に損害が発生した場合は、委託先と連帯して乙に対して損害を賠償す
るものとする。

> 💬 コメント追加【K弁護士】
> 常に承諾が必要か？

> 💬 コメント追加【K弁護士】
> 常に責任を負うか？

（秘密保持）

第16条 甲及び乙は、本契約の有効期間中はもとより終了後も、本契約又は個別契
約によって知り得た相手方の営業上又は技術上の秘密（以下「秘密情報」という。）
を第三者に開示若しくは漏洩し、又は本契約の目的以外の目的に使用してはなら
ない。

2　次の各号のいずれかに該当する情報は秘密情報に該当しない。

（1）公知の情報又は甲若しくは乙の責めに帰すべき事由によらずして公知となっ
た情報

（2）相手方から開示された時点で既に保有していた情報

（3）第三者から秘密保持義務を負うことなく適法に取得した情報

（4）相手方から開示された秘密情報によらずに独自に開発した情報

3　第1項の規定にかかわらず、甲及び乙は、次の各号のいずれかに該当する場合
には、必要な範囲で秘密情報を開示することができる。

（1）自己の役員、従業員又は弁護士、公認会計士、税理士その他法令上秘密保持
義務を負う専門家に対して開示する場合

（2）裁判所、行政機関の命令又は法令により開示が義務付けられて開示する場合。
ただし、かかる開示を行った場合は、その旨を速やかに相手方に通知する。

4　甲及び乙は、本契約が終了した場合又は相手方が求めた場合、その指示に従い、
秘密情報を相手方に返還又は削除の上、その旨を証する書面を提出しなければな
らない。

（通知義務）

第17条 甲は、次の各号のいずれかに該当するときは、乙に対し、事前にその旨を
書面により通知しなければならない。

> 💬 コメント追加【K弁護士】
> 相手先は通知しなくてよい
> のか？

（1）法人の名称又は商号の変更

（2）代表者の変更

（3）本店、主たる事業所の所在地又は住所の変更

（4）指定金融機関口座の変更

（5）組織、資本構成の変更（合併、会社分割、株式交換、株式移転、事業譲渡、
議決権の3分の1以上の株式の変動）

（6）その他経営に重大な影響を及ぼす事項があるとき

（損害賠償）

第18条 乙は、甲が本契約又は個別契約に違反した場合、甲に対し、これによって
被った一切の損害（弁護士費用、逸失利益を含む間接損害、特別損害を含むがこ
れらに限られない。）の賠償を請求できる。

> 💬 コメント追加【K弁護士】
> 相手先が違反した場合は？

> 💬 コメント追加【K弁護士】
> 広すぎないか？

（遅延損害金）

第19条 甲が本契約又は個別契約に基づき乙に対して負担する金銭債務の弁済を遅
延したときは、弁済期の翌日から支払い済みに至るまで、年14.6%の割合による
遅延損害金を支払わなければならない。

> 💬 コメント追加【K弁護士】
> 相手先が遅延したときは？

> 💬 コメント追加【K弁護士】
> 利率は高くないか？

（解除・期限の利益喪失）

第3章　やってみよう！　～売買取引基本契約書による再現～　181

第20条 甲又は乙は、相手方が本契約又は個別契約のいずれかの条項に違反し、相当期間を定めて催告をしたにもかかわらず、相当期間内に、違反が是正されないときは、本契約又は個別契約を解除することができる。ただし、その期間を経過した時における本契約又は個別契約の違反が本契約、個別契約及び取引上の社会通念に照らして軽微であるときは、この限りでない。

2　甲又は乙は、相手方に次の各号に掲げる事由の一が生じたときには、何らの催告なく、直ちに本契約又は個別契約の全部又は一部を解除することができる。ただし、当該事由が解除しようとする当事者の責めに帰すべき事由によるものであるときは、当該事由により解除をすることはできない。

（１）本契約又は個別契約に関し、相手方による重大な違反又は背信行為があったとき。

（２）債務の全部若しくは一部の履行が不能であるとき又は相手方がその債務の全部若しくは一部の履行を拒絶する意思を明確に表示したとき。ただし、一部履行不能の場合は当該一部に限り、解除することができる。

（３）前号の規定にかかわらず、債務の一部の履行が不能である場合又は相手方がその債務の一部の履行を拒絶する意思を明確に表示した場合において、残存する部分のみでは契約をした目的を達することができないときは本契約又は個別契約の全部を解除することができる。

（４）本契約又は個別契約上、特定の日時又は一定の期間内に履行をしなければ本契約又は個別契約の目的を達することができない場合において、相手方が履行をしないでその時期を経過したとき。

（５）前各号に掲げる場合のほか、相手方がその債務の履行をせず、催告をしても契約をした目的を達するのに足りる履行がされる見込みがないことが明らかであるとき。

（６）監督官庁より営業の取消し、停止等の処分を受けたとき。

（７）支払停止若しくは支払不能の状態に陥ったとき、自ら振り出し若しくは引き受けた手形若しくは小切手が不渡りとなったとき又は銀行取引停止処分を受けたとき。

（８）信用資力の著しい低下があったとき又はこれに影響を及ぼす営業上の重要な変更があったとき。

（９）第三者により差押え、仮差押え、仮処分その他強制執行若しくは担保権の実行としての競売又は公租公課の滞納処分その他これらに準じる手続が開始されたとき。

（10）破産手続、民事再生手続、会社更生手続若しくは特別清算手続開始の申立てがあったとき又は債務整理の通知がされたとき。

（11）合併による消滅、資本の減少、営業の廃止若しくは変更又は解散の決議をしたとき。

（12）その他本契約又は個別契約を継続しがたい重大な事由が発生したとき。

3　前二項に基づいて本契約又は個別契約を解除し、そのことによって損害が生じた場合、解除した当事者は、相手方にその損害の賠償を請求することができる。

4　第１項又は第２項により本契約又は個別契約を解除された当事者は、これにより損害を被った場合であっても、相手方に対して当該損害の賠償を請求することはできない。

5　甲が本契約又は個別契約のいずれかの条項に違反した場合、甲は、乙の書面による通知により、本契約、個別契約及びその他乙との間で締結した契約から生じる一切の債務につき期限の利益を失い、乙に対して負担する一切の債務を直ちに一括して弁済しなければならない。

> ■● コメント追加【K弁護士】
> 相手先が違反した場合は？

6 甲が第2項各号のいずれかに該当した場合、又は本契約若しくは個別契約が解除された場合、甲は、当然に本契約、個別契約及びその他乙との間で締結した契約から生じる一切の債務について期限の利益を失い、乙に対して負担する一切の債務を直ちに一括して弁済しなければならない。

> **コメント追加【K弁護士】**
> 相手先が該当、違反した場合は？

（反社会的勢力の排除）

第21条 甲及び乙は、次の各号のいずれにも該当せず、かつ将来にわたっても該当しないことを表明し、保証する。

（1）自ら又は自らの役員が、暴力団、暴力団員、暴力団員でなくなった時から5年を経過しない者、暴力団準構成員、暴力団関係企業、総会屋、社会運動等標ぼうゴロ又は特殊知能暴力集団等その他これらに準じる者（以下総称して「反社会的勢力」という。）であること。

（2）反社会的勢力が経営を実質的に支配していると認められる関係を有すること。

（3）反社会的勢力が経営に実質的に関与していると認められる関係を有すること。

（4）自ら若しくは第三者の不正の利益を図る目的又は第三者に損害を加える目的をもってする等、反社会的勢力を利用していると認められる関係を有すること。

（5）反社会的勢力に対して資金等を提供し、又は便宜を供与する等の関与をしていると認められる関係を有すること。

（6）自らの役員又は自らの経営に実質的に関与している者が、反社会的勢力との間で、社会的に非難されるべき関係を有すること。

2 甲及び乙は、自己の責めに帰すべき事由の有無を問わず、相手方が前項に違反した場合、何らの催告を要することなく、直ちに本契約を解除し、かつ、これにより被った損害の賠償を相手方に対して請求することができる。

3 前項により本契約を解除された当事者は、これにより損害を被った場合であっても、相手方に対して当該損害の賠償を請求することはできない。

（本契約上の地位等の譲渡禁止）

第22条 甲は、乙の書面による事前の承諾なく、本契約上の地位又は本契約に基づく権利若しくは義務の全部若しくは一部を、第三者に譲渡若しくは継承させ、又は担保に供してはならない。

> **コメント追加【K弁護士】**
> 相手先は？

（契約期間・更新）

第23条 本契約の有効期間は、本契約の締結日より1年間とする。ただし、期間満了1か月前までに、甲又は乙いずれからも書面による異議がなされなかったときは、本契約は期間満了日の翌日から起算して、同一の条件にて更に1年間更新され、以後も同様とする。

> **コメント追加【K弁護士】**
> 期限は妥当か？

（解約）

第24条 乙は、甲に対し、解約日の1か月前までに通知することにより、本契約を解約することができる。

> **コメント追加【K弁護士】**
> 期限は妥当か？

（残存条項等）

第25条 第10条（品質保証等）、第12条（契約不適合責任）、第13条（製造物責任）、第14条（第三者の権利の侵害）、第15条（第三者への委託）、第16条（秘密保持）、第18条（損害賠償）、第21条（反社会的勢力の排除）、第26条（準拠法・合意管轄）及び第27条（協議）並びに本条の各規定は本契約の終了後であってもなお効力を有する。

2 本契約の終了時において、有効な個別契約が存在する場合、本契約は、当該個別契約が終了するまでの間、なお効力を有する。

（準拠法・合意管轄）

第26条 本契約は日本法に準拠し、日本法に従って解釈される。

2 本契約、個別契約又はこれらに関連する一切の紛争が生じた場合、東京地方裁

> **コメント追加【K弁護士】**
> 横浜でなくてよいか？

第3章　やってみよう！〜売買取引基本契約書による再現〜　　183

判所を第一審の専属的合意管轄裁判所とする。

(協議)

第27条　本契約に定めのない事項又は本契約の解釈について疑義が生じたときは、甲及び乙が誠意をもって協議の上解決する。

　本契約の締結を証するため本書2通を作成し、甲及び乙がそれぞれ記名押印の上、各1通を保有する。

　　　　2025年●●月●●日

　　　　　　　　（甲）　住　　　所　**横浜市●●区●●町●丁目●番●号**
　　　　　　　　　　　　商　　　号　**株式会社　　　　　X**
　　　　　　　　　　　　代表者氏名　**代表取締役　　甲　山　太　郎**　㊞

　　　　　　　　（乙）　住　　　所　東京都●●区●●●●丁目●番●号
　　　　　　　　　　　　商　　　号　株式会社　　　　　Z
　　　　　　　　　　　　代表者氏名　代表取締役　　丙　村　三　郎　㊞

3 チェックの準備

モデル事例 本格的なチェックの前に

　K弁護士は、過去にも売買取引基本契約書のリーガルチェックをした経験が何度かあり、直近でもチェックを行ったばかりであったため、一読の結果、特段の調査の必要は感じなかった。

　K弁護士は、過去にチェックした売買取引基本契約書のデータファイルの存在を確認し、本件に近いものについて、売主と買主それぞれの立場のものを準備した。

　通常の時間と手間で対応可能なことを確認できたため、レビューについては翌日行うことにした。

　K弁護士には特段の調査の必要はなかったようであるが、第1章の業務委託契約（請負型）と同様に、検収（当初契約案6条）及び契約不適合責任（同12条）は、令和2年4月1日施行の民法等改正において改正されているので、その内容は正確に押さえておきたい。また、損害賠償の範囲（同18条）についても、民法の立場を押さえておきたい。

　参考書式については、過去に取り扱ったデータが存在しない場合には、売買取引基本契約書の書式を準備する必要があるが、その際は、X社の契約上の地位である売主側に立ったものに加え、買主側に立ったものも参照したい。X社が契約締結を優先にしていることから、無理な修正を求めることがないよう、買主である相手先にとって重要性の高い条項を確認しておく必要がある。

第3章　やってみよう！〜売買取引基本契約書による再現〜　185

4 本文のレビュー

（1）レビューにあたっての基本姿勢

> **モデル事例** レビューにあたり念頭に置くことの確認
>
> 　K弁護士は、翌3月5日、契約書案の本文に対して、X社の立場から見た法的問題点やリスクの有無を確認・検討し、問題がある場合には修正、削除、追加する作業、いわゆるレビューを行った。
>
> 　レビューにあたっては、契約書案の各条項が当該契約に固有なものか、当該契約に限らず設けられる一般的なものか、固有なものである場合には、契約類型を明らかにする、又は当事者の基本的な権利義務を定める本質的な条項か、当事者の権利義務を補充・確認する付随的な条項かを意識して作業を進めた。
>
> 　また、契約締結を優先するX社の立場を常に念頭に置きつつ、レビューを行った。

　以下、主なレビュー箇所を見ていく。

（2）固有の条項に関して

ア　本質的な条項

（ア）契約類型の特定に関するもの

　当初の契約書案では、2条で契約の対象となる部品を定めているところ、同条4号の「その他別途乙が指定した部品」については、相手先の一方的な指定により、X社が製造していない、又はできない部品を発注することもできてしまうので、「その他別途甲と乙が合意した部品」と

修正して、対象となる部品の追加には、X社の同意が必要であることにした。

(イ) X社の基本的な義務

個別契約の締結にあたってのZ社からの発注に対するX社の諾否の通知期限については、「２営業日」ではX社にとって短すぎると思われた。問題なく通知を行うことができるよう、X社において検討可能な確実な日数を確保するため、修正のうえ、必要な日数を記入するべきである旨コメントした。

Z社の発注に対し通知期限までに通知がない場合、当初の契約書案では、「申込みを承諾したものとみなし、個別契約は当該期間の経過をもって成立する」とされていたところ、当然に個別契約が成立するということでよいのか、成立しない旨定める余地もあるので、「当該申込みは効力を失う」との例文をあげたコメントを残した。契約書案の本文に直接修正を行わなかったのは、契約締結を優先するX社の意向を尊重し、問題点を指摘するに留め、X社における検討と判断に委ねることにするためである。例文をあげたのは、修正するとの判断にいたった場合に、具体的な表現がわかるようにするためである。

(ウ) Z社の基本的な義務

Z社の基本的な義務を当初の契約書案よりも加重するような修正は、Z社の了解を得られない可能性があり、契約締結の支障になりかねないため、契約書案に直接修正を加えるのではなく、問題点をコメントとして残すことに留めた。

具体的には、Z社による代金支払時期が毎月末日締めの翌月末日払いとなっているところ（当初契約書案９条）、より早い時期にしなくてよいか、また、翌月末日が金融機関の休業日である場合は翌営業日が支払日とされているところ（同条）、休業日直前の営業日としなくてよいかについてコメントを残した。

イ　付随的な条項

(ア) X社の義務に関するもの

①立入検査（当初契約書案11条）は、X社の業務に与える影響が大きいことから、X社の承諾を要すること、X社は可能な範囲で協力をすれ

ばよいことに修正した。

　②契約不適合責任（同12条）については、検収（同6条）に合格し、引渡しを完了してなお責任を負わなければならないかに疑問は残るが、その点は問題意識のみをコメントに残し、X社の検討と判断に委ねることにした。ただし、契約不適合責任を行使する場合の前提となる不適合の通知期間が、「知った時から2年」と長期である点は、「引渡し後6か月」に修正した。

　③X社が納入した部品に関して第三者との間で紛争が生じた場合、常にX社が責任と費用を負担することになっていたところ（同14条1項・2項）、X社に責に帰すべき事由がないとき（同条1項）については、X社とZ社が協力して紛争解決にあたり、費用の負担は両者の協議によることにした。また、賠償すべき損害の範囲が広範に定められており（同条3項）、X社において想定外の過大な賠償責任を負うことになりかねないことから、賠償すべき損害の範囲を限定し（同条3項）、賠償額の上限を設定する（同条4項）修正を行った。同条3項と4項両方の変更が困難でも、いずれかは行うべき旨コメントした。

　④Z社の都合が優先され、また、Z社において規定を置く必要性が高いと思われる以下の各条項については、契約書案には直接修正を行わず、コメント欄にコメントを残すことにした。

　部品の納入に関し、納入日当日の納入が原則とされ、納入日前に納入する場合には、Z社の事前の承諾が必要となっているところ（同5条2項）、同項を削除して、X社の都合で納入日前に納入できるようにしなくてよいかをコメントした。

　また、Z社において要求することが一般的である品質保証（同10条）に関しては、本部品に「設計上、製造上及び表示上の欠陥」がないか（同条2号）、本部品が「第三者の特許権、実用新案権、商標権、著作権その他の知的財産権その他権利又は利益」を侵害していないか（同条3号）について、X社において知らないことが少なくないことから、X社「の知る限り」といった限定を付けられないかとのコメントを付した。加えて、本部品をX社がZ社に対して「安定的に供給すること」ができるか（同条4号）についても、Z社の発注量、X社の製造体制並びに部品製造のための資材の調達及び従業員のマンパワー等に影響されることから、

削除できるものであれば削除すべきとのコメントを残した。

(イ)Z社の義務に関するもの

　検収（当初契約書案6条）は、X社の基本的な義務である引渡しの有無及び時期を決定する前提であり、検収不合格の場合、X社は履行の追完を要求されるため、X社にとっては重要な規定である。そこで、検収の時期が「遅滞なく」とされている点は具体的な期限を設定し、同期限内に合否に関わらず結果の通知を発する旨修正した（同条1項）。

　また、同期限内に通知が発せられない場合には、合格と判断したものとみなす旨の修正も行った（同条2項）。

　さらに、履行の追完方法はZ社が選択することになっているところ（同条3項）、Z社に不相当な負担を課すものでないときは、X社が選択できる旨を追加し（同条4項）、納入された部品に不適合があった場合に、不適合がZ社の「責めに帰すべき事由によるものであるときは」X社は履行の追完義務を負わない旨を追加した（同条5項）。

（3）一般的な条項に関して

　引き続き、契約の類型にかかわらず、広く契約全般に登場する一般的な規定に関する主なレビュー結果を見ていく。

　①X社のみが義務等を負わされている条項について、X社・Z社双方とも義務等を負うように修正した。具体的には、通知義務（当初契約書案17条）、損害の範囲（同18条）、遅延損害金（同19条）、期限の利益喪失（同20条5項・6項）、本契約上の地位等の譲渡禁止（同22条）、解約（同24条）である。

　②賠償すべき損害の範囲（同18条）については、第三者の権利の侵害（同14条3項）の場合と同様に広範であり、X社が不測の高額な賠償責任を負うおそれがあるため、賠償すべき損害の範囲を限定し（同18条1項）、賠償額の上限を設定する（同条2項）修正を行い、コメント欄には、双方の修正が認められることが困難であるとしても、いずれかは修正すべき旨コメントした。

　③遅延損害金の利率（同19条）は高利ではあるが、金銭債務を負うのは主としてZ社なので、そのままとした旨コメントした。

第3章　やってみよう！〜売買取引基本契約書による再現〜　189

④更新拒絶の期限（同23条）及び解約の通知時期（同24条）は、Ｘ社においては取引打切りへの対応に時間的猶予が必要なため、いずれについても、より前の時期にすべきとのコメントを付した。

なお、合意管轄については、Ｘ社の所在地の裁判所である横浜地方裁判所を第一審の専属的合意管轄裁判所と修正することが考えられるが、東京地方裁判所であっても、Ｘ社所在地から特に遠方とはいえず、Ｘ社において契約締結を優先するとの意向であることから、修正の必要性の低いものは修正を求めないこととし、修正しなかった。

本文のレビュー後の契約書案については、**【資料3-4】売買取引基本契約書【売主側・本文チェック後版】191頁**を参照されたい。

コラム ⑱　コメントを残す場所

コメントを残す方法としては、Wordのコメント機能を使用して契約書案の欄外に表示させるほか、契約書案の中に【】などで囲う形で残す方法がある。

いずれが本来のやり方か、いずれが妥当かは議論のあるところではあるが、結局のところ、チェック担当と依頼担当との間で了解が取れている限りは、当該担当者間でチェックしやすく、わかりやすい方法を採用すればよい。

私の場合は、単にコメントを残すのみではなく、残したコメントに依頼担当から返信のコメントをもらい、必要であればさらにコメントを返すという形で、問題となる条項について契約書上で依頼担当とコミュニケーションをとることが多いため、これを本文中で行うとなると、本文中のコメントの量が多くなりすぎ、肝心の条項が読みづらくなってしまう。Wordのコメント機能を使用すると、元のコメントの中で返信・再返信のコメントを行うことができ、適宜折りたたまれて表示されるので、本文だけでなく、コメント欄でも他のコメントの妨げにならない。不要になれば削除することもできるので、こちらの方法をとっている。

【資料3-4】 売買取引基本契約書【売主側・本文チェック後版】

【前略】

（基本契約）

第1条 本契約は、甲が乙に対して次条に定める自動車部品を売り渡す売買契約（以下「個別契約」という。）の全てに適用される。

2 個別契約において本契約と異なる内容を定めた場合は、個別契約が本契約に優先する。

（目的となる部品）

第2条 本契約の目的となる自動車部品（以下「本部品」という。）は以下のとおりとする。

（1）●●●●

（2）○○○○

（3）××××

（4）その他別途甲と乙が合意指定した部品

> 💬コメント追加【K弁護士】
> 御社の同意できない部品が本契約の目的とならないようにする必要がある。

（個別契約）

第3条 個別契約は、乙が、甲に対し、本部品の名称、数量、単価、代金総額、納入日及び納入場所その他必要な事項を記載した書面を送付する方法により申し込み、これに対し、甲が承諾したときに成立する。

2 乙が甲に対して前項の書面を送付した日から●2営業日以内に、甲から乙に対する承諾又は不承諾の通知が到達しない場合、甲は乙による申込みを承諾したものとみなし、個別契約は当該期間の経過をもって成立する。

3 前2項の規定は、甲と乙が協議の上でこれに代わる方法を定めることを妨げない。

> 💬コメント追加【K弁護士】
> 受注判断に2営業では短すぎないか？
> 回答が相手先に届くまでに最低限必要な日数を記入してください。

> 💬コメント追加【K弁護士】
> 不承諾の通知を発する場合があることを契約書上明らかにしてほしい。

> 💬コメント追加【K弁護士】
> 当然成立でよいか？
> 相手先の同意が得られるようであれば、「乙による当該申込みは効力を失う」と修正したい。

（梱包）

第4条 甲は、本部品をその種類、品質又は数量に照らして適切かつ乙が承認する方法で梱包し、出荷しなければならない。

（納入）

第5条 甲は、乙に対し、個別契約で定めた納入日に、個別契約で定めた納入場所で、本部品を納入する。ただし、納入場所までの輸送費その他の納入のために要する費用は甲の負担とする。

2 甲は、乙に対し、個別契約で定めた納入日よりも前に、本部品を納入する場合、事前に乙の承諾を得る。

3 甲は、個別契約で定めた納入日に本部品を納入することができない場合、事前に乙に通知しなければならない。

> 💬コメント追加【K弁護士】
> 事前承諾なく納入期日前に納入できるようにするためには、2項は削除する必要がある。

（検収）

第6条 乙は、本部品の納入後●日以内にを受けた時は遅滞なく、本部品の内容を検査し、検査に合格した場合には、甲に対し、その結果旨の通知を発し、乙が合格と判断した時に本部品の引渡しが完了する。

2 前項の期間内に乙から甲に対する同項の通知が発せられない場合は、乙が合格と判断したものとみなす。

3 2 本部品に種類、品質又は数量その他本契約の内容との不適合（以下「契約不適合」という。）が存在するときは、乙は、甲に対して、乙の選択に従い、本部品の修補、代替物の引渡し又は不足分の引渡しによる履行の追完を求めることが

> 💬コメント追加【K弁護士】
> 検査期間は具体的に決めておくべき。
> 相手先の了解が得られる範囲内でできるだけ短い期間を記入してください。

> 💬コメント追加【K弁護士】
> 結果の如何に関わらず、結果の通知を要することを明確にするべき

> 💬コメント追加【K弁護士】
> 結果の通知がない場合の取扱いを定めておくべき

第3章 やってみよう！ ～売買取引基本契約書による再現～ 191

できる。この場合、甲は、乙が定める期限内に、無償で、本部品を修補し、代替物の引渡し又は不足分の引渡しによる履行の追完をしなければならない。

4　前項の場合に、甲は、乙に不相当な負担を課すものでないときは、乙が選択した方法と異なる方法による履行の追完をすることができる。

5　第3項の不適合が乙の責めに帰すべき事由によるものであるときは、乙は、同項の規定による履行の追完の請求をすることができない。

6~~3~~　本条各項の規定は、**第3~~神~~**項により甲が本部品の代替品を納入した場合の当該代替品についても準用する。

（所有権の移転）

第7条　本部品の所有権は、引渡しが完了した時をもって甲から乙に移転する。

（危険負担）

第8条　本部品について生じた滅失、毀損その他の危険は、~~乙への~~引渡し前に生じた~~もの滅失、毀損その他の危険~~は、乙の責に帰すべき事由がある場合を除き、甲の、引渡し後に生じたものは、甲の責に帰すべき事由がある場合を除き、乙の負担とする。

（代金支払）

第9条　乙は、毎月末日までに引渡しを受けた本部品の代金を、翌月末日（金融機関が休業日の場合は翌営業日）までに、甲が指定する銀行口座宛に振り込む方法により支払う。ただし、振込手数料は乙の負担とする。

（品質保証等）

第10条　甲は、乙に対し、次の各号に掲げる内容を保証する。
（1）本部品が、別途乙が定める品質基準と合致していること。
（2）本部品に、設計上、製造上及び表示上の欠陥がないこと。
（3）本部品が第三者の特許権、実用新案権、商標権、著作権その他の知的財産権（以下「知的財産権」という。）その他権利又は利益を侵害していないこと。
（4）本部品を乙に対して安定的に供給すること。

（立入検査）

第11条　乙は、**甲の承諾を得て**~~必要に応じ~~、本部品が所在する工場、施設、倉庫等に立入検査を実施することができ、甲は乙による立入検査に**可能な範囲で**~~必要な~~協力を行う。

（契約不適合責任）

第12条　本部品に契約不適合があったときは、甲は、当該契約不適合が甲の責めに帰すべき事由によるものであるかを問わず、乙の選択に従い、当該本部品の無償による修補、代替品の納入又は不足分の納入等の方法による履行の追完、代金の全部又は一部の減額若しくは返還その他の必要な措置を講じなければならない。

2　本条の定めは、本契約の他の規定に基づく損害賠償の請求及び解除権の行使を妨げない。

3　甲が契約不適合のある本部品を乙に引き渡した場合において、**引渡し後6か月**~~乙が当該契約不適合を知った時から2年~~以内にその旨を甲に通知しないときは、乙は、当該契約不適合を理由として、第1項に規定する権利を行使することができない。ただし、甲が引渡しの時にその不適合を知り、又は重大な過失によって知らなかったときは、この限りではない。

4　商法第526第2項の規定は本契約には適用されない。

（製造物責任）

第13条　本部品の欠陥により乙又は第三者に損害が発生した場合は、甲は、**当該欠陥が甲の責に帰すべき事由に起因する場合に限り**、当該損害~~（弁護士費用及びその他の費用を含む。）~~を賠償**し**~~す~~なければならない。

コメント追加【K弁護士】
相手先に負担を課すものではないことを条件とするので、自社が選択できる場合を提案してはどうか。

コメント追加【K弁護士】
相手先の責に帰すべき事由による場合の御社の免責を規定したい。

コメント追加【K弁護士】
御社の立場からすると代金完済時とすべきだが、代金支払いに懸念がなければ、引渡し時を維持することもやむを得ない。

コメント追加【K弁護士】
引渡し前であっても、相手先に帰責事由がある場合は相手先に危険を負担させるべき
なお、引渡し後の危険の負担者についても確認しておくことにした。

コメント追加【K弁護士】
支払までの期間を短縮しなくてよろしいでしょうか？

コメント追加【K弁護士】
休業日の「直前の」営業日にしなくてよろしいでしょうか？

コメント追加【K弁護士】
各号とも、御社の知らない欠陥や権利等の侵害等がないことまで保証できるか？「甲の知る限り」といった限定を入れられないか。

コメント追加【K弁護士】
供給できない場合に備えて、削除できるようであれば、削除したい。

コメント追加【K弁護士】
協力する義務を限定してみました。

コメント追加【K弁護士】
検収に合格していることが前提なので、別途契約不適合責任を負わなければならないか？
引渡しを完了してなお責任を負わなければならないか？
少なくとも、乙が権利行使するための通知期間は、引渡し時を基準に、より短縮すべき。

コメント追加【K弁護士】
損害を負う場合を限定し、損害賠償の範囲を拡大させる文言を削除しました。

192

（第三者の権利の侵害）

第14条　本部品に関して、第三者との間で知的財産権その他権利に関する紛争が生じたときは、~~甲及び乙は協力して~~がその責任と費用負担において~~当該紛争を処理する。~~当該紛争の処理に要した費用の負担については、甲及び乙が協議して決定する。

> **コメント追加【K弁護士】**
> 紛争処理と費用負担については、御社と相手先が協議し、協力して決定すべきと考えます。

2　前項のほか本契約若しくは個別契約の履行又は本部品に関連若しくは起因して、甲の責に帰すべき事由により第三者との間に紛争が生じたときは、甲がその責任と費用負担において当該紛争を解決し、乙には迷惑をかけない。

3　前~~2~~項の場合において、乙が当該紛争の当事者となった場合には、甲は、乙に対し、これにより乙が被った直接かつ通常の~~一切の~~損害（弁護士費用及びその他の費用を~~除く~~含む。）を賠償しなければならない。なお、特別損害についてはその予見可能性にかかわらず損害賠償責任を負わないものとする。

4　甲が乙に対して前項の損害の賠償をしなければならない場合、損害賠償の金額は直近1か月間に引渡しがされた本部品の代金相当額を上限とする。

> **コメント追加【K弁護士】**
> 損害賠償の範囲を限定すべきです。
> 少なくとも3項の修正か4項の上限額のいずれかは追加すべきです。

（第三者への委託）

第15条　甲は、乙の事前の書面による承諾を得た場合に限り、本部品の製造に関する業務を第三者に委託することができる。この場合、甲は、本契約に基づく甲の義務と同等の義務を委託先に対して負わせるものとし、委託先の責に帰すべき事由により乙に損害が発生した場合は、委託先と連帯して乙に対して損害を賠償するものとする。

> **コメント追加【K弁護士】**
> 御社において第三者に委託する可能性が全くなければ、このままでも構いませんが、委託する可能性がある場合には、委託するのに常に相手先の承諾を必要とすることでよいか？
> また、委託先が発生させた損害を常に賠償しなければならないということでよいか？

（秘密保持）

第16条　甲及び乙は、本契約の有効期間中はもとより終了後も、本契約又は個別契約によって知り得た相手方の営業上又は技術上の秘密（以下「秘密情報」という。）を第三者に開示若しくは漏洩し、又は本契約の目的以外の目的に使用してはならない。

2　次の各号のいずれかに該当する情報は秘密情報に該当しない。

（1）公知の情報又は甲若しくは乙の責めに帰すべき事由によらずして公知となった情報

（2）相手方から開示された時点で既に保有していた情報

（3）第三者から秘密保持義務を負うことなく適法に取得した情報

（4）相手方から開示された秘密情報によらずに独自に開発した情報

3　第1項の規定にかかわらず、甲及び乙は、次の各号のいずれかに該当する場合には、必要な範囲で秘密情報を開示することができる。

（1）自己の役員、従業員又は弁護士、公認会計士、税理士その他法令上秘密保持義務を負う専門家に対して開示する場合

（2）裁判所、行政機関の命令又は法令により開示が義務付けられて開示する場合。ただし、かかる開示を行った場合は、その旨を速やかに相手方に通知する。

4　甲及び乙は、本契約が終了した場合又は相手方が求めた場合、その指示に従い、秘密情報を相手方に返還又は削除の上、その旨を証する書面を提出しなければならない。

（通知義務）

第17条　甲及び乙は、次の各号のいずれかに該当するときは、乙に対し、事前にその旨を書面により通知しなければならない。

（1）法人の名称又は商号の変更

（2）代表者の変更

（3）本店、主たる事業所の所在地又は住所の変更

（4）指定金融機関口座の変更

> **コメント追加【K弁護士】**
> 相手先にも同じ通知義務を負わせるべき。

第3章　やってみよう！　～売買取引基本契約書による再現～　　193

（5）組織、資本構成の変更（合併、会社分割、株式交換、株式移転、事業譲渡、議決権の3分の1以上の株式の変動）

（6）その他経営に重大な影響を及ぼす事項があるとき

（損害賠償）

第18条 ~~甲及び乙~~ **甲**は、**相手方乙**が本契約又は個別契約に違反した場合、**当該相手方甲**に対し、これによって被った**直接かつ通常の一切の**損害（弁護士費用、逸失利益を~~除く~~**含む**間接損害、特別損害を~~含む~~**がこれらに限られない。**）の賠償を請求できる。**なお、特別損害についてはその予見可能性にかかわらず損害賠償責任を負わないものとする。**

2 甲が乙に対して前項の損害の賠償をしなければならない場合、損害賠償の金額は直近1か月間に引渡しがされた本部品の代金相当額を上限とする。

> 💬 コメント追加【K弁護士】
> 相手先の損害賠償義務も規定する。
> 損害賠償の範囲を限定すべき。
> 少なくとも1項の修正か2項の上限額のいずれかは追加すべき。

（遅延損害金）

第19条 ~~甲及び乙~~が本契約又は個別契約に基づき**相手方乙**に対して負担する金銭債務の弁済を遅延したときは、弁済期の翌日から支払い済みに至るまで、年14.6%の割合による遅延損害金を支払わなければならない。

> 💬 コメント追加【K弁護士】
> 相手先の遅延損害金も規定する。
> 利率については、金銭債務を負うのは主として相手先なので、高い利率のままとした。

（解除・期限の利益喪失）

第20条 甲又は乙は、相手方が本契約又は個別契約のいずれかの条項に違反し、相当期間を定めて催告をしたにもかかわらず、相当期間内に、違反が是正されないときは、本契約又は個別契約を解除することができる。ただし、その期間を経過した時における本契約又は個別契約の違反が本契約、個別契約及び取引上の社会通念に照らして軽微であるときは、この限りでない。

2 甲又は乙は、相手方に次の各号に掲げる事由の一が生じたときには、何らの催告なく、直ちに本契約又は個別契約の全部又は一部を解除することができる。ただし、当該事由が解除しようとする当事者の責めに帰すべき事由によるものであるときは、当該事由により解除をすることはできない。

（1）本契約又は個別契約に関し、相手方による重大な違反又は背信行為があったとき。

（2）債務の全部若しくは一部の履行が不能であるとき又は相手方がその債務の全部若しくは一部の履行を拒絶する意思を明確に表示したとき。ただし、一部履行不能の場合は当該一部に限り、解除することができる。

（3）前号の規定にかかわらず、債務の一部の履行が不能である場合又は相手方がその債務の一部の履行を拒絶する意思を明確に表示した場合において、残存する部分のみでは契約をした目的を達することができないときは本契約又は個別契約の全部を解除することができる。

（4）本契約又は個別契約上、特定の日時又は一定の期間内に履行をしなければ本契約又は個別契約の目的を達することができない場合において、相手方が履行をしないでその時期を経過したとき。

（5）前各号に掲げる場合のほか、相手方がその債務の履行をせず、催告をしても契約をした目的を達するのに足りる履行がされる見込みがないことが明らかであるとき。

（6）監督官庁より営業の取消し、停止等の処分を受けたとき。

（7）支払停止若しくは支払不能の状態に陥ったとき、自ら振り出し若しくは引き受けた手形若しくは小切手が不渡りとなったとき又は銀行取引停止処分を受けたとき。

（8）信用資力の著しい低下があったとき又はこれに影響を及ぼす営業上の重要な変更があったとき。

（9）第三者により差押え、仮差押え、仮処分その他強制執行若しくは担保権の実

行としての競売又は公租公課の滞納処分その他これらに準じる手続が開始された
とき。

（10）破産手続、民事再生手続、会社更生手続若しくは特別清算手続開始の申立て
があったとき又は債務整理の通知がされたとき。

（11）合併による消滅、資本の減少、営業の廃止若しくは変更又は解散の決議をし
たとき。

（12）その他本契約又は個別契約を継続しがたい重大な事由が発生したとき。

3　前二項に基づいて本契約又は個別契約を解除し、そのことによって損害が生じ
た場合、解除した当事者は、相手方にその損害の賠償を請求することができる。

4　第1項又は第2項により本契約又は個別契約を解除された当事者は、これによ
り損害を被った場合であっても、相手方に対して当該損害の賠償を請求すること
はできない。

5　**甲又は乙**が本契約又は個別契約のいずれかの条項に違反した場合、**違反した当
事者甲**は、**相手方乙**の書面による通知により、本契約、個別契約及びその他乙と
の間で締結した契約から生じる一切の債務につき期限の利益を失い、**当該相手方
乙**に対して負担する一切の債務を直ちに一括して弁済しなければならない。

6　**甲又は乙**が第2項各号のいずれかに該当した場合、又は本契約若しくは個別契
約が解除された場合、**該当した、又は解除された当事者甲**は、当然に本契約、個
別契約及びその他**相手方乙**との間で締結した契約から生じる一切の債務について
期限の利益を失い、**当該相手方乙**に対して負担する一切の債務を直ちに一括して
弁済しなければならない。

> 🖥 コメント追加【K弁護士】
> 相手先にも同じ義務を負わ
> せるべき

（反社会的勢力の排除）

第21条　甲及び乙は、次の各号のいずれにも該当せず、かつ将来にわたっても該当
しないことを表明し、保証する。

（1）自ら又は自らの役員が、暴力団、暴力団員、暴力団員でなくなった時から5
年を経過しない者、暴力団準構成員、暴力団関係企業、総会屋、社会運動等標ぼ
うゴロ又は特殊知能暴力集団等その他これらに準じる者（以下総称して「反社会
的勢力」という。）であること。

（2）反社会的勢力が経営を実質的に支配していると認められる関係を有すること。

（3）反社会的勢力が経営に実質的に関与していると認められる関係を有すること。

（4）自ら若しくは第三者の不正の利益を図る目的又は第三者に損害を加える目的
をもってする等、反社会的勢力を利用していると認められる関係を有すること。

（5）反社会的勢力に対して資金等を提供し、又は便宜を供与する等の関与をして
いると認められる関係を有すること。

（6）自らの役員又は自らの経営に実質的に関与している者が、反社会的勢力との
間で、社会的に非難されるべき関係を有すること。

2　甲及び乙は、自己の責めに帰すべき事由の有無を問わず、相手方が前項に違反
した場合、何らの催告を要することなく、直ちに本契約を解除し、かつ、これに
より被った損害の賠償を相手方に対して請求することができる。

3　前項により本契約を解除された当事者は、これにより損害を被った場合であっ
ても、相手方に対して当該損害の賠償を請求することはできない。

（本契約上の地位等の譲渡禁止）

> 🖥 コメント追加【K弁護士】
> 相手先にも同じ義務を負わ
> せるべき

第22条　**甲及び乙**は、**相手方乙**の書面による事前の承諾なく、本契約上の地位又は
本契約に基づく権利若しくは義務の全部若しくは一部を、第三者に譲渡若しくは
継承させ、又は担保に供してはならない。

（契約期間・更新）

第23条　本契約の有効期間は、本契約の締結日より1年間とする。ただし、**期間満**

第3章　やってみよう！　～売買取引基本契約書による再現～　　195

了 ●＋か月前までに、甲又は乙いずれからも書面による異議がなされなかったときは、本契約は期間満了日の翌日から起算して、同一の条件にて更に1年間更新され、以後も同様とする。

コメント追加【K弁護士】
取引打切りへの対応のため、異議の期限をより前にすべき

（解約）
第24条　**甲及び**乙は、**相手方甲**に対し、解約日の ●＋か月前までに通知することにより、本契約を解約することができる。

コメント追加【K弁護士】
御社からの解約も規定するべき。
相手先からの解約通知の期限は、上記コメントの理由から、より前にすべき。

（残存条項等）
第25条　第10条（品質保証等）、第12条（契約不適合責任）、第13条（製造物責任）、第14条（第三者の権利の侵害）、第15条（第三者への委託）、第16条（秘密保持）、第18条（損害賠償）、第21条（反社会的勢力の排除）、第26条（準拠法・合意管轄）及び第27条（協議）並びに本条の各規定は本契約の終了後であってもなお効力を有する。

2　本契約の終了時において、有効な個別契約が存在する場合、本契約は、当該個別契約が終了するまでの間、なお効力を有する。

（準拠法・合意管轄）
第26条　本契約は日本法に準拠し、日本法に従って解釈される。

2　本契約、個別契約又はこれらに関連する一切の紛争が生じた場合、東京地方裁判所を第一審の専属的合意管轄裁判所とする。

コメント追加【K弁護士】
御社所在地である横浜地裁としたいところですが、東京地裁であれば、それほど遠くないので、このままでも構わないようにも思います。

（協議）
第27条　本契約に定めのない事項又は本契約の解釈について疑義が生じたときは、甲及び乙が誠意をもって協議の上解決する。

【後略】

（4）レビューの順序

　第1章同様、以上の説明では、当該契約に**固有の条項**か広く契約一般に設けられる条項（**一般的な条項**）かを分け、**固有の条項**については、契約類型を特定する、又は当事者の基本的な債権債務を定める**本質的な条項**か、当事者の権利義務を補充・確認する**付随的な条項**かを分けた。この点、実際のレビューにおいては、基本的には1条から契約書案の記載順に内容をチェックし、レビューを行っている。

　重要なのは、レビューにあたり、その対象となる条項がいかなる性質のものかを常に意識し、その性質に応じたレビューを行うことである。

コラム ⑲　AI契約書レビューサービス

　AIを利用した契約書レビューサービスが多数提供されるようになっており、企業や法律事務所で利用されるようになっている。私もユーザーの一人である。

　これらのサービスは、契約書案をクラウドにアップロードし、当事者の契約上の地位（ex.委託者等）を入力すると、レビュー内容を抽出し、表示してくれる。使い方によっては大変に便利である。

　ただし、想定しうるレビュー内容を網羅的に抽出・表示するため、実際にレビューすべき事項を取捨選択する必要がある。また、取引上の力関係や当事者の契約締結の必要性の程度に対する配慮までは、少なくとも現時点では十分には反映できてはいないように思われる。人の頭と手による作業が引き続き必要である。

　また、相当額の利用料がかかるため、リーガルチェックが一定件数あるような企業又は法律事務所でないと、導入には費用的なハードルがある。

　私の場合は、一通り自身でレビューを行ったうえで、漏れがないかの確認のために使用している。概ね自身によるレビューに加えられるものはないか、あっても当該契約には不要又は不適当なものであるが、取り扱ったことがない契約書等の場合には、漏れが見つかることがあり、有用である。

　リーガルチェックの機会が少ない企業においては、費用的には弁護士を利用する方が割安ではないかと思われるが、リーガルチェックの今後を考えるうえでは、AIの進歩には注意を払っていく必要がある。

5 全体のチェック

（1）本文の再チェック

> **モデル事例　全体のチェック**
>
> 　K弁護士は、本文のレビューを一通り済ませた後、他の業務を2時間ほど処理したうえで、改めて、本文の再チェックを含む全体のチェックを行った。

　本文についてチェック漏れを確認し、次の各点について追加のレビューを行った。

　①当初契約書案4条（梱包）について、当初の規定では、Z社が承認するか否かにより梱包方法が不確定になるおそれがあるので、相手先が「事前に指示した方法」で梱包するというように修正した。

　②同5条（納入）1項について、納入日以前でも納入できることを明確にするため、「納入日までに、」納入すると修正した。

　③同6条（検収）3項の契約不適合について、「履行の追完のみ」を求めることができ、代金減額等は求められないことを明確にした。

　④同10条（品質保証等）について、X社が保証する品質基準（第1号）について、「事前に」Z社が定めるものに限定した。

　⑤第17条（通知義務）について、本文レビュー時にZ社にも通知義務を課したことにより、柱書の「乙」を「相手方」とすべきだったところ、修正未了となっていたので修正した。

　本ケースでは、Z社の体制が整っていることにより、当初の契約書案において全体の整合性が図られており、誤字脱字もなかったことから、自社のレビューに不整合や誤字脱字がないよう、くれぐれも注意が必要

198　第3章　やってみよう！〜売買取引基本契約書による再現〜

である。

（2）本文以外の部分のチェック

　契約書案の本文以外の部分については、特段の問題はなかった。

　全体のチェック後の契約書案は**【資料3-5】売買取引基本契約書【売主側・全体チェック後版】200頁**のとおりである。

　なお、本ケースでは、一通り問題点を検討したうえで、X社の契約締結を優先するとの方針に従い、Z社にて受け入れが難しい可能性がある部分については、本文を直接修正するのではなく、X社の検討と判断に委ねることにし、コメント欄で問題点を指摘し、修正例を記載した。

　この点、契約締結の必要性が相手先の方が高く、当方からの修正に応じやすい場合には、直接本文を修正するとともに、より積極的なレビューを行うことになる。仮に、より積極的なレビューを行うとどのようになるか、参考例を**【資料3-6】売買取引基本契約書【売主側・参考例】206頁**として掲げるので、参考にしていただきたい。

　なお、契約書案の受付後、チェックに要した実作業時間は、2日間合計で2時間30分程度であった。

> **コラム ⑳　当事者の力関係をどこまで考慮するか？**
>
> 　リーガルチェックにおいては、当事者の取引上の力関係に配慮することが必要である。いかに正しいチェックを行ったとしても、相手先が応じなければ契約書に反映させることはできない。また、契約交渉が決裂することさえある。
>
> 　だからといって、相手先との力関係の差が大きく、契約書案を変更することが不可能と思われるような場合でも、リーガルチェックを行い、自社の意見を示すことは必要である。相手先の契約書案を何の対案もなく受け入れるようでは、何でも受け入れる取引先だと評価されかねず、トラブルが生じた場合に、契約書上正当に述べることができる主張すらも拒否され、契約に基づかない処理を求められかねない。述べるべき点は、きちんと述べていかなければならない。

【資料3-5】 売買取引基本契約書【売主側・全体チェック後版】

売買取引基本契約書

株式会社X ●●●●（以下「甲」という。）と**株式会社Z**（以下「乙」という。）は、甲と乙の間における第1条に定める自動車部品の売買について、本日、以下のとおり取引基本契約（以下「本契約」という。）を締結する。

（基本契約）

第1条 本契約は、甲が乙に対して次条に定める自動車部品を売り渡す売買契約（以下「個別契約」という。）の全てに適用される。

2 個別契約において本契約と異なる内容を定めた場合は、個別契約が本契約に優先する。

（目的となる部品）

第2条 本契約の目的となる自動車部品（以下「本部品」という。）は以下のとおりとする。

(1) ●●●●

(2) ○○○○

(3) ××××

(4) その他別途~~甲と乙が合意~~指定した部品

（個別契約）

第3条 個別契約は、乙が、甲に対し、本部品の名称、数量、単価、代金総額、納入日及び納入場所その他必要な事項を記載した書面を送付する方法により申し込み、これに対し、甲が承諾したときに成立する。

2 乙が甲に対して前項の書面を送付した日から ●●営業日以内に、甲から乙に対する承諾又は不承諾の通知が到達しない場合、甲は乙による申込みを承諾したものとみなし、個別契約は当該期間の経過をもって成立する。

3 前2項の規定は、甲と乙が協議の上でこれに代わる方法を定めることを妨げない。

（梱包）

第4条 甲は、本部品をその種類、品質又は数量に照らして適切かつ乙が**事前に指示した**~~承諾する~~方法で梱包し、出荷しなければならない。

（納入）

第5条 甲は、乙に対し、個別契約で定めた納入日**まで**に、個別契約で定めた納入場所で、本部品を納入する。ただし、納入場所までの輸送費その他の納入のために要する費用は甲の負担とする。

2 甲は、乙に対し、個別契約で定めた納入日よりも前に、本部品を納入する場合、事前に乙の承諾を得る。

3 甲は、個別契約で定めた納入日に本部品を納入することができない場合、事前に乙に通知しなければならない。

（検収）

第6条 乙は、本部品の納入後●日以内に、~~を受けた時は遅滞なく、~~本部品の内容を検査し、検査に合格した場合には、甲に対し、~~その結果~~旨の通知を発し、乙が合格と判断した時に本部品の引渡しが完了する。

2 前項の期間内に乙から甲に対する同項の通知が発せられない場合は、乙が合格と判断したものとみなす。

コメント追加【K弁護士】
御社の同意できない部品が本契約の目的とならないようにする必要がある。

コメント追加【K弁護士】
受注判断に2営業では短すぎないか？
回答が相手先に届くまでに最低限必要な日数を記入してください。

コメント追加【K弁護士】
不承諾の通知を発する場合があることを契約書上明らかにしておく。

コメント追加【K弁護士】
当然成立でよいか？
相手先の同意が得られるようであれば、「乙による当該申込みは効力を失う」と修正したい。

コメント追加【K弁護士】
梱包方法を明確にしておくため、相手先の事前指示に従えばよいことにした。

コメント追加【K弁護士】
事前納入を可能とした。

コメント追加【K弁護士】
事前承諾なく納入日前に納入できるようにするためには、2項は削除する必要がある。

コメント追加【K弁護士】
検査期間は具体的に決めておくべき。
相手先の了解が得られる範囲内でできるだけ短い期間を記入してください。

コメント追加【K弁護士】
結果の如何に関わらず、結果の通知を要することを明確にするべき

コメント追加【K弁護士】
結果の通知がない場合の取扱いを定めておくべき

3~~2~~　本部品に種類、品質又は数量その他本契約の内容との不適合（以下「契約不適合」という。）が存在するときは、乙は、甲に対して、乙の選択に従い、本部品の修補、代替物の引渡し又は不足分の引渡しによる履行の追完**をのみ**求めることができる。この場合、甲は、乙が定める期限内に、無償で、本部品を修補し、代替物の引渡し又は不足分の引渡しによる履行の追完をしなければならない。

> 💬 コメント追加【K弁護士】
> 代金減額請求が認められないことを明確にした。

4　前項の場合に、甲は、乙に不相当な負担を課すものでないときは、乙が選択した方法と異なる方法による履行の追完をすることができる。

> 💬 コメント追加【K弁護士】
> 相手先に負担を課すものではないことを条件とするので、自社が選択できる場合を提案してはどうか。

5　第3項の不適合が乙の責めに帰すべき事由によるものであるときは、乙は、同項の規定による履行の追完の請求をすることができない。

> 💬 コメント追加【K弁護士】
> 相手先の責に帰すべき事由による場合の御社の免責を規定したい。

6~~3~~　本条各項の規定は、第3~~前~~項により甲が本部品の代替品を納入した場合の当該代替品についても準用する。

（所有権の移転）

第7条　本部品の所有権は、引渡しが完了した時をもって甲から乙に移転する。

> 💬 コメント追加【K弁護士】
> 御社の立場からすると代金完済時とすべきだが、代金支払いに懸念がなければ、引渡し時を維持することもやむを得ない。

（危険負担）

第8条　本部品について生じた滅失、毀損その他の危険は、~~乙への~~引渡し前に生じたもの滅失、毀損その他の危険は、乙の責に帰すべき事由がある場合を除き、甲の、引渡し後に生じたものは、甲の責に帰すべき事由がある場合を除き、乙の負担とする。

> 💬 コメント追加【K弁護士】
> 引渡前であっても、相手先に帰責事由がある場合は相手先に危険を負担させるべき
> なお、引渡し後の危険の負担者についても確認しておくことにした。

（代金支払）

第9条　乙は、毎月末日までに引渡しを受けた本部品の代金を、翌月末日（金融機関が休業日の場合は翌営業日）までに、甲が指定する銀行口座宛に振り込む方法により支払う。ただし、振込手数料は乙の負担とする。

> 💬 コメント追加【K弁護士】
> 支払までの期間を短縮しなくてよろしいでしょうか？

> 💬 コメント追加【K弁護士】
> 休業日の「直前の」営業日にしなくてよろしいでしょうか？

（品質保証等）

第10条　甲は、乙に対し、次の各号に掲げる内容を保証する。

（1）本部品が、別途**事前に**乙が定める品質基準と合致していること。

（2）本部品に、設計上、製造上及び表示上の欠陥がないこと。

（3）本部品が第三者の特許権、実用新案権、商標権、著作権その他の知的財産権（以下「知的財産権」という。）その他権利又は利益を侵害していないこと。

（4）本部品を乙に対して安定的に供給すること。

> 💬 コメント追加【K弁護士】
> 各号とも、御社の知らない欠陥や権利等の侵害がないことまで保証できるか？「甲の知る限り」といった限定をいれないか。

（立入検査）

第11条　乙は、甲の承諾を得て必要に応じ、本部品が所在する工場、施設、倉庫等に立入検査を実施することができ、甲は乙による立入検査に可能な範囲で必要な協力を行う。

> 💬 コメント追加【K弁護士】
> 供給できない場合に備えて、削除できるようであれば、削除したい。

> 💬 コメント追加【K弁護士】
> 協力する義務を限定してみました。

（契約不適合責任）

第12条　本部品に契約不適合があったときは、甲は、当該契約不適合が甲の責めに帰すべき事由によるものであるかを問わず、乙の選択に従い、当該本部品の無償による修補、代替品の納入又は不足分の納入等の方法による履行の追完、代金の全部又は一部の減額若しくは返還その他の必要な措置を講じなければならない。

2　本条の定めは、本契約の他の規定に基づく損害賠償の請求及び解除権の行使を妨げない。

3　甲が契約不適合のある本部品を乙に引き渡した場合において、引渡し後6か月乙が該当契約不適合を知った時から~~2年~~以内にその旨を甲に通知しないときは、乙は、当該契約不適合を理由として、第1項に規定する権利を行使することができない。ただし、甲が引渡しの時にその不適合を知り、又は重大な過失によって知らなかったときは、この限りではない。

4　商法第526条第2項の規定は本契約には適用されない。

> 💬 コメント追加【K弁護士】
> 検収に合格していることが前提なので、別途契約不適合責任を負わなければならないか？
> 引渡しを完了してなお責任を負わなければならないか？
> 少なくとも、乙が権利行使するための通知期間は、引渡し時を基準に、より短縮すべき。

第3章　やってみよう！〜売買取引基本契約書による再現〜　　201

（製造物責任）

第13条　本部品の欠陥により乙又は第三者に損害が発生した場合は、甲は、当該欠陥が甲の責に帰すべき事由に起因する場合に限り、当該損害（弁護士費用及びその他の費用を含む。）を賠償するしなければならない。

（第三者の権利の侵害）

第14条　本部品に関して、第三者との間で知的財産権その他権利に関する紛争が生じたときは、甲及び乙は協力してがその責任と費用負担において当該紛争を処理する。当該紛争の処理に要した費用の負担については、甲及び乙が協議して決定する。

2　前項のほか本契約若しくは個別契約の履行又は本部品に関連若しくは起因して、甲の責に帰すべき事由により第三者との間に紛争が生じたときは、甲がその責任と費用負担において当該紛争を解決し、乙には迷惑をかけない。

3　前2項の場合において、乙が当該紛争の当事者となった場合には、甲は、乙に対し、これにより乙が被った直接かつ通常の一切の損害（弁護士費用及びその他の費用を除く含む。）を賠償しなければならない。なお、特別損害についてはその予見可能性にかかわらず損害賠償責任を負わないものとする。

4　甲が乙に対して前項の損害の賠償をしなければならない場合、損害賠償の金額は直近1か月間に引渡しがされた本部品の代金相当額を上限とする。

（第三者への委託）

第15条　甲は、乙の事前の書面による承諾を得た場合に限り、本部品の製造に関する業務を第三者に委託することができる。この場合、甲は、本契約に基づく甲の義務と同等の義務を委託先に対して負わせるものとし、委託先の責に帰すべき事由により乙に損害が発生した場合は、委託先と連帯して乙に対して損害を賠償するものとする。

（秘密保持）

第16条　甲及び乙は、本契約の有効期間中はもとより終了後も、本契約又は個別契約によって知り得た相手方の営業上又は技術上の秘密（以下「秘密情報」という。）を第三者に開示若しくは漏洩し、又は本契約の目的以外の目的に使用してはならない。

2　次の各号のいずれかに該当する情報は秘密情報に該当しない。

（1）公知の情報又は甲若しくは乙の責めに帰すべき事由によらずして公知となった情報

（2）相手方から開示された時点で既に保有していた情報

（3）第三者から秘密保持義務を負うことなく適法に取得した情報

（4）相手方から開示された秘密情報によらずに独自に開発した情報

3　第1項の規定にかかわらず、甲及び乙は、次の各号のいずれかに該当する場合には、必要な範囲で秘密情報を開示することができる。

（1）自己の役員、従業員又は弁護士、公認会計士、税理士その他法令上秘密保持義務を負う専門家に対して開示する場合

（2）裁判所、行政機関の命令又は法令により開示が義務付けられて開示する場合。ただし、かかる開示を行った場合は、その旨を速やかに相手方に通知する。

4　甲及び乙は、本契約が終了した場合又は相手方が求めた場合、その指示に従い、秘密情報を相手方に返還又は削除の上、その旨を証する書面を提出しなければならない。

（通知義務）

第17条　甲及び乙は、次の各号のいずれかに該当するときは、**相手方乙**に対し、事前にその旨を書面により通知しなければならない。

💬 コメント追加【K弁護士】
損害を負う場合を限定し、損害賠償の範囲を拡大させる文言を削除しました。

💬 コメント追加【K弁護士】
紛争処理と費用負担については、御社と相手先が協議し、協力して決定すべきと考えます。

💬 コメント追加【K弁護士】
損害賠償の範囲を限定すべきです。
少なくとも3項の修正か4項の上限額のいずれかは追加すべきです。

💬 コメント追加【K弁護士】
御社において第三者に委託する可能性が全くなければ、このままでも構いませんが、委託する可能性がある場合には、委託するのに常に相手先の承諾を必要とすることでよいか？
また、委託先が発生させた損害を常に賠償しなければならないということでよいか？

💬 コメント追加【K弁護士】
相手先にも通知義務を負わせる。

（1）法人の名称又は商号の変更

（2）代表者の変更

（3）本店、主たる事業所の所在地又は住所の変更

（4）指定金融機関口座の変更

（5）組織、資本構成の変更（合併、会社分割、株式交換、株式移転、事業譲渡、議決権の3分の1以上の株式の変動）

（6）その他経営に重大な影響を及ぼす事項があるとき

（損害賠償）

第18条 甲及び乙は、相手方~~甲~~が本契約又は個別契約に違反した場合、当該相手方~~甲~~に対し、これによって被った直接かつ通常の~~一切の~~損害（弁護士費用、逸失利益を除く~~含む間接損害~~、特別損害を含む~~がこれらに限られない~~。）の賠償を請求できる。なお、特別損害についてはその予見可能性にかかわらず損害賠償責任を負わないものとする。

2　甲が乙に対して前項の損害の賠償をしなければならない場合、損害賠償の金額は直近●か月間に引渡しがされた本部品の代金相当額を上限とする。

> 💬 コメント追加【K弁護士】
> 相手先の損害賠償義務も規定する。
> 損害賠償の範囲を限定すべき。
> 少なくとも1項の修正か2項の上限額のいずれかは追加すべき。

（遅延損害金）

第19条 甲及び乙が本契約又は個別契約に基づき相手方~~乙~~に対して負担する金銭債務の弁済を遅延したときは、弁済期の翌日から支払い済みに至るまで、年14．6％の割合による遅延損害金を支払わなければならない。

> 💬 コメント追加【K弁護士】
> 相手先の遅延損害金も規定する。
> 利率については、金銭債務を負うのは主として相手先なので、高い利率のままとした。

（解除・期限の利益喪失）

第20条 甲又は乙は、相手方が本契約又は個別契約のいずれかの条項に違反し、相当期間を定めて催告をしたにもかかわらず、相当期間内に、違反が是正されないときは、本契約又は個別契約を解除することができる。ただし、その期間を経過した時における本契約又は個別契約の違反が本契約、個別契約及び取引上の社会通念に照らして軽微であるときは、この限りでない。

2　甲又は乙は、相手方に次の各号に掲げる事由の一が生じたときには、何らの催告なく、直ちに本契約又は個別契約の全部又は一部を解除することができる。ただし、当該事由が解除しようとする当事者の責めに帰すべき事由によるものであるときは、当該事由により解除をすることはできない。

（1）本契約又は個別契約に関し、相手方による重大な違反又は背信行為があったとき。

（2）債務の全部若しくは一部の履行が不能であるとき又は相手方がその債務の全部若しくは一部の履行を拒絶する意思を明確に表示したとき。ただし、一部履行不能の場合は当該一部に限り、解除することができる。

（3）前号の規定にかかわらず、債務の一部の履行が不能である場合又は相手方がその債務の一部の履行を拒絶する意思を明確に表示した場合において、残存する部分のみでは契約をした目的を達することができないときは本契約又は個別契約の全部を解除することができる。

（4）本契約又は個別契約上、特定の日時又は一定の期間内に履行をしなければ本契約又は個別契約の目的を達することができない場合において、相手方が履行をしないでその時期を経過したとき。

（5）前各号に掲げる場合のほか、相手方がその債務の履行をせず、催告をしても契約をした目的を達するのに足りる履行がされる見込みがないことが明らかであるとき。

（6）監督官庁より営業の取消し、停止等の処分を受けたとき。

（7）支払停止若しくは支払不能の状態に陥ったとき、自ら振り出し若しくは引き受けた手形若しくは小切手が不渡りとなったとき又は銀行取引停止処分を受けた

第3章　やってみよう！ ～売買取引基本契約書による再現～　203

とき。

（8）信用資力の著しい低下があったとき又はこれに影響を及ぼす営業上の重要な
変更があったとき。

（9）第三者により差押え、仮差押え、仮処分その他強制執行若しくは担保権の実
行としての競売又は公租公課の滞納処分その他これらに準じる手続が開始された
とき。

（10）破産手続、民事再生手続、会社更生手続若しくは特別清算手続開始の申立て
があったとき又は債務整理の通知がされたとき。

（11）合併による消滅、資本の減少、営業の廃止若しくは変更又は解散の決議をし
たとき。

（12）その他本契約又は個別契約を継続しがたい重大な事由が発生したとき。

3　前二項に基づいて本契約又は個別契約を解除し、そのことによって損害が生じ
た場合、解除した当事者は、相手方にその損害の賠償を請求することができる。

4　第1項又は第2項により本契約又は個別契約を解除された当事者は、これにより損害を被った場合であっても、相手方に対して当該損害の賠償を請求すること
はできない。

5　甲又は乙が本契約又は個別契約のいずれかの条項に違反した場合、違反した当
事者~~甲~~は、相手方~~乙~~の書面による通知により、本契約、個別契約及びその他乙と
の間で締結した契約から生じる一切の債務につき期限の利益を失い、当該相手方
~~乙~~に対して負担する一切の債務を直ちに一括して弁済しなければならない。

6　甲又は乙が第2項各号のいずれかに該当した場合、又は本契約若しくは個別契
約が解除された場合、該当した、又は解除された当事者~~甲~~は、当然に本契約、個
別契約及びその他相手方~~乙~~との間で締結した契約から生じる一切の債務について
期限の利益を失い、当該相手方~~乙~~に対して負担する一切の債務を直ちに一括して
弁済しなければならない。

> 📣 コメント追加【K弁護士】
> 相手先にも同じ義務を負わ
> せるべき

（反社会的勢力の排除）

第21条　甲及び乙は、次の各号のいずれにも該当せず、かつ将来にわたっても該当
しないことを表明し、保証する。

（1）自ら又は自らの役員が、暴力団、暴力団員、暴力団員でなくなった時から5
年を経過しない者、暴力団準構成員、暴力団関係企業、総会屋、社会運動等標ぼ
うゴロ又は特殊知能暴力集団等その他これらに準じる者（以下総称して「反社会
的勢力」という。）であること。

（2）反社会的勢力が経営を実質的に支配していると認められる関係を有すること。

（3）反社会的勢力が経営に実質的に関与していると認められる関係を有すること。

（4）自ら若しくは第三者の不正の利益を図る目的又は第三者に損害を加える目的
をもってする等、反社会的勢力を利用していると認められる関係を有すること。

（5）反社会的勢力に対して資金等を提供し、又は便宜を供与する等の関与をして
いると認められる関係を有すること。

（6）自らの役員又は自らの経営に実質的に関与している者が、反社会的勢力との
間で、社会的に非難されるべき関係を有すること。

2　甲及び乙は、自己の責めに帰すべき事由の有無を問わず、相手方が前項に違反
した場合、何らの催告を要することなく、直ちに本契約を解除し、かつ、これに
より被った損害の賠償を相手方に対して請求することができる。

3　前項により本契約を解除された当事者は、これにより損害を被った場合であっ
ても、相手方に対して当該損害の賠償を請求することはできない。

（本契約上の地位等の譲渡禁止）

> 📣 コメント追加【K弁護士】
> 相手先にも同じ義務を負わ
> せるべき

第22条　甲及び乙は、相手方~~乙~~の書面による事前の承諾なく、本契約上の地位又は

本契約に基づく権利若しくは義務の全部若しくは一部を、第三者に譲渡若しくは継承させ、又は担保に供してはならない。

（契約期間・更新）

第23条　本契約の有効期間は、本契約の締結日より1年間とする。ただし、期間満了●+か月前までに、甲又は乙いずれからも書面による異議がなされなかったときは、本契約は期間満了日の翌日から起算して、同一の条件にて更に1年間更新され、以後も同様とする。

> **コメント追加【K弁護士】**
> 取引打切りへの対応のため、異議の期限をより前にすべき

（解約）

第24条　甲及び乙は、相手方甲に対し、解約日の●+か月前までに通知することにより、本契約を解約することができる。

> **コメント追加【K弁護士】**
> 御社からの解約も規定するべき。
> 相手先からの解約通知の期限は、上記コメントの理由から、より前にすべき。

（残存条項等）

第25条　第10条（品質保証等）、第12条（契約不適合責任）、第13条（製造物責任）、第14条（第三者の権利の侵害）、第15条（第三者への委託）、第16条（秘密保持）、第18条（損害賠償）、第21条（反社会的勢力の排除）、第26条（準拠法・合意管轄）及び第27条（協議）並びに本条の各規定は本契約の終了後であってもなお効力を有する。

2　本契約の終了時において、有効な個別契約が存在する場合、本契約は、当該個別契約が終了するまでの間、なお効力を有する。

（準拠法・合意管轄）

第26条　本契約は日本法に準拠し、日本法に従って解釈される。

2　本契約、個別契約又はこれらに関連する一切の紛争が生じた場合、東京地方裁判所を第一審の専属的合意管轄裁判所とする。

> **コメント追加【K弁護士】**
> 御社所在地である横浜地裁としたいところですが、東京地裁であれば、それほど遠くないので、このままでも構わないようにも思います。

（協議）

第27条　本契約に定めのない事項又は本契約の解釈について疑義が生じたときは、甲及び乙が誠意をもって協議の上解決する。

　本契約の締結を証するため本書2通を作成し、甲及び乙がそれぞれ記名押印の上、各1通を保有する。

　2025年●●月●●日

（甲）	住　　所	横浜市●●区●●町●丁目●番●号	
	商　　号	株式会社　　　　　　X	
	代表者氏名	代表取締役　　甲山太郎	印

（乙）	住　　所	東京都●●区●●●●丁目●番●号	
	商　　号	株式会社　　　　　　Z	
	代表者氏名	代表取締役　　丙村三郎	印

【資料3-6】 売買取引基本契約書【売主側・参考例】

売買取引基本契約書

　株式会社X●●●●（以下「甲」という。）と**株式会社Z**（以下「乙」という。）は、甲と乙の間における第1条に定める自動車部品の売買について、本日、以下のとおり取引基本契約（以下「本契約」という。）を締結する。

（基本契約）

第1条　本契約は、甲が乙に対して次条に定める自動車部品を売り渡す売買契約（以下「個別契約」という。）の全てに適用される。

2　個別契約において本契約と異なる内容を定めた場合は、個別契約が本契約に優先する。

（目的となる部品）

第2条　本契約の目的となる自動車部品（以下「本部品」という。）は以下のとおりとする。

（1）●●●●

（2）○○○○

（3）××××

（4）その他別途甲乙が合意指定した部品商品

（個別契約）

第3条　個別契約は、乙が、甲に対し、本部品の名称、数量、単価、代金総額、納入日及び納入場所その他必要な事項を記載した書面を送付する方法により申し込み、これに対し、甲が承諾したときに成立する。

2　乙が甲に対して前項の書面を送付した日から5~~2~~営業日以内に、甲から乙に対する承諾又は不承諾の通知が到達しない場合、~~甲は~~乙による当該申込みは効力を失う~~を承諾したものとみなし、個別契約は当該期間の経過をもって成立する。~~

3　前2項の規定は、甲と乙が協議の上でこれに代わる方法を定めることを妨げない。

（梱包）

第4条　甲は、本部品をその種類、品質又は数量に照らして適切かつ乙が事前に指示した~~承認する~~方法で梱包し、出荷しなければならない。

（納入）

第5条　甲は、乙に対し、個別契約で定めた納入日までに、個別契約で定めた納入場所で、本部品を納入する。ただし、納入場所までの輸送費その他の納入のために要する費用は甲の負担とする。

~~2　甲は、乙に対し、個別契約で定めた納入日よりも前に、本部品を納入する場合、事前に乙の承諾を得る。~~

2~~3~~　甲は、個別契約で定めた納入日に本部品を納入することができない場合、事前に乙に通知しなければならない。

（検収）

第6条 乙は、本部品の納入後3日以内に~~を受けた時は遅滞なく~~、本部品の内容を検査し、~~検査に合格した場合には、~~甲に対し、その~~結果~~旨の通知を発し~~、乙が合格と判断した時に本部品の引渡しが完了~~する。

2 本部品に種類、品質又は数量その他本契約の内容との不適合（以下「契約不適合」という。）が存在する場合~~とき~~は、乙は、甲に対して、具体的な契約不適合の内容を示して通知する。~~その選択に従い、本部品の修補、代替物の引渡し又は不足分の引渡しによる履行の追完を求めることができる。この場合、甲は、乙が定める期限内に、無償で、本部品を修補し、代替物の引渡し又は不足分の引渡しによる履行の追完をしなければならない。この場合、甲は、乙が定める期限内に、無償で、本部品を修補し、代替物の引渡し又は不足分の引渡しによる履行の追完をしなければならない。~~

3 第1項の期間内に乙から甲に対する同項の通知が発せられない場合は、乙が合格と判断したものとみなす。

4 第1項の検査に合格した場合には、乙が合格と判断した時に本部品の引渡しが完了する。

5 第2項の場合は、乙は、甲に対して、乙の選択に従い、本部品の修補、代替物の引渡し又は不足分の引渡しによる履行の追完のみを求めることができる。ただし、甲は、乙に不相当な負担を課すものでないときは、乙が選択した方法と異なる方法による履行の追完をすることができる。

6 第2項の不適合が乙の責めに帰すべき事由によるものであるときは、乙は、前項の規定による履行の追完の請求をすることができない。

7~~3~~ 本条各項の規定は、~~第5項~~~~前項~~により甲が本部品の代替品を納入した場合の当該代替品についても準用する。

（所有権の移転）

第7条 本部品の所有権は、~~当該本部品の代金が完済された~~引渡しが完了した時をもって甲から乙に移転する。

（危険負担）

第8条 本部品について生じた滅失、毀損その他の危険は、引渡し前に生じたものは乙の責めに帰すべき事由がある場合を除き甲の、引渡し後に生じたものは甲の責めに帰すべき事由がある場合を除き乙の負担とする。~~乙への引渡し前に生じた滅失、毀損その他の危険は甲の負担とする。~~

（代金支払）

第9条 乙は、毎月末日までに引渡しを受けた本部品の代金を、翌月15~~末~~日（金融機関が休業日の場合は直前の~~翌~~営業日）までに、甲が指定する銀行口座宛に振り込む方法により支払う。ただし、振込手数料は乙の負担とする。

（品質保証等）

第10条 甲は、乙に対し、次の各号に掲げる内容を保証する。

（1）本部品が、別途事前に乙が定める品質基準と合致していること。

（2）甲の知る限り、本部品に、設計上、製造上及び表示上の欠陥がないこと。

（3）甲の知る限り、本部品が第三者の特許権、実用新案権、商標権、著作権その他の知的財産

権（以下「知的財産権」という。）その他権利又は利益を侵害していないこと。

（4）本部品を乙に対して安定的に供給すること。

（立入検査）

第11条 乙は、甲の事前の承諾を得て~~必要に応じ~~、本部品が所在する工場、施設、倉庫等に立入検査を実施することができ、甲は乙による立入検査に可能な範囲で~~必要な~~協力を行う。

（契約不適合責任の排除）

第12条 甲は、本部品の契約不適合について、第6条に定めるもののほか一切の責任を負わず、乙は、本部品の引渡し完了後においては、本部品の修補、代替物の引渡し、不足分の引渡し又は代金の減額を請求することはできない。~~本部品に契約不適合があったときは、甲は、当該契約不適合が甲の責めに帰すべき事由によるものであるかを問わず、乙の選択に従い、当該本部品の無償による修補、代替品の納入又は不足分の納入等の方法による履行の追完、代金の全部又は一部の減額若しくは返還その他の必要な措置を講じなければならない。~~

~~2　本条の定めは、本契約の他の規定に基づく損害賠償の請求及び解除権の行使を妨げない。~~

~~3　甲が契約不適合のある本部品を乙に引き渡した場合において、乙が当該契約不適合を知った時から2年以内にその旨を甲に通知しないときは、乙は、当該契約不適合を理由として、第1項に規定する権利を行使することができない。ただし、甲が引渡しの時にその不適合を知り、又は重大な過失によって知らなかったときは、この限りではない。~~

~~4　商法第526条第2項の規定は本契約には適用されない。~~

（製造物責任）

第13条 本部品が甲により製造されたものである場合、本部品の欠陥により乙又は第三者に損害が発生した~~とき~~場合は、甲は、当該欠陥が甲の責に帰すべき事由に起因する場合に限り、当該損害~~（弁護士費用及びその他の費用を含む。）~~を賠償する~~しなければならない~~。

（第三者の権利の侵害）

第14条 本部品に関して、第三者との間で知的財産権その他権利に関する紛争が生じたときは、甲及び乙は協力して~~がその責任と費用負担において~~当該紛争を処理する。当該紛争の処理に要した費用の負担については、甲及び乙が協議して決定する。

2　前項のほか本契約若しくは~~又は~~個別契約の履行~~又は~~若しくは本部品に関連若しくは~~又は~~起因して、甲の責に帰すべき事由により第三者との間に紛争が生じたときは、甲がその責任と費用負担において当該紛争を解決し、乙には迷惑をかけない。

3　前~~2~~項の場合において、乙が当該紛争の当事者となった場合には、甲は、乙に対し、これにより乙が被った直接かつ通常の~~一切の~~損害（弁護士費用、逸失利益を除く。）~~（弁護士費用及びその他の費用を含む。）~~を賠償しなければならない。なお、特別損害についてはその予見可能性にかかわらず損害賠償責任を負わないものとする。

4　甲が乙に対して前項の損害の賠償をしなければならない場合、損害賠償の金額は直近1か月間に引渡しがされた本部品の代金相当額を上限とする。

（第三者への委託）

第15条 甲は、本契約の目的を達成するために必要な場合には、~~乙の事前の書面による承諾を得た場合に限り、~~本部品の製造に関する業務を第三者に委託することができる。この場合、甲

は、~~乙の指示又は承諾のもとに選任された委託先については、当該委託先の監督についてのみ~~ ~~責任を負う本契約に基づく甲の義務と同等の義務を委託先に対して負わせるものとし、委託先~~ ~~の責に帰すべき事由により乙に損害が発生した場合は、委託先と連帯して乙に対して損害を賠~~ ~~償するものとする。~~

~~2　甲が乙に対して前項の損害の賠償をしなければならない場合、損害賠償の金額は直近1か月~~ ~~間に引渡しがされた本部品の代金相当額を上限とする。~~

(秘密保持)

第16条　甲及び乙は、本契約の有効期間中はもとより終了後も、本契約又は個別契約によって
　　知り得た相手方の営業上又は技術上の秘密(以下「秘密情報」という。)を第三者に開示若しく
　　は漏洩し、又は本契約の目的以外の目的に使用してはならない。

2　次の各号のいずれかに該当する情報は秘密情報に該当しない。

(1)公知の情報又は甲若しくは乙の責めに帰すべき事由によらずして公知となった情報

(2)相手方から開示された時点で既に保有していた情報

(3)第三者から秘密保持義務を負うことなく適法に取得した情報

(4)相手方から開示された秘密情報によらずに独自に開発した情報

3　第1項の規定にかかわらず、甲及び乙は、次の各号のいずれかに該当する場合には、必要な
　　範囲で秘密情報を開示することができる。

(1)自己の役員、従業員又は弁護士、公認会計士、税理士その他法令上秘密保持義務を負う専
　　門家に対して開示する場合

(2)裁判所、行政機関の命令又は法令により開示が義務付けられて開示する場合。ただし、か
　　かる開示を行った場合は、その旨を速やかに相手方に通知する。

4　甲及び乙は、相手方から提供を受けた秘密情報について、本契約の目的の範囲内で複製又は
　　改変することができる。この場合において、秘密情報を複製又は改変して得られた情報も秘密
　　情報に含まれる。

5　甲及び乙は、本契約が終了した場合又は相手方が求めた場合、その指示に従い、秘密情報を
　　相手方に返還又は削除の上、その旨を証する書面を提出しなければならない。

(通知義務)

第17条　甲及び乙は、次の各号のいずれかに該当するときは、相手方~~乙~~に対し、事前にその旨
　　を書面により通知しなければならない。

(1)法人の名称又は商号の変更

(2)代表者の変更

(3)本店、主たる事業所の所在地又は住所の変更

(4)指定金融機関口座の変更

(5)組織、資本構成の変更(合併、会社分割、株式交換、株式移転、事業譲渡、議決権の3分
　　の1以上の株式の変動)

(6)その他経営に重大な影響を及ぼす事項があるとき

(損害賠償)

第18条　甲及び乙は、相手方~~甲~~が本契約又は個別契約に違反した場合、当該相手方~~甲~~に対し、

第3章　やってみよう!　～売買取引基本契約書による再現～　　209

これによって被った<u>直接かつ通常の</u><s>一切の</s>損害（弁護士費用、逸失利益を除く<s>含む間接損害、特別損害を含むがこれらに限られない</s>。）の賠償を請求できる。<u>なお、特別損害についてはその予見可能性にかかわらず損害賠償責任を負わないものとする。</u>

2　<u>甲が乙に対して前項の損害の賠償をしなければならない場合、損害賠償の金額は直近1か月間に引渡しがされた本部品の代金相当額を上限とする。</u>

（遅延損害金）

第19条　甲<u>及び乙</u>が本契約又は個別契約に基づき<u>相手方</u><s>乙</s>に対して負担する金銭債務の弁済を遅延したときは、弁済期の翌日から支払い済みに至るまで、年14.6%の割合による遅延損害金を支払わなければならない。

（不可抗力免責）

第20条　<u>天災地変、戦争、内乱、暴動、内外法令の制定・改廃、公権力による命令・処分・指導、争議行為、乙の指示、説明又は提供資料、疫病・感染症の流行その他甲の責に帰することのできない事由を原因とした本契約の全部又は一部の履行遅滞又は履行不能については、甲は責任を負わない。</u>

（解除・期限の利益喪失）

第21<s>0</s>条　甲又は乙は、相手方が本契約又は個別契約のいずれかの条項に違反し、相当期間を定めて催告をしたにもかかわらず、相当期間内に、違反が是正されないときは、本契約又は個別契約を解除することができる。ただし、その期間を経過した時における本契約又は個別契約の違反が本契約、個別契約及び取引上の社会通念に照らして軽微であるときは、この限りでない。

2　甲又は乙は、相手方に次の各号に掲げる事由の一が生じたときには、何らの催告なく、直ちに本契約又は個別契約の全部又は一部を解除することができる。ただし、当該事由が解除しようとする当事者の責めに帰すべき事由によるものであるときは、当該事由により解除をすることはできない。

（1）本契約又は個別契約に関し、相手方による重大な違反又は背信行為があったとき。

（2）債務の全部若しくは一部の履行が不能であるとき又は相手方がその債務の全部若しくは一部の履行を拒絶する意思を明確に表示したとき。ただし、一部履行不能の場合は当該一部に限り、解除することができる。

（3）前号の規定にかかわらず、債務の一部の履行が不能である場合又は相手方がその債務の一部の履行を拒絶する意思を明確に表示した場合において、残存する部分のみでは契約をした目的を達することができないときは本契約又は個別契約の全部を解除することができる。

（4）本契約又は個別契約上、特定の日時又は一定の期間内に履行をしなければ本契約又は個別契約の目的を達することができない場合において、相手方が履行をしないでその時期を経過したとき。

（5）前各号に掲げる場合のほか、相手方がその債務の履行をせず、催告をしても契約をした目的を達するのに足りる履行がされる見込みがないことが明らかであるとき。

（6）監督官庁より営業の取消し、停止等の処分を受けたとき。

（7）支払停止若しくは支払不能の状態に陥ったとき、自ら振り出し若しくは引き受けた手形若しくは小切手が不渡りとなったとき又は銀行取引停止処分を受けたとき。

（8）信用資力の著しい低下があったとき又はこれに影響を及ぼす営業上の重要な変更があったとき。

（9）第三者により差押え、仮差押え、仮処分その他強制執行若しくは担保権の実行としての競売又は公租公課の滞納処分その他これらに準じる手続が開始されたとき。

（10）破産手続、民事再生手続、会社更生手続若しくは特別清算手続開始の申立てがあったとき又は債務整理の通知がされたとき。

（11）合併による消滅、資本の減少、営業の廃止若しくは変更又は解散の決議をしたとき。

（12）その他本契約又は個別契約を継続しがたい重大な事由が発生したとき。

3　前二項に基づいて本契約又は個別契約を解除し、そのことによって損害が生じた場合、解除した当事者は、相手方にその損害の賠償を請求することができる。

4　第1項又は第2項により本契約又は個別契約を解除された当事者は、これにより損害を被った場合であっても、相手方に対して当該損害の賠償を請求することはできない。

5　甲又は乙が本契約又は個別契約のいずれかの条項に違反した場合、違反した当事者甲は、相手方乙の書面による通知により、本契約、個別契約及びその他乙との間で締結した契約から生じる一切の債務につき期限の利益を失い、当該相手方乙に対して負担する一切の債務を直ちに一括して弁済しなければならない。

6　甲又は乙が第2項各号のいずれかに該当した場合、又は本契約若しくは個別契約が解除された場合、該当した、又は解除された当事者甲は、当然に本契約、個別契約及びその他相手方乙との間で締結した契約から生じる一切の債務について期限の利益を失い、当該相手方乙に対して負担する一切の債務を直ちに一括して弁済しなければならない。

（反社会的勢力の排除）

第22~~1~~条　甲及び乙は、次の各号のいずれにも該当せず、かつ将来にわたっても該当しないことを表明し、保証する。

（1）自ら又は自らの役員が、暴力団、暴力団員、暴力団員でなくなった時から5年を経過しない者、暴力団準構成員、暴力団関係企業、総会屋、社会運動等標ぼうゴロ又は特殊知能暴力集団等その他これらに準じる者（以下総称して「反社会的勢力」という。）であること。

（2）反社会的勢力が経営を実質的に支配していると認められる関係を有すること。

（3）反社会的勢力が経営に実質的に関与していると認められる関係を有すること。

（4）自ら若しくは第三者の不正の利益を図る目的又は第三者に損害を加える目的をもってする等、反社会的勢力を利用していると認められる関係を有すること。

（5）反社会的勢力に対して資金等を提供し、又は便宜を供与する等の関与をしていると認められる関係を有すること。

（6）自らの役員又は自らの経営に実質的に関与している者が、反社会的勢力との間で、社会的に非難されるべき関係を有すること。

2　甲及び乙は、自己の責めに帰すべき事由の有無を問わず、相手方が前項に違反した場合、何らの催告を要することなく、直ちに本契約を解除し、かつ、これにより被った損害の賠償を相手方に対して請求することができる。

3　前項により本契約を解除された当事者は、これにより損害を被った場合であっても、相手方

に対して当該損害の賠償を請求することはできない。

（本契約上の地位等の譲渡禁止）

第23~~2~~条　甲及び乙は、相手方~~乙~~の書面による事前の承諾なく、本契約上の地位又は本契約に基づく権利若しくは義務の全部若しくは一部を、第三者に譲渡若しくは継承させ、又は担保に供してはならない。

（契約期間・更新）

第24~~3~~条　本契約の有効期間は、本契約の締結日より１年間とする。ただし、期間満了３~~十~~か月前までに、甲又は乙いずれからも書面による異議がなされなかったときは、本契約は期間満了日の翌日から起算して、同一の条件にて更に１年間更新され、以後も同様とする。

（解約）

第25~~4~~条　甲は、乙に対し、解約日の１か月前までに通知することにより、乙は、甲に対し、解約日の３~~十~~か月前までに通知することにより、本契約を解約することができる。

（残存条項等）

第26~~5~~条　第10条（品質保証等）、第12条（契約不適合責任）、第13条（製造物責任）、第14条（第三者の権利の侵害）、第15条（第三者への委託）、第16条（秘密保持）、第18条（損害賠償）、第22~~十~~条（反社会的勢力の排除）、第27~~6~~条（準拠法・合意管轄）及び第28~~7~~条（協議）並びに本条の各規定は本契約の終了後であってもなお効力を有する。

2　本契約の終了時において、有効な個別契約が存在する場合、本契約は、当該個別契約が終了するまでの間、なお効力を有する。

（準拠法・合意管轄）

第27~~6~~条　本契約は日本法に準拠し、日本法に従って解釈される。

2　本契約、個別契約又はこれらに関連する一切の紛争が生じた場合、横浜~~東京~~地方裁判所を第一審の専属的合意管轄裁判所とする。

（協議）

第28~~7~~条　本契約に定めのない事項又は本契約の解釈について疑義が生じたときは、甲及び乙が誠意をもって協議の上解決する。

本契約の締結を証するため本書２通を作成し、甲及び乙がそれぞれ記名押印の上、各１通を保有する。

2025年●●月●●日

（甲）　住　　　　所　横浜市●●区●●町●丁目●番●号
　　　　商　　　号　株式会社　　　　　　X
　　　　代表者氏名　代表取締役　　甲　山　太　郎　　㊞

（乙）　住　　　　所　東京都●●区●●●●丁目●番●号
　　　　商　　　号　株式会社　　　　　　Z
　　　　代表者氏名　代表取締役　丙　村　三　郎　　㊞

6 結果の報告と再チェック

（1）結果の報告

> **モデル事例** 顧問先にメール送信
>
> 　K弁護士は、翌3月6日に、契約書案を一読し、特段の漏れ等がないことを確認したうえで、X社の担当者に、チェック後の契約書案を添付し、次のメールにてリーガルチェックの結果を報告した。

【K弁護士のメール】

> ●● 　様
>
> お世話になっております。
> 売買取引基本契約書のリーガルチェックの件、
> 添付ファイルのとおり修正を行い、
> コメントを付させていただきました。
> 契約締結を優先されるとの点に配慮し、
> 相手先において受入れ困難と思われる事項は、
> 本文を修正せず、コメントを残すようにしました。
> リスクをとることも必要かとは存じますが、
> ご指摘させていただきました各点につきましては、
> 十分にご検討いただきますようお願い申し上げます。
>
> 弁護士　K

第3章　やってみよう！〜売買取引基本契約書による再現〜　213

（2）再チェック

　X社担当者から、2025年3月26日にメールがあり、X社の検討結果として、本文中のレビューに対し以下のとおりの見解が示された。

①チェック後の契約書案第2条（目的となる部品）4号

　　K弁護士の提案を採用

②同第3条（個別契約）　2項　3営業日とする。

　　　　　　　　　　　　　　　「又は不承諾」の挿入は採用

③同第4条（梱包）「事前に指示した」の挿入は採用

④同第5条（納入）　1項　「まで」の挿入は採用

⑤同第6条（検収）　1項　3日以内とする。

　　　　　　　　　　　　　　「検査に合格した場合には」の削除と

　　　　　　　　　　　　　　「結果」の挿入は採用

　　　　　　　　2項の挿入は採用

　　　　　　　　5項の挿入は採用

⑥同第8条（危険負担）　K弁護士の提案を採用

⑦同第10条（品質保証）　1号　「事前に」の挿入は採用

　　　　　　　　　　　　　2号・3号　「甲の知る限り」の挿入は採用

⑧同第12条（契約不適合責任）　3項　「引渡し後6か月」に変更

⑨同第13条（製造物責任）　　　K弁護士の提案を採用したうえで、18条

　　　　　　　　　　　　　　　と同様に、賠償額の上限も設定

⑩同第14条（第三者の権利の侵害）1項・4項　K弁護士の提案を採用

⑪同第17条（通知義務）　K弁護士の提案を採用

⑫同第18条（損害賠償）　1項　「甲及び」「相手方」「当該相手方」を挿

　　　　　　　　　　　　　入する点に限って採用

　　　　　　　　　2項　K弁護士の提案を採用

　　　　　　　　　　　「直近6か月間」とする。

⑬同第19条（遅延損害金）　K弁護士の提案を採用

⑭同第20条（解除・期限の利益喪失）　5項・6項

　　　K弁護士の提案を採用

⑮同第22条（本契約上の地位等の譲渡禁止）K弁護士の提案を採用

⑯同第23条（契約期間・更新）・第24条（解約）

K弁護士の提案を採用　「3か月前」とする。

⑰その他については、相手方の当初の契約書案による。

　これを受けて、K弁護士は先にX社に送信したチェック結果を修正し、X社の検討結果を反映させた契約書案を作成し、翌3月27日にX社にメール添付にて送信した。

（3）相手先の反応を踏まえた対応

　以上を経てX社が確定した修正案に対し、Z社からは、以下の回答がもたらされた。

①同第2条（目的となる部品）4号　X社修正に応じる。

②同第3条（個別契約）2項　X社修正に応じる。

③同第4条（梱包）　X社修正に応じる。

④同第5条（納入）　1項　修正には応じられない。

⑤同第6条（検収）　1項　5営業日以内とする。

　　　　　　　　　　　「検査に合格した場合には」の削除と

　　　　　　　　　　　「結果」の挿入は応じる。

　　　　　　　　2項　修正には応じられない。

　　　　　　　　5項　X社修正に応じる。

⑥同第8条（危険負担）　X社修正に応じる。

⑦同第10条（品質保証）1号　X社修正に応じる。

　　　　　　　　　　　2号・3号　修正には応じられない。

⑧総第12条（契約不適合責任）3項

　　「不適合を知った時から」6か月以内であれば応じる。

⑨同第13条（製造物責任）　現条項の修正には応じられないが、

　　　　　　　　　　　　　X社提案の2項の新設については、

　　　　　　　　　　　　　「直近1年間」に引渡しがされた部品の

　　　　　　　　　　　　　代金相当額であれば修正に応じる。

⑩同第14条（第三者の権利の侵害）1項　X社修正に応じる。

　　　　　　　　　　　　　　　　4項　「直近1年間」に引渡しが

　　　　　　　　　　　　　　　　された部品の代金相当額で

　　　　　　　　　　　　　　　　あれば修正に応じる。

⑪同第17条（通知義務）　X社修正に応じる。

⑫同第18条（損害賠償）　１項　X社修正に応じる。

　　　　　　　　　　　２項「直近１年間」に引渡しがされた部品の

　　　　　　　　　　　代金相当額であれば修正に応じる。

⑬同第19条（遅延損害金）　X社修正に応じる。

⑭同第20条（解除・期限の利益喪失）５項・６項

　　　X社修正に応じる。

⑮同第22条（本契約上の地位等の譲渡禁止）　X社修正に応じる。

⑯同第23条（契約期間・更新）・第24条（解約）

　　　X社修正に応じる。

　X社としては、修正提案の全てに応じてもらうことはできなかったものの、相当程度自社の主張が通ったことと、何より契約締結が最優先事項であることから、Z社の回答を受け入れることにした。

　その後、X社とZ社で調印に関して協議し、2025年５月１日から１年間の契約とすることとしたうえで、契約書自体は、ゴールデンウィーク前の４月23日に取り交わすことになった。

　X社とZ社が最終的に締結した契約書は、**【資料3-7】売買取引基本契約書【確定版】217頁**となる。

コラム ㉑　さらに上を行くリーガルチェック

　チェック結果を報告し、その後の社内での協議と相手先との交渉「結果」を踏まえ、数度の再チェックを重ねることでリーガルチェックは完了する。まずは、その過程を充実させ、より良いレビューができるよう努力していくことが第一の課題であるが、さらにもう一歩上を行くためには、相手先との交渉「対策」を考慮したチェックが必要だと思う。

　具体的には、自社にとって最善のもの、最低限確保すべきもの、それらの中間の落としどころといった３パターンのレビューを行い、それらの提案の仕方、各修正箇所の優先順位等まで助言できるよう努力していきたい。

【資料3-7】 売買取引基本契約書【確定版】

売買取引基本契約書

　株式会社X（以下「甲」という。）と**株式会社Z**（以下「乙」という。）は、甲と乙の間における第1条に定める自動車部品の売買について、本日、以下のとおり取引基本契約（以下「本契約」という。）を締結する。

（基本契約）

第1条　本契約は、甲が乙に対して次条に定める自動車部品を売り渡す売買契約（以下「個別契約」という。）の全てに適用される。

2　個別契約において本契約と異なる内容を定めた場合は、個別契約が本契約に優先する。

（目的となる部品）

第2条　本契約の目的となる自動車部品（以下「本部品」という。）は以下のとおりとする。

（1）●●●●

（2）○○○○

（3）××××

（4）その他別途甲と乙が合意した部品

（個別契約）

第3条　個別契約は、乙が、甲に対し、本部品の名称、数量、単価、代金総額、納入日及び納入場所その他必要な事項を記載した書面を送付する方法により申し込み、これに対し、甲が承諾したときに成立する。

2　乙が甲に対して前項の書面を送付した日から3営業日以内に、甲から乙に対する承諾又は不承諾の通知が到達しない場合、甲は乙による申込みを承諾したものとみなし、個別契約は当該期間の経過をもって成立する。

3　前2項の規定は、甲と乙が協議の上でこれに代わる方法を定めることを妨げない。

（梱包）

第4条　甲は、本部品をその種類、品質又は数量に照らして適切かつ乙が事前に指示した方法で梱包し、出荷しなければならない。

（納入）

第5条　甲は、乙に対し、個別契約で定めた納入日に、個別契約で定めた納入場所で、本部品を納入する。ただし、納入場所までの輸送費その他の納入のために要する費用は甲の負担とする。

2　甲は、乙に対し、個別契約で定めた納入日よりも前に、本部品を納入する場合、事前に乙の承諾を得る。

3　甲は、個別契約で定めた納入日に本部品を納入することができない場合、事前に乙に通知しなければならない。

（検収）

第6条　乙は、本部品の納入後5営業日以内に、本部品の内容を検査し、甲に対し、その結果の

第3章　やってみよう！ 〜売買取引基本契約書による再現〜　217

通知を発し、乙が合格と判断した時に本部品の引渡しが完了する。

2　本部品に種類、品質又は数量その他本契約の内容との不適合（以下「契約不適合」という。）が存在するときは、乙は、甲に対して、乙の選択に従い、本部品の修補、代替物の引渡し又は不足分の引渡しによる履行の追完を求めることができる。この場合、甲は、乙が定める期限内に、無償で、本部品を修補し、代替物の引渡し又は不足分の引渡しによる履行の追完をしなければならない。

3　前項の不適合が乙の責めに帰すべき事由によるものであるときは、乙は、同項の規定による履行の追完の請求をすることができない。

4　本条各項の規定は、第2項により甲が本部品の代替品を納入した場合の当該代替品についても準用する。

（所有権の移転）

第7条　本部品の所有権は、引渡しが完了した時をもって甲から乙に移転する。

（危険負担）

第8条　本部品について生じた滅失、毀損その他の危険は、引渡し前に生じたものは、乙の責に帰すべき事由がある場合を除き、甲の、引渡し後に生じたものは、甲の責に帰すべき事由がある場合を除き、乙の負担とする。

（代金支払）

第9条　乙は、毎月末日までに引渡しを受けた本部品の代金を、翌月末日（金融機関が休業日の場合は翌営業日）までに、甲が指定する銀行口座宛に振り込む方法により支払う。ただし、振込手数料は乙の負担とする。

（品質保証等）

第10条　甲は、乙に対し、次の各号に掲げる内容を保証する。

（1）本部品が、別途事前に乙が定める品質基準と合致していること。

（2）本部品に、設計上、製造上及び表示上の欠陥がないこと。

（3）本部品が第三者の特許権、実用新案権、商標権、著作権その他の知的財産権（以下「知的財産権」という。）その他権利又は利益を侵害していないこと。

（4）本部品を乙に対して安定的に供給すること。

（立入検査）

第11条　乙は、必要に応じ、本部品が所在する工場、施設、倉庫等に立入検査を実施することができ、甲は乙による立入検査に必要な協力を行う。

（契約不適合責任）

第12条　本部品に契約不適合があったときは、甲は、当該契約不適合が甲の責めに帰すべき事由によるものであるかを問わず、乙の選択に従い、当該本部品の無償による修補、代替品の納入又は不足分の納入等の方法による履行の追完、代金の全部又は一部の減額若しくは返還その他の必要な措置を講じなければならない。

2　本条の定めは、本契約の他の規定に基づく損害賠償の請求及び解除権の行使を妨げない。

3　甲が契約不適合のある本部品を乙に引き渡した場合において、乙が当該契約不適合を知った時から6か月以内にその旨を甲に通知しないときは、乙は、当該契約不適合を理由として、第

１項に規定する権利を行使することができない。ただし、甲が引渡しの時にその不適合を知り、又は重大な過失によって知らなかったときは、この限りではない。

４　商法第526条第２項の規定は本契約には適用されない。

（製造物責任）

第13条　本部品の欠陥により乙又は第三者に損害が発生した場合は、甲は、当該損害（弁護士費用及びその他の費用を含む。）を賠償しなければならない。

２　甲が乙に対して前項の損害の賠償をしなければならない場合、損害賠償の金額は直近１年間に引渡しがされた本部品の代金相当額を上限とする。

（第三者の権利の侵害）

第14条　本部品に関して、第三者との間で知的財産権その他権利に関する紛争が生じたときは、甲及び乙は協力して当該紛争を処理する。当該紛争の処理に要した費用の負担については、甲及び乙が協議して決定する。

２　前項のほか本契約若しくは個別契約の履行又は本部品に関連若しくは起因して、甲の責に帰すべき事由により第三者との間に紛争が生じたときは、甲がその責任と費用負担において当該紛争を解決し、乙には迷惑をかけない。

３　前２項の場合において、乙が当該紛争の当事者となった場合には、甲は、乙に対し、これにより乙が被った一切の損害（弁護士費用及びその他の費用を含む。）を賠償しなければならない。

４　甲が乙に対して前項の損害の賠償をしなければならない場合、損害賠償の金額は直近１年間に引渡しがされた本部品の代金相当額を上限とする。

（第三者への委託）

第15条　甲は、乙の事前の書面による承諾を得た場合に限り、本部品の製造に関する業務を第三者に委託することができる。この場合、甲は、本契約に基づく甲の義務と同等の義務を委託先に対して負わせるものとし、委託先の責に帰すべき事由により乙に損害が発生した場合は、委託先と連帯して乙に対して損害を賠償するものとする。

（秘密保持）

第16条　甲及び乙は、本契約の有効期間中はもとより終了後も、本契約又は個別契約によって知り得た相手方の営業上又は技術上の秘密（以下「秘密情報」という。）を第三者に開示若しくは漏洩し、又は本契約の目的以外の目的に使用してはならない。

２　次の各号のいずれかに該当する情報は秘密情報に該当しない。

（１）公知の情報又は甲若しくは乙の責めに帰すべき事由によらずして公知となった情報

（２）相手方から開示された時点で既に保有していた情報

（３）第三者から秘密保持義務を負うことなく適法に取得した情報

（４）相手方から開示された秘密情報によらずに独自に開発した情報

３　第１項の規定にかかわらず、甲及び乙は、次の各号のいずれかに該当する場合には、必要な範囲で秘密情報を開示することができる。

（１）自己の役員、従業員又は弁護士、公認会計士、税理士その他法令上秘密保持義務を負う専門家に対して開示する場合

（２）裁判所、行政機関の命令又は法令により開示が義務付けられて開示する場合。ただし、か

第３章　やってみよう！　〜売買取引基本契約書による再現〜　219

かる開示を行った場合は、その旨を速やかに相手方に通知する。

4　甲及び乙は、本契約が終了した場合又は相手方が求めた場合、その指示に従い、秘密情報を相手方に返還又は削除の上、その旨を証する書面を提出しなければならない。

（通知義務）

第17条　甲及び乙は、次の各号のいずれかに該当するときは、相手方に対し、事前にその旨を書面により通知しなければならない。

（1）法人の名称又は商号の変更

（2）代表者の変更

（3）本店、主たる事業所の所在地又は住所の変更

（4）指定金融機関口座の変更

（5）組織、資本構成の変更（合併、会社分割、株式交換、株式移転、事業譲渡、議決権の３分の１以上の株式の変動）

（6）その他経営に重大な影響を及ぼす事項があるとき

（損害賠償）

第18条　甲及び乙は、相手方が本契約又は個別契約に違反した場合、当該相手方に対し、これによって被った一切の損害（弁護士費用、逸失利益を含む間接損害、特別損害を含むがこれらに限られない。）の賠償を請求できる。

2　甲が乙に対して前項の損害の賠償をしなければならない場合、損害賠償の金額は直近１年間に引渡しがされた本部品の代金相当額を上限とする。

（遅延損害金）

第19条　甲及び乙が本契約又は個別契約に基づき相手方に対して負担する金銭債務の弁済を遅延したときは、弁済期の翌日から支払い済みに至るまで、年14.6％の割合による遅延損害金を支払わなければならない。

（解除・期限の利益喪失）

第20条　甲又は乙は、相手方が本契約又は個別契約のいずれかの条項に違反し、相当期間を定めて催告をしたにもかかわらず、相当期間内に、違反が是正されないときは、本契約又は個別契約を解除することができる。ただし、その期間を経過した時における本契約又は個別契約の違反が本契約、個別契約及び取引上の社会通念に照らして軽微であるときは、この限りでない。

2　甲又は乙は、相手方に次の各号に掲げる事由の一が生じたときには、何らの催告なく、直ちに本契約又は個別契約の全部又は一部を解除することができる。ただし、当該事由が解除しようとする当事者の責めに帰すべき事由によるものであるときは、当該事由により解除をすることはできない。

（1）本契約又は個別契約に関し、相手方による重大な違反又は背信行為があったとき。

（2）債務の全部若しくは一部の履行が不能であるとき又は相手方がその債務の全部若しくは一部の履行を拒絶する意思を明確に表示したとき。ただし、一部履行不能の場合は当該一部に限り、解除することができる。

（3）前号の規定にかかわらず、債務の一部の履行が不能である場合又は相手方がその債務の一部の履行を拒絶する意思を明確に表示した場合において、残存する部分のみでは契約をした

目的を達することができないときは本契約又は個別契約の全部を解除することができる。

（４）本契約又は個別契約上、特定の日時又は一定の期間内に履行をしなければ本契約又は個別契約の目的を達することができない場合において、相手方が履行をしないでその時期を経過したとき。

（５）前各号に掲げる場合のほか、相手方がその債務の履行をせず、催告をしても契約をした目的を達するのに足りる履行がされる見込みがないことが明らかであるとき。

（６）監督官庁より営業の取消し、停止等の処分を受けたとき。

（７）支払停止若しくは支払不能の状態に陥ったとき、自ら振り出し若しくは引き受けた手形若しくは小切手が不渡りとなったとき又は銀行取引停止処分を受けたとき。

（８）信用資力の著しい低下があったとき又はこれに影響を及ぼす営業上の重要な変更があったとき。

（９）第三者により差押え、仮差押え、仮処分その他強制執行若しくは担保権の実行としての競売又は公租公課の滞納処分その他これらに準じる手続が開始されたとき。

（10）破産手続、民事再生手続、会社更生手続若しくは特別清算手続開始の申立てがあったとき又は債務整理の通知がされたとき。

（11）合併による消滅、資本の減少、営業の廃止若しくは変更又は解散の決議をしたとき。

（12）その他本契約又は個別契約を継続しがたい重大な事由が発生したとき。

３　前二項に基づいて本契約又は個別契約を解除し、そのことによって損害が生じた場合、解除した当事者は、相手方にその損害の賠償を請求することができる。

４　第１項又は第２項により本契約又は個別契約を解除された当事者は、これにより損害を被った場合であっても、相手方に対して当該損害の賠償を請求することはできない。

５　甲又は乙が本契約又は個別契約のいずれかの条項に違反した場合、違反した当事者は、相手方の書面による通知により、本契約、個別契約及びその他乙との間で締結した契約から生じる一切の債務につき期限の利益を失い、当該相手方に対して負担する一切の債務を直ちに一括して弁済しなければならない。

６　甲又は乙が第２項各号のいずれかに該当した場合、又は本契約若しくは個別契約が解除された場合、該当した、又は解除された当事者は、当然に本契約、個別契約及びその他相手方との間で締結した契約から生じる一切の債務について期限の利益を失い、当該相手方に対して負担する一切の債務を直ちに一括して弁済しなければならない。

（反社会的勢力の排除）

第21条　甲及び乙は、次の各号のいずれにも該当せず、かつ将来にわたっても該当しないことを表明し、保証する。

（１）自ら又は自らの役員が、暴力団、暴力団員、暴力団員でなくなった時から５年を経過しない者、暴力団準構成員、暴力団関係企業、総会屋、社会運動等標ぼうゴロ又は特殊知能暴力集団等その他これらに準じる者（以下総称して「反社会的勢力」という。）であること。

（２）反社会的勢力が経営を実質的に支配していると認められる関係を有すること。

（３）反社会的勢力が経営に実質的に関与していると認められる関係を有すること。

（４）自ら若しくは第三者の不正の利益を図る目的又は第三者に損害を加える目的をもってする

等、反社会的勢力を利用していると認められる関係を有すること。

（5）反社会的勢力に対して資金等を提供し、又は便宜を供与する等の関与をしていると認められる関係を有すること。

（6）自らの役員又は自らの経営に実質的に関与している者が、反社会的勢力との間で、社会的に非難されるべき関係を有すること。

2　甲及び乙は、自己の責めに帰すべき事由の有無を問わず、相手方が前項に違反した場合、何らの催告を要することなく、直ちに本契約を解除し、かつ、これにより被った損害の賠償を相手方に対して請求することができる。

3　前項により本契約を解除された当事者は、これにより損害を被った場合であっても、相手方に対して当該損害の賠償を請求することはできない。

（本契約上の地位等の譲渡禁止）

第22条　甲及び乙は、相手方の書面による事前の承諾なく、本契約上の地位又は本契約に基づく権利若しくは義務の全部若しくは一部を、第三者に譲渡若しくは継承させ、又は担保に供してはならない。

（契約期間・更新）

第23条　本契約の有効期間は、2025年5月1日より1年間とする。ただし、期間満了3か月前までに、甲又は乙いずれからも書面による異議がなされなかったときは、本契約は期間満了日の翌日から起算して、同一の条件にて更に1年間更新され、以後も同様とする。

（解約）

第24条　甲及び乙は、相手方に対し、解約日の3か月前までに通知することにより、本契約を解約することができる。

（残存条項等）

第25条　第10条（品質保証等）、第12条（契約不適合責任）、第13条（製造物責任）、第14条（第三者の権利の侵害）、第15条（第三者への委託）、第16条（秘密保持）、第18条（損害賠償）、第21条（反社会的勢力の排除）、第26条（準拠法・合意管轄）及び第27条（協議）並びに本条の各規定は本契約の終了後であってもなお効力を有する。

2　本契約の終了時において、有効な個別契約が存在する場合、本契約は、当該個別契約が終了するまでの間、なお効力を有する。

（準拠法・合意管轄）

第26条　本契約は日本法に準拠し、日本法に従って解釈される。

2　本契約、個別契約又はこれらに関連する一切の紛争が生じた場合、東京地方裁判所を第一審の専属的合意管轄裁判所とする。

（協議）

第27条　本契約に定めのない事項又は本契約の解釈について疑義が生じたときは、甲及び乙が誠意をもって協議の上解決する。

本契約の締結を証するため本書2通を作成し、甲及び乙がそれぞれ記名押印の上、各1通を保有する。

2025年4月23日

（甲）　住　　　所　横浜市●●区●●町●丁目●番●号
　　　　商　　　号　株式会社　　　　　Ｘ
　　　　代表者氏名　代表取締役　　甲　山　太　郎　㊞

（乙）　住　　　所　東京都●●区●●●●丁目●番●号
　　　　商　　　号　　　　Ｚ　　　　株式会社
　　　　代表者氏名　代表取締役　　丙　村　三　郎　㊞

第3章　やってみよう！　～売買取引基本契約書による再現～

著者紹介

狩倉博之（かりくら　ひろゆき）

狩倉総合法律事務所 代表弁護士（神奈川県弁護士会所属）

（主な経歴）

1997年4月　弁護士登録
2000年10月　狩倉法律事務所（現 狩倉総合法律事務所）開設
2011年4月　横浜弁護士会（現 神奈川県弁護士会）副会長
同会 法律相談センター運営委員会委員長
公益財団法人日弁連交通事故相談センター神奈川県支部支部長等を歴任

（主な著書）

（単著）
『多数の相続人・疎遠な相続人との遺産分割』
（共著）
『弁護士費用特約を活用した物損交通事故の実務』
『中小企業の残業代紛争 使用者側の実務』
『7士業が解説 弁護士のための遺産分割』
『使用者側代理人の解雇・雇止め紛争の実務対応』
『どんな場面も切り抜ける！ 若手弁護士が法律相談で困ったら開く本』
『8士業が解説 中小企業支援者のための社長の終活』

「流れ」と「やり方」全部見せます！

契約書のリーガルチェック
―構造・構成要素・立場を踏まえた直し方―

2025年4月8日　初版発行
2025年5月20日　2刷発行

著者　　狩倉博之

発行者　光行　明

発行所　学 陽 書 房

〒102-0072　東京都千代田区飯田橋1-9-3
営業　電話　03-3261-1111　FAX　03-5211-3300
編集　電話　03-3261-1112
https://www.gakuyo.co.jp/

ブックデザイン／LIKE A DESIGN（渡邉雄哉）
DTP制作／ニシ工芸　印刷・製本／三省堂印刷

★乱丁・落丁本は、送料小社負担にてお取り替えいたします。
ISBN 978-4-313-51215-3 C2032
ⒸH.Karikura 2025, Printed in Japan
定価はカバーに表示しています。

JCOPY 〈出版者著作権管理機構 委託出版物〉
本書の無断複製は著作権法上での例外を除き禁じられています。複製
される場合は、そのつど事前に、出版者著作権管理機構（電話03-5244-
5088、FAX03-5244-5089、e-mail：info@jcopy.or.jp）の許諾を得てください。